대한민국의 신미래전략,
아세안이 답이다

대한민국의 신미래전략, 아세안이 답이다

© 한동만, 2019

1판 1쇄 인쇄__2019년 11월 18일
1판 1쇄 발행__2019년 11월 25일

지은이__한동만
펴낸이__홍정표
펴낸곳__글로벌콘텐츠
　　　　등록__제25100-2008-000024호
　　　　이메일__edit@gcbook.co.kr

공급처__(주)글로벌콘텐츠출판그룹
　　　　대표__홍정표 이사__김미미 편집__김봄 이예진 권군오 홍명지 기획·마케팅__노경민 이종훈
　　　　주소__서울특별시 강동구 풍성로 87-6(성내동) 전화__02) 488-3280 팩스__02) 488-3281
　　　　홈페이지__http://www.gcbook.co.kr

값 16,500원
ISBN 979-11-5852-264-3 03340

대한민국의 신 미래전략

아세안이 답이다

한동만 지음

글로벌콘텐츠

역대 한국정부는 각 정권마다 미래를 준비하기 위한 노력을 많이 경주하여 왔다. 김대중 정부는 정보통신 기술과 인터넷 망 구축을 통해 정보통신사회를 만들었고, 노무현 정부는 혁신기업을 중점 지원하였을 뿐만 아니라 대외무역에 의존해야 하는 운명을 갖고 있는 대한민국 기업의 통상증진을 위해 미국, 유럽 등과 자유무역협정(FTA)을 체결하였으며, 이명박정부는 기후변화에 대응하고 차세대 성장 동력 사업을 육성하기 위해 녹색성장을 주도하였고, 박근혜 정부는 창조경제의 기치아래 창의적인 인재와 많은 스타트업을 육성하고자 노력하였다.

그리고 문재인 정부는 제4차 산업혁명시대를 맞아 기업들이 기업지배구조(corporate governance)를 개선하여 장기적인 체질개선을 통한 세계적인 기업으로 육성하고자 혁신성장을 강조하고 있다. 데이터, 인공지능, 수소경제 등 3대 전략 분야와 스마트 공장, 자율 주행차, 드론, 핀테크 등 8대 선도 사업에 총 5조 1천억 원의 예산을 투입하기로 하였다. 그러나 역대정부의 많은 노력에도 불구하고 저출산, 고령화 문제는 해결하지 못한채 산업 생산성도 크게 개선되지 못하였고, 중국과의 기술격차는 날로 좁아지는 상황에 이르렀다.

필자는 2011년 11월 저술한 〈한국의 10년 후를 말한다: 글로벌 메가트렌드 변화와 우리의 미래전략〉 책에서 글로벌 메가트렌드 변화에 적극적으로 대응해야 하고 앞으로 2020년까지 미래 먹거리를 찾을 미래전략을 찾아야 한다고 강조하였다. 우리 정부나 기업이 10년간 추진해야 할 과제를 제시하였는데 어떤 것은 진전을 본 반면, 다른 부분은 큰 발전을 이루지 못했다.

필자는 2013년부터 2016년 초까지 샌프란시스코 총영사를 역임하면서 세계 혁신 도시라고 할 수 있는 실리콘밸리의 생태계를 살펴보고 우리가 실리콘밸리에서 배워야 할 내용들을 정리하여 보았다. 그 이후 외교부에서 재외동포영사 대사(현 재외동포영사실장) 업무를 맡으면서 저출산, 고령화 문제를 해결하기 위한 과제로 세계 740만 한인 디아스포라와 국내에 체류하고 있는 외국인 노동자들로부터 해답을 찾기 위해 노력하였다.

그 이후 2018년 1월부터 필리핀 주재 한국대사로 활동하면서 문재인 정부의 신남방정책에 따라 새로운 프론티어로 등장한 아세안(동남아시아 국가연합)과 관계를 강화하는 미래전략과 더불어 아세안의 관문인 필리핀과 경제협력을 어떻게 강화할 수 있는지를 살펴보았다. 2019년은 한국이 아세안의 대화상대국이 된지 30년이 되는 해이다.

아세안은 정치, 경제, 문화적으로도 매우 중요한 지역이다. 아세안 10개국 모두 남, 북한과 수교하였고, 1, 2차 미국-북한 정상회담이 아세안 국가인 싱가포르와 베트남에서 개최되었고, 2018년 아세안과의 상호교역액은 역대 최대 규모인 1,600억 달러에 달했다. 아세안의 전체 인구는 약 6억 6천만 명(세계 3위), 전체 국내총생산(GDP) 규모는 2조 7천억 달러로 세계 7위이다. 2019년 11월말 부산에서 개최되는 한-아세안 특별정상회의는 한국과 아세안의 관계가 더욱 확대, 강화되는 계기가 될 것이며 상생을 위한 많은 발전방안이 모색될 것이다.

필리핀은 아세안 10개국 가운데 1949년 우리나라와 가장 먼저 수교하였고, 한국전쟁 시에는 라모스 전 대통령을 비롯한 젊은 필리핀 병사 7,420명이 참전하여 한국의 자유를 위해 고귀한 희생을 치렀다. 이러한 이유로 자유민주주의 가치를 공유하고 있는 필리핀은 우리의 한반도 정책을 늘 지지해 왔다.

또한, 양국 간 교역액은 2018년 156억 달러로 한국은 필리핀의 4번째 교역상대국이며, 연간 약 160만 명의 방문으로 필리핀을 방문하는 외국인 관광객 수 중 1위를 유지하고 있고 한류의 인기가 대단하여 약 40만 명의 한류 팬이 있다. 2019년은 양국이 수교한지 70주년이 되는 해로서 다양한 분야에서 많은 협력관계를 유지하고 있다.

제1장에서는 미래에 대한 여정 형태로 앞으로 10년 후인 세상은 어떻게 변할 것이며 변화하는 미래에 대해 어떻게 국가나 기업이 준비해야 하는지, 그리고 유엔의 미래분석과 다른 나라, 특히 중국과 일본의 미래정책은 어떠한지 살펴보았다. 제2장에서는 한국인재경쟁력과 한국의 미래리포트 등 한국경제의 현 주소를 살펴보고, 웰빙 지수나 저출산과 고령화 등 한국 사회에 대한 진단을 정리해 보았다.

제3장에서는 한국경제가 나아가야 할 길을 정리하였다. 우선 저출산과 고령화 문제를 해결해야 하며, 한국경제의 펀더멘탈을 강화하기 위해서는 기초과학연구를 확대하는 한편, 소프트 인프라를 강화하고 혁신으로 무장한 기업과 미래산업을 육성해야 함을 강조하였다. 인공지능의 발전 등 제4차 산업혁명과 미래기술에 대비할 필요성도 강조하였다. 또한, 식량안보를 해결하기 위해 식물공장을 활성화 하는 등 미래농업을 육성하고 헬스케어 신산업이나 중장기적으로 북한의 자원개발을 위해 협력해야 할 필요성을 강조하였다.

제4장에서는 한국의 새로운 프론티어로 등장한 동남아 시장에 대해 정리해 보았다. 아세안의 특징과 저력, 중국의 일대일로 구상과 미국의 인도-태평양 정책, 그리고 문재인 정부의 신남방정책을 구체적으로 정리하고, 제5장에서는 동남아 시장에 어떻게 진출할 것인가라는 명제 아래 동남아시아의 유망시장 분야, 그리고 동남아시아에서 불고 있는 한류 붐에 대해 살펴보았다.

　제6장에서는 필자가 근무하고 있는 아세안의 관문인 필리핀의 빠른 경제성장, 인프라에 대한 과감한 투자 등 필리핀의 매력과 장점을 살펴보았다. 또한 필리핀의 중요성과 잠재력, 필리핀이 해결해야 할 과제와 필리핀의 주요 유망산업에 대해 구체적으로 살펴보았다. 마지막으로 제7장에서는 한국과 필리핀이 어떻게 역사적, 국제정치학적으로 전통적인 우호협력 관계를 유지해 왔는지와 동포들의 현황, 그리고 양국 간 경제 통상 협력의 현주소와 과제, 한류에 대해 정리하였다.

　이 책이 정부의 신 남방정책에 부응하여 한국의 중요한 경제 파트너로서 부상한 아세안과 특히, 필리핀에 대한 우리 국민들과 기업들의 관심이 높아지고 비즈니스 확대기회가 되기를 기대해 본다.

　이번 책을 출판하는 데 있어서 서울대 세계경제최고전략과정에서 수강하면서부터 미래에 대한 도전과 혜안이 필요함을 역설해 주신 서울대 안동현 교수님과 유엔 미래포럼 박영숙 한국 대표님, 그리고 흔쾌히 졸저를 출판하는데 동의해 주신 글로벌콘텐츠출판그룹 홍정표 대표님에게 감사를 드린다.

　또한 원고 탈고에 도움을 준 주필리핀 대사관 직원들에게도 고마움을 전한다. 아울러 아세안과의 관계강화를 위해 노력해 오고 계신 이 혁 한-아세안센터 사무총장(전 필리핀 대사)에게도 경의를 표한다. 이 책의 에필로그에서 밝힌 대로 독자 여러분들이 성공과 행복의 두 마리 토끼를 잡기를 기대해 본다.

끝으로 이 책의 내용은 대한민국 정부의 공식적인 입장을 대변하는 것이 아님을 밝혀두며, 추후 개정판을 위해 독자들의 조언을 기대한다.

2019년 11월 마닐라에서

한 동 만

　필자인 한동만 필리핀 주재 대한민국 대사를 만난 것은 2010년 9월 서울대학교 경제연구소가 운영하는 세계경제최고전략과정에서였다. 당시 세계최고전략과정에는 당시 외교부 국제경제국장이였던 한동만 대사를 포함하여 금융감독원, 공정거래위에서 고위 공무원이 참가하였고 삼성과 두산 등 대기업 임원과 중견기업의 대표들이 참석하여 세계경제의 패러다임과 미래 이슈에 대해 토의하였다.

　한동만 대사는 워싱턴 주미 대사관에서 공사참사관으로서 경제업무를 담당한 경험과 외교부 국제경제국장으로서의 실무를 바탕으로 2011년에 〈한국의 10년 후를 말한다: 글로벌 메가트렌드 변화와 우리의 미래전략〉이라는 책을 발간하고 서울대 세계경제최고전략과정뿐만 아니라 많은 대학과 회사에서 특강을 통해 미래 변화에 어떻게 대응해야 하는지를 설명해 왔다.

　필자는 이번 책에서 대한민국 정부가 미래의 변화에 어떻게 준비해야 하는지, 한국경제가 앞으로 10년 간 어떻게 발전해야 하고 변화해야 하는지, 혁신성장을 위해 미래 트렌드에 어떻게 대응해야 하는지, 그리고 신남방정책에 따라 새로운 경제파트너로서 등장한 아세안과 아세안의 관문인 필리핀과 어떻게 협력을 강화해야 하는지를 상세히 분석하여 아세안으로 진출하려는 우리 기업에게 이정표를 제시하고 있다.

특히, 필자는 필리핀 대사로 근무하면서 필리핀의 장점과 강점, 유망사업, 1,800억 달러에 달하는 필리핀 정부의 인프라 투자계획 등을 상세히 설명하여 많은 우리 기업들의 필리핀 진출에 도움을 주는 정보를 제공하고 있다.

영국, 호주, 미국에서 근무하고, 특히 혁신 성장의 최첨단 지역인 실리콘밸리를 관할하는 샌프란시스코 총영사로 근무하면서 미국 첨단 기업의 미래 준비를 목격해온 외교관인 필자가 대한민국의 미래 전략에 대해 고민하고 우리 기업과 정부가 글로벌 트렌드에 대해 어떻게 대응해야 하는지와 정부가 앞으로 10년 간 미래성장 동력을 확보하기 위해 여러 가지 방안을 제시한 것은 의미가 있다고 생각하며 이 책의 일독을 권장한다.

안동현 서울대 경제학부 교수

제4장 아세안(동남아시아 국가연합), 한국의 새로운 프론티어

제5장 동남아시아 시장에 어떻게 진출할 것인가?
한류로 다져진 한국과 동남아시아 관계 강화

제6장 동남아시아의 관문, 필리핀을 주목하라

제1장

미래에 대한 여정

The best way to predict the future is to make it.

- Peter Drucker

제1절

미래 대비의 필요성

1. 2025년 서울시민의 하루 모습

2025년 12월 19일 서울, 직장인 원미래 씨(35)는 인공지능(AI) 비서의 알람소리에 눈을 떴다. 3D 프린터로 만든 인공무릎 연골수술을 하는 날이어서 아침부터 서둘러야 했다. 드론이 배달한 샐러드로 간단히 아침을 챙겨먹고 인공지능 비서에 날씨와 교통상황을 물었다. 스스로 교통상황과 신호등, 차선을 감지하는 자율주행차를 타고 병원에 도착했다. 담당의사는 인공지능의 처방에 따라 원씨의 유전체에 적합한 약과 수술법을 설명했다.

주삿바늘 없는 주사기로 마취를 하고 수술을 시작했다. 정형외과 전문의 신미래(가명) 박사는 수술 전문 로봇과 예약된 수술을 진행했다. 3D(3차원) 프린터로 제작한 인공 무릎 연골을 환자에게 이식하는 수술이었다.

사무실로 돌아와서는 헬스 케어 장치로 외래 환자들을 진단했고, 입원 환자들에게는 맞춤형 신약을 각각 처방했다. 신 박사는 집으로 돌아와 스마트 팜에서 재배한 야채로 샐러드를 만들었다. 이때 인공지능인 개인비서가 드론 택배가 도착했다고 알려왔다. 스마트팜과 개인비서 등에 공급되는 전력은 모두 집 외벽에 설치된 태양전지로 생산한 것이다.

이는 한국공학한림원이 선정해 발표한 '미래 100대 기술' 상용화를 가정해서 미리 내다본 2025년 서울의 모습이다. 한국공학한림원은 1996년 6월 설립된 학술연구기관으로 학계, 산업계, 정부 등에서 공학과 기술발전에 현저한 공적을 이룬 우수한 공학 기술인들을 위주로 설립되어 주로 미래기술에 대해 연구하고 있다.

2. 미래의 신기술

2017년 12월 18일 한국공학한림원은 2025년 대한민국에 사는 사람이라면 앞에서 설명한 원미래 씨와 같은 삶을 누릴 수 있을 것이라고 하면서, 이를 가능케 할 '미래 100대 기술'을 선정했다고 밝혔다.

100대 기술로는 2025년 상용화가 가능하며 산업 발전에 크게 기여할 분야가 대거 선정됐다. 우선 환자 맞춤형 의료를 실현할 '건강한 사회' 분야 기술로는 15개 기술이 선정됐다. 실시간으로 생체 정보를 얻을 수 있는 삽입형 디바이스, 지능형 수술로봇, 생체재료 개발기술 등이 대표적이다. 주삿바늘 없는 주사기는 이미 개발이 완료돼 상용화를 눈앞에 두고 있다. 유전체 분석 역시 기술 발달과 함께 비용이 저렴해지고 있는 만큼 앞으로 미래에는 많은 환자가 본인 유전체를 기반으로 한 맞춤형 진료 서비스를 받을 수 있을 것으로 보인다.

신산업 및 신시장창출을 위한 '성장하는 사회' 분야 기술로는 수소전지 기술, 바이오 연료 생산 기술, 차세대 발광소재 기술 등 34개 기술이 꼽혔다. '안전한 사회'를 위한 기술로는 첨단 운전자 지원 시스템, 원전시설 해체 기술, 공공안전 무선 네트워크 등 14개 기술이 선정됐다.

또 이 분야에서는 아랍에미리트에 수출하는데 성공한 한국형 원전모델 (APR 1400) 등 전 세계적으로 기술력을 인정받은 원전도 이름을 올렸다. '스마트한 사회' 분야에서는 지능형 무인기 협업 기술, 스마트시티 운영 기술, 산화물 반도체 기술 등 21개 기술이 포함됐으며 '지속가능한 사회' 분야에는 자원 생산 및 회수 기술, 친환경 바이오 화학공정 기술 등 16개 기술이 선정됐다.

공학한림원은 "2013년에도 미래 100대 기술을 발표한 적이 있는데, 이 때와 비교하면 지속가능한 사회 구현을 위한 기술이 줄었고 '건강한 사회'와 '안전한 사회' 구현을 위한 기술이 증가했다"고 설명했다. 또 삼성전자 등 전자업체가 '자율주행차' 기술을 개발하고, 현대중공업 등 조선업계가 정보통신기술(ICT)을 활용하는 등 4차 산업혁명시대의 특징인 기술의 '융합'이 나타나고 있다고 덧붙였다.[1]

3. 미래연구는 왜 중요한가?

1) 미래연구의 시작

미래는 알아서 기다린다고 해서 저절로 다가오는 것은 아니다. 적극적으로 미래를 연구하고 그에 대비해야 할 필요가 있다. 물론 미래는 기술의 급속한 발전에 따라 정확히 예측하기 어렵다. 15년이나 20년 후에 일어날 법한 미래가 과학기술의 발달로 점점 빨라지고 있다.

어떻게 보면 미래연구의 가치는 예측의 정확성에 있다기보다는 새로운 가능성을 고려하는 열린 자세와 미래를 계획하는 것의 유용성에 있다. 인구학으로 유명한 멜서스의 '인구론'은 오늘날의 관점에서 보면 '틀린 예측'이지만 사실 그러한 연구가 있었기에 인류가 좀 더 현명하게 미래를 대비하고 대처할 수 있었던 것은 아닐까?[2]

미래는 멀리 느껴지지만 사실 생각보다 우리에게 가까이 있다. 우리나라가 직면한 심각한 저출산과 급속한 고령화는 현재는 그 심각성이 두드러지지 않고 있지만 미래에 대비할 매우 중요한 과제이다. 마찬가지로 급속한 기후변화와 세계온난화 추세, 환경파괴는 우리 미래 세대가 감당해야 할 큰 과제이긴 하나 현 세대가 이를 미리 준비해 주어야 한다.

현대적인 의미의 미래연구는 20세기 중반부터 시작되었다고 할 수 있다. 타임머신의 작가이자 미래예측의 선구자였던 웰스가 주창한 학문으로서의 미래학은 두 차례의 세계대전이 끝난 후부터 본격화되었다. '미래학'이라는 용어는 1943년 미국의 정치학자 오시프 플레이트하임(Ossip Flechtheim)이 처음으로 사용했지만, 미래연구의 실무적인 방법론은 제2차 세계대전 말에 등장한 '과학기술에 바탕을 둔 예측'에서 비롯되었다고 보는 것이 일반적이다.

오늘날 미래학에서 사용되는 주요한 방법론들이 체계적으로 정립되고 발전된 곳은 미국의 랜드연구소(RAND Corporation)다. 연구소 이름 랜드(RAND)는 Research ANd Development의 약어이다. 다가올 미래를 어떻게 준비하고 대응하느냐에 따라 미래는 달라진다. 따라서 미래예측과 미래학 연구는 더 나은 미래를 위해서 중요한 역할을 감당한다.

개인이나 기업, 국가가 얼마나 빨리 메가트렌드를 잘 파악하고 이에 대비하는 것이 무엇보다도 중요하다. 메가트렌드는 현대사회에서 일어나고 있는 거대한 조류를 뜻하는 것으로 탈공업화 사회, 글로벌 경제, 분권화, 네트워크형 조직 등을 그 특징으로 하고 있다. 미래에 닥칠 현상을 예견하려면 어떤 일이 유행하고 있는지를 우선 분석한 후 새로운 유행이 어떻게 이루어질지를 살펴보아야 한다.[3]

2) 미래준비의 중요성

2013년 미국 메사추세츠 공과대학(MIT) 출판부가 펴낸 책 〈리콴유가 말하다〉에서 싱가포르의 전 총리인 리콴유는 앞으로 10년 간, 즉 책이 나온 2013년으로 봤을 때 2023년 쯤 세계가 가장 직면할 가장 큰 문제는 첫째는 그리스의 부채위기, 둘째는 북한의 위협, 셋째는 일본의 정체, 넷째는 이란의 핵 개발과 중동 분쟁의 가능성이라고 했다. 이 네 가지 가운데 그리스의 부채 위기, 북한의 위협은 그의 우려처럼 적중했다. 이는 지정학적인 문제에 대한 리콴유 전 총리의 통찰력과 예지력을 말해 주는 것이다.

이처럼 미래를 예견하고 준비하는 것은 참으로 쉽지 않다. 과학기술의 힘으로 종전에는 15년을 예측할 수 있었다고 한다면 지금은 과학기술의 발전 속도가 너무 빨라서 10년이 아닌 5년의 미래도 내다보기 어려운 시대에 살고 있다.

한때 핀란드 수출의 20%를 책임지며 세계 휴대전화 시장에서 40%를 육박하는 점유율로 혁신의 대명사였던 노키아는 스마트폰 등장 이후 불과 3년 만에 몰락하고 말았다. 노키아의 사례는 파괴적 변화가 일상화된 시대에 다가올 미래에 적응하지 못하는 기업은 어떤 곳도 살아남을 수 없다는 교훈을 남겼다.

한편, 컴퓨터 시장에서 별로 각광을 받지 못했던 애플은 스마트폰의 일대 변화를 일으키면서 세계적인 기업으로 성장하였다. 삼성도 예전에는 가전시장에서 소니에 밀려 항상 2군에 있었으나 엄청난 연구개발비를 반도체와 스마트폰 개발에 쏟아 부어 세계 1위의 반도체 기업이 되었다. 삼성전자는 2006년 매출이 85조 4,300억 원이었으나 10년이 지난 2015년 매출액은 200조에 달했다.

미래를 정확히 예측할 수 있는 사람은 아무도 없다, 기업도 마찬가지이다. 그래서 통찰력(insight)이나 선견지명(foresight)을 가지고 기업이나 국가를 운영하는 것이 필요하다. 미국의 유명한 철학자인 피터 드러커(Peter Drucker)는 "미래를 예측하는 가장 좋은 방법은 미래를 만들어 나가는 것이다(The best way to predict the future is to make it)"이라고 한 적이 있다.

현재의 경영상황이 안정적이라고 하더라도 다가올 미래, 특히 예상할 수 없는 갑작스런 변화(black swan)에 대비하는 것이 필요하다. 더욱이 산업 사이클의 주기가 짧아지고 슘페터의 '창조적인 파괴' 또는 '파괴적인 변화'가 일상화된 지금의 경영환경 속에서는 기업들의 미래대응이 더욱 힘들어졌다. 최근 10년만 해도 굴지의 대기업 군에 속했던 STX, 웅진, 동양, 팬택이 한국시장에서 사라졌다.

미래에 대한 준비가 얼마나 이루어지고 있느냐에 따라 기업의 미래, 나아가 한국경제의 미래가 달려있다. 대부분 대기업들이 스스로 미래를 나름대로 준비하고 정부가 적극적으로 혁신을 주도하고 기초 과학에 대한 대규모 연구개발비를 지출하여 미래 혁신기업이 많이 나올 수 있도록 정책적인 지원을 해야 한다.

4. 밀레니엄 프로젝트와 유엔미래포럼

미국 워싱턴에 소재한 밀레니엄 프로젝트는 글로벌 미래를 연구하는 그룹으로 유엔을 비롯하여 유엔 산하의 각 연구기관과 유럽연합(EU)이나 경제협력개발기구(OECD) 등 다양한 국제기구와 긴밀한 협조를 통해 인류의 지속가능성을 위한 문제 해결을 연구하고 있다. 전 세계 64개 지부, 각 분야 3,500여 명의 전문가를 이사로 두고 지구촌 15대 과제의 대안, 국제사회에 필요한 장기 비전을 제시하고 그에 따른 기회와 위기를 분석하여 필요한 정책과 전략을 제안하고 매년 〈세계미래보고서〉를 출간하고 있다.

유엔미래포럼에서는 세계의 인구문제, 빈부격차, 환경문제와 같은 지구촌의 미래 문제들을 전문적으로 연구하며, 지구의 미래 연구를 위해 국제적 네트워크를 형성하고 보고서를 만든다. 대표적으로 미국 중앙정보국(CIA)의 「2015 글로벌 트렌드 리포트」는 2000년 12월, 전 세계 각 분야의 연구원과 학자, 민간기업 경영진, 과학기술 및 무기시장 전문가들이 모여 미래를 전망하면서 최종 결론을 도출한 보고서이다.

군사, 외교, 비정부주의 개혁, 민주화운동, 미국의 경제파워 등을 비롯해 중동문제, 미디어 정보기술과 인터넷 혁명, 지구촌 이동과 그것이 미국에 미치는 영향 등 한마디로 2000년부터 2015년까지 지구촌의 미래가 어떻게 변할 것인가에 대한 연구가 총망라되어 있다.

또한, 유엔미래포럼은 미래의 주요 이슈, 도전과 기회를 분석, 파악하고 대학과 다양한 프로젝트 사업을 진행하여 지구촌 각국을 보다 효율적으로 연결시키기 위해 지부를 개설해 활동하고 있다. 유엔미래포럼은 유엔 산하의 각 연구기관과 긴밀한 협조를 통해 세계 갈등 및 문제 해결 방안을 위해 협력을 하고 있다.

현재 유엔미래포럼은 매년 기아로 6백만 명의 아동이 사망하는 지구촌

의 물 에너지 부족, 환경오염, 빈부격차, 첨단기술사회 생존전략, 민주주의
발전, 여성, 아동 윤리 문제 등 15대 지구촌 과제에 대한 대안 및 미래전략
에 대해 연구한다. 한국에서는 박영숙 대표가 밀레니엄 프로젝트의 한국지
부인 사단법인 유엔미래포럼을 맡아서 세미나와 저술활동을 하고 있다.

2017년 12월 11일 필자는 성북구 북한산로에 소재한 유엔미래포럼 사
무실을 찾아가 박영숙 대표와 면담하였다. 그녀의 사무실은 미래에 관한
책이나 자료로 가득 차 있었다. 미래화폐라고도 할 수 있는 비트코인 업무
로부터 아시아 인공지능 허브, 기후변화센터 그리고 미래의 기술이나 트
렌드를 알려주는 인터넷 신문인 인 데일리(In daily)를 운영하는 것 외에도
한국수양부모협회도 맡아 분주하게 일하고 있었다.

박영숙 대표는 그녀의 책 〈세계미래보고서 2018〉 머리말에서도 언급했
듯이 기술의 속도가 너무 빨라서 미래예측이 점점 어려워진다고 말한다.

박영숙 대표는 그녀의 아들 숀 함슨과 공동집필한 〈주거혁명 2030〉에
서 급속한 저출산으로 인한 1인 가구의 증가로 인해 전통적인 주거의 개
념이 바뀌고 있으며 대형주택의 수요는 줄어든 반면 1인 위주의 소형주택
이 늘어나고 원룸 등 마이크로 주택과 여행을 즐기는 노마드족을 위한 이
동식 주택이 늘어날 것으로 예상하였다.

박 대표는 무인 자율주행차가 발전되면 차는 소유가 아니라 서비스가
되고 자율주행차 시대 비즈니스는 모바일화 되어 모바일 세탁소, 모바일
신발가게, 모바일 자동판매기가 등장할 것으로 예상하였다.

박 대표는 또한 2017년이 블록체인이 가장 관심을 많이 받은 해였는데
이미 본인은 10년 전부터 블록체인의 잠재력을 이야기해왔으며, 블록체인
은 모든 산업에서 권력을 허물고 탈중앙화를 시작할 것이라고 예측하였
다. 그러면서 경이로운 기술의 발달이 중요할수록 중장기적인 미래예측을
통해 국가나 기업이 미리 대비해야 한다고 강조하였다.

필자가 샌프란시스코 총영사로 근무할 때 자주 교류하였던 실리콘밸리의 벤처투자회사인 드래퍼 아테나(Draper Athena)의 페리 하(Perry Ha) 대표를 2017년 10월 서울에서 만났다. 하 대표는 실리콘밸리에서 본인과 같이 업무협력을 하고 있는 토마스 드래퍼(Thomas Draper)는 남들이 관심을 가지지 않을 때 잠재적인 시장의 중요성을 간파하고 인도에 투자하여 성공을 거두었고 가상화폐인 비트코인에 투자하여 수억 달러의 수익을 올렸다고 하였다.

암호 화폐 지지자들은 비트코인이 단순한 투자수단을 넘어 화폐로 가능할 것이라고 기대하고 있다. 현대경제연구원이 발간한 '국내 암호화폐의 유형별 현황과 향후 전망 보고서'에 따르면 현재 비트코인은 법적 지위를 가지고 있지 않은 민간화폐이지만 실제 화폐와 자유롭게 교환되는 대안화폐의 위치에 해당한다.

한편, 비트코인의 해악을 주장하는 목소리도 있다. 마이크로소프트 창업자인 빌 게이츠는 "가상화폐(암호화폐)는 직접적으로 죽음에 이르게 하는 기술"이라며 암호화폐의 위험성을 경고했다고 CNBC가 2018년 2월 27일 보도하였다.

우리나라 정부당국은 비트코인을 화폐로 인정하지 않고 있다. 한편, 필리핀 전역의 세븐일레븐 편의점 매점에서는 현금으로 비트코인을 구입할 수 있다. 암호화폐 투자 앱 서비스 아브라(Abra)는 결제 프로세서인 EC페이와 제휴하여 비트코인 판매서비스를 시작하였다.

제2절

중국과 일본, 한국의 미래정책

1. 중국의 미래정책: 100년 마라톤 뛰는 중국

1) 100년 마라톤 뛰는 중국

중국은 '인터넷 플러스(internet+)'와 '중국제조 2025' 정책으로 제4차 산업혁명을 준비하고 있다. 다양한 첨단 인터넷 기술을 제조업에 적용해서 스마트 생산 강국이 되는 것이 중국의 목표이다. 중국의 검색 포털인 바이두(Baidu)는 인터넷을 넘어서 인공지능 분야를 강화하고 있다. 바이두는 발달한 인공지능 기술을 기반으로 향후 3년 내에 자율주행 자동차를 출시할 계획이다.[4)]

중국이 막강한 자본과 풍부한 인재풀을 기반으로 우리의 첨단기술을 맹추격하면서 핵심 산업에서 양국격차가 점점 좁혀지고 있지만 우리의 미래는 불투명해 보인다. 2018년 4월 마윈 알리바바그룹 회장은 반도체 제조업에 뛰어 들겠다고 선언한 바 있다. 중국정부는 2014년 1차 반도체 투자펀드(약 24조 원)를 조성한데 이어 2018년에도 약 51조 원의 펀드를 추가 조성 하였다. 2018년 중국은 4차 산업혁명의 요체인 인공지능 개발을 위해 3년간 10만 명의 인재를 육성하기로 계획을 수립하고 10년 내 미국을 따라잡겠다는 계획을 세웠다.

1975년 1인당 평균소득이 세계에서 가장 낮은 나라에 속했던 중국이 어떻게 미국을 대등할 정도로 급부상했을까? 마이클 필스버리는 그의 저서 백년의 마라톤에서 "중국의 경제 기적은 마오쩌둥과 덩샤오핑, 시진핑 등 그의 후계자들이 아편전쟁에서 패했던 치욕을 잊지 않고 서구열강을 꺾어서 다시 세계를 지배하겠다는 '백년 마라톤 대장정'에 기인한다"고 했다. 필스버리는 닉슨부터 오바마 대통령까지 역대 미국 대통령의 대중국 외교전략을 자문했던 중국전문가이다. 그는 중국은 중화인민공화국을 설립한 1949년부터 100년이 되는 2049년까지 미국을 무너뜨려 세계패권을 거머쥐겠다는 원대한 계획아래 치밀한 행보를 해왔다고 했다.

2010년 7월 30일 중국 인민은행 부행장 겸 국가외환관리국장인 이강은 "중국이 일본을 제치고 세계 제2위의 경제대국이 되었다"라고 공식 선언했다. 전문가들은 중국이 현재의 성장추세를 지속할 경우 2020년 이후에는 미국과의 경제적인 격차도 많이 줄어들 것으로 보고 있다.

전문가들은 중국이 계속해서 8%의 성장률을 기록하고 미국은 2.9%의 성장률을 지속한다는 가정위에서는 중국이 미국을 추월하는 것이 2030년이 되고 2044년이면 중국의 GDP가 미국의 2배가 된다고 보고 있다. 또 다른 분석은 미국의 경제성장률을 연 2%, 중국의 경제성장률을 연 6%로 가정하면 양국의 국내총생산은 2030년쯤 역전될 것으로 보고 있다. 2018년 기준 미국과 중국의 GDP는 각각 20.5조 달러, 13.6조 달러이다. 스웨덴 국

제평화연구소는 2049년이면 군비 지출 규모도 중국이 미국을 능가할 것으로 예측했다.[5]

시진핑 중국 주석은 필리핀 국빈방문을 앞두고 2018년 11월 19일 필리핀 주요 일간지인 ≪필리핀 스타(Philippine Star)≫지에 기고한 글에서 중국은 "'200년 목표(two century goals)'를 달성하고 '중국몽(Chinese dreams)'을 실현하기 위해 끊임없이 노력하고 있다"고 하면서 고대 해상실크로드의 유산을 되살리기 위해 노력할 것이라고 언급하였다.

2) 세계 500대 기업, 중국이 미국을 제치다

'중국 세상이다(It is China's world)' 2019년 7월 22일 미국 경제지 포춘(Fortune)이 2018년도 매출을 기준으로 선정한 '2019년 글로벌 500대 기업'을 발표하면서 내건 기사의 제목이다. 2019년 글로벌 500대 기업에서 중국기업 수는 129개(10개 대만 기업 포함)로 미국(121개)을 제치고 처음으로 1위를 차지하였다. 중국기업은 2018년보다 8개 늘어났지만 미국은 5개가 줄었다.

글로벌 500대 기업 중 중국기업의 총 수입은 25.6%에 해당하여 미국 기업의 총 수입 28.8%보다 낮은 것으로 나타났다. 시진핑 주석은 공산혁명 100주년이 되는 2049년이 되면 중국은 '완전히 개발되고 풍요로운 국가인 동시에 강력한 국가(fully developed, rich, and powerful)'가 될 것이라고 밝혔다.

포춘은 "이는 비즈니스뿐만 아니라 세계전체의 지형이 바뀌고 있다는 점을 보여 준다"며 "중국은 미국보다 훨씬 **빠르게** 성장하면서 미국의 슈퍼파워를 장악하고자 한다"고 분석했다. 이번 약진의 배경에는 중국식의 국영성장 모델이 있다. 500대 안에 들어간 중국기업 중 국영기업은 3분의 2인 82개다. 에너지, 전력, 금융 등 필수 인프라를 담당하는 국영기업이 상위권을 독식했다. 이들 국영기업들은 시진핑 주석이 주도하는 일대일로 정책을 등에 업고 첨병으로 세계 시장에 진출하고 있는 것이다.[6]

2. 일본의 미래투자전략

아베정권 출범 이후, 일본 경제 재건을 목적으로 수립된 전략으로 2013년 6월 14일 발표됐다. 아베노믹스로 불리는 경제정책 중 세 번째 성장전략의 구체적인 정책으로서 GDP와 소득 증가 등 경제성장 실현을 기본목표로 제시하고, 대담한 금융정책, 기업과 국민의 자신감 회복을 위한 새로운 성장전략, 경제 활성화를 위한 신속한 자금운용 등을 정책기조로 설정하고 있다.

세부적으로 일본산업 재흥계획, 전략시장 창조계획, 국제 활동 전개 전략 등을 실천계획으로 수립하고 13대 전략분야를 제시하고 있다. 아베노믹스를 실현하기 위해 만들어진 일본의 국가전략인 '일본재흥전략'은 2013년부터 2016년까지 추진해오다가 2017년부터 '미래투자전략'의 이름으로 바뀌어 추진하고 있다.

일본 정부는 2018년 6월 국가 차원의 성장전략인 '미래투자전략 2018'을 발표하였다. 미래투자전략은 아베노믹스의 세 번째 축인 민간투자를 촉진하는 성장전략의 최신판으로 2018년에는 '소사이어티 5.0과 데이터 구동형 사회로의 변화'라는 부제와 함께 발표하였다. '소사이어티 5.0'을 구축하는 원동력은 새로운 기술 및 아이디어를 사업화하는 민간의 역동성(dynamism)이 핵심이다.

'미래투자전략 2018'은 4차 산업혁명 기술을 기반으로 실현될 미래사회 변화를 5대 전략 분야로 구분하고 산관협의회를 통해 목표로 하는 전략

분야의 변화상을 공유하면서 11개 플래그십 프로젝트와 경제 구조 혁신 기반 과제를 추진하는 것이 골자이다.

5대 전략 분야는 △생활·산업, △경제활동 기반, △행정·인프라, △지역·커뮤니티·중소기업, △인재이며, 11개 플래그십 프로젝트는 △이동성, △헬스케어, △산업, △에너지, △핀테크·블록체인, △디지털정부, △인프라, △농림수산업, △지역, △중소기업, △관광·스포츠·문화예술이다. 그리고 경제구조 혁신기반을 위해 △데이터 기반, △규제·제도 개혁, △해외 성장시장 확보를 목표로 하고 있다.

〈11개 분야 중점 추진 프로젝트〉

차세대 모빌리티 시스템 구축	자동운전을 통해 다양한 사회 과제를 해결하고 도시교통과의 결합을 통해 자동운전을 사회전체 서비스로 확대한다.
차세대 헬스케어 시스템 구축	ICT 등 기술혁신을 적극 도입·활용함으로써 개인 및 환자 중심의 새로운 건강·의료·돌봄 시스템을 만들어 최적화된 형태로 실현한다.
차세대 산업 시스템	한 공장이나 기업을 넘어선 데이터 연계를 통해 혁신적 제품·서비스를 창출하고 최적화된 공급망 및 안전하고 생산성이 높은 제조공정을 실현한다.
에너지 전환·脫탄소화를 위한 혁신 행정 및 인프라의 변화	국내 온실가스의 대폭적인 삭감 및 세계 전체의 배출 삭감에 최대한 공헌하고 경제성장을 실현한다.
핀테크/캐시리스 (cashless)化	생활 곳곳에서 IT와 융합한 금융서비스가 이루어지도록 해 보다 효율적이고 스마트한 소비와 기업 활동을 실현한다.
디지털 정부의 추진	행정 서비스 100% 디지털화를 기반으로 국민, 기업 및 창업가의 행정 처리에 드는 시간, 비용을 절감하는 한편, 정부 데이터를 철저하게 오픈해 민간의 데이터 활용을 촉진하고 혁신과 신규 비즈니스 창출 지원한다.
차세대 인프라 유지 시스템 구축	인프라에 관한 다양한 정보를 3차원 데이터로 관리해 다양하게 활용하고, 건설프로젝트에 ICT를 전면적으로 활용한다.
농림수산업 스마트화	최첨단기술과 데이터를 활용해 농림수산업의 생산성을 비약적으로 향상시키고 팔리는 제품(market in) 발상을 기반으로 데이터를 연결해 가치사슬 전체의 이익을 제고한다.
마을 만들기와 공공교통·ICT 활용을 연계한 스마트시티 실현	최신 기술을 활용해 교통과 안전을 강화하고, 데이터를 기반으로 커뮤니티 활력이 높아진 스마트 시티 및 지역경제 자립 모델을 구현한다.

중소·소규모사업자의 생산성 혁명 강화	데이터 연계 및 사물인터넷(IoT) 등을 활용한 다품종 소량생산, 경영 전체의 생산성 향상, 신규시장 기회 확보 등을 통해 아날로그 경영에 따른 낮은 노동생산성, 경영자 고령화에 따른 사업승계 요구, 인력 부족 심화 등의 문제에 대응한다.
관광·스포츠·문화예술	관광·스포츠·문화예술 분야의 각 자원의 가치를 향상·활용함으로써 지역경제의 선순환을 실현한다.

‘미래투자전략 2018’은 2017년에 비해 전략대상 분야의 범위가 확대되고 분야별로 플래그십 프로젝트를 제시했다는 점에서 차별화되고 있다. 또한, 소사이어티 5.0과 함께 데이터 구동형 사회를 전면에 내세움으로써 그간 디지털기술 혁신에 따라 산업 현장에서 수집된 방대한 데이터를 활용해 경제사회의 발전을 도모하겠다는 의지를 표명하고 있다.[7]

3. 대한민국 미래 리포트

1) 4차 산업혁명 분야에서 중국에 뒤쳐져

4차 산업혁명 분야에서 한국은 이미 중국에 뒤처지기 시작했으며, 한국 주력 산업도 후발국과의 기술 격차가 오는 2025년에는 1~2년 이내로 좁혀질 것이라는 분석결과가 나왔다. 지난 20여 년 동안 ‘미래’에 대비하는 근본적인 구조개혁 없이 반복적인 단기 경기부양책에 의존해 온 결과라는 지적이 나온다.

2018년 1월 2일 한국무역협회에 따르면 중국은 시스템 반도체(수출액 기준 세계점유율 18.3%), 2차 전지(36.9%), 차세대 디스플레이(27.2%) 등에서 세계 수출 1위(2016년 말 기준)를 차지하고 있다. 한국은 이들 분야에서 각각 5%(7위), 12.6%(3위), 19.5%(2위)로 중국에 밀리고 있다.

산업연구원이 한국의 주력 산업과 후발국의 생산 기술 격차를 따져 본

결과, 2025년에는 자동차, 조선, 방위 산업, 철강, 석유화학, 가전, 통신기기, 디스플레이, 반도체 등 한국의 주요 산업 모두가 후발국에 불과 1~2년 차로 쫓길 것으로 예상되었다. 2025년에 가면 조선(3년)을 제외한 자동차(1년), 철강(1년), 가전(1년), 통신기기(1.6년), 디스플레이(1.4년), 반도체(2년) 등은 따라 잡히거나 2년 이내의 격차로 쫓길 것으로 우려했다.

2) "수출시장 1위 제품"도 중국에 한참 뒤져

세계 수출 시장에서 점유율 1위를 차지한 한국산 제품의 수가 2016년 기준으로 71개인 것으로 집계되었다. 1,693개 품목이 1위를 차지한 중국은 물론 일본(178개), 인도(156개), 네덜란드(144개) 등에도 상당한 격차로 뒤지고 있는 상황이다. 2018년 2월 16일 한국무역협회 국제무역연구원이 발표한 「세계 수출시장 1위 품목으로 본 우리나라 수출의 경쟁력 현황」 보고서에 따르면, 우리나라는 2016년 71개의 1위 품목으로 세계 13위를 차지했다.

2016년 우리나라 1위 품목 수는 전년보다 3개 늘었으며 2010년 이후 최고치다. 세계 순위도 2015년 14위에서 한 단계 올라섰다. 하지만 여전히 주요 경쟁국과 비교하면 세계 수출시장을 주름잡는 품목수는 여전히 적은 편이다. 중국은 1위 품목수가 2016년보다 48개나 줄었지만 2위 독일(675개), 3위 미국(572개)을 여유 있게 제치고 선두를 유지했다. 10위권 내에서는 인도(6위)의 약진이 돋보인다. 2016년 대비 30개가 증가한 156개가 1위 품목 명단에 이름을 올렸다.

1위 품목을 분야별로 살펴보면 우리나라 71개 가운데 과반은 화학제품(25개)과 철강(15개)이었다. 우리나라는 2016년에 군함, 프로펜 등 17개 품목이 새롭게 1위로 진입했지만, 선박추진용 엔진, 건조기 부품 등 14개는

1위에서 밀려났다. 국제무역연구원은 우리가 1위를 차지한 품목에서도 경쟁국의 추격이 거세지고 있다고 지적했다.

우리나라도 경제기적을 이루긴 했어도 선진국에 진입하지 못한 채 이제 중국에 쫓기는 신세가 되었다. 수출효자인 반도체도 수입국인 중국이 자국산 반도체 양산에 들어가면서 당장 우리 반도체 산업은 물론 경제전반에 타격을 줄 것이다. 반도체 이후 미래의 먹거리가 보이지 않는다는 경고음이 울린지 오래지만 아직도 '포스트 반도체'가 안 보인다.

이 보고서는 세계경제의 불확실성이 확대되고 있는 현 시점에서 경쟁국과 선두를 경합중인 품목을 중심으로 혁신을 통한 기술과 품질 경쟁력을 확보해 나가는 것이 중요하며, 우리 기업은 지속적인 연구개발과 ICT 융합을 바탕으로 수출상품을 차별화하고 고부가가치화 하는 노력이 필요하다고 지적하였다. 또한 정부 차원에서는 글로벌 보호무역주의 확산은 물론 미국과 중국 통상 분쟁, 브렉시트 등의 대외변수에 선제적으로 대응하여 국제적인 불확실성 확산에 따른 국내 수출기업들의 피해를 최소화할 필요가 있다고 하였다.[8]

한국무역협회의 「2018년 수출입 평가 및 2019년 전망」에 따르면 반도체는 수출액 약 1,277억 달러를 기록하여 전체 수출의 21%를 차지했다. 그러나 2018년 반도체 수출 증가율은 전년 대비 36%가 넘었지만 2019년엔 5% 정도에 그칠 것이며 수출효자인 반도체가 꺾일 경우 우리 경제도 타격이 불가피하다.

3) 일본과의 기술격차

현대연구원이 2019년 7월 28일 발표한 「한·일 주요 산업의 경쟁력 비교와 시사점」 보고서를 살펴보면 일본에 대한 수입의존도 90% 이상 품목이

48개로 총 수입액은 3조 3천억 원이 되어 일본의 한국에 대한 반도체 등 수출 규제가 지속되면 한국 경제 성장에 위협이 되는 것으로 나타났다.

〈주요 산업의 대일 경쟁력 평가〉

절대 열위	열위	대등	우위
기계, 플라스틱, 화학, 고무 및 가죽	전기, 전자, 금속	생활용품	섬유, 의류

4) 독일의 '인터스트리 4.0' 프로젝트를 벤치마킹해야

세계 최고의 제조업 경쟁력을 가지고 있는 독일은 인터넷 기술의 진화가 오프라인 세상을 바꿔놓고 있는 환경변화를 일찍이 감지했다. 독일 정부는 기존 제조업 기반에 정보 통신 기술을 융합하는 '인더스트리 4.0' 프로젝트를 2012년에 시작했다.

'인더스트리 4.0'은 증가하고 있는 개인 요구사항을 반영하기 위해 범기업적인 가치창출 네트워크를 실시간으로 구축하는 것이다. 이는 시장변화에 따라 유연하게 대응하면서 개인들의 요구를 충족시킬 수 있는 새로운 생산체계를 만드는 것이다.

이에 따라 각 부서가 아닌 회사 전체의 자원을 관리하는 전사적 자원관리(Enterprise Resource Planning)와 현실세계를 컴퓨터와 네트워크로 제어할 수 있는 가상물리시스템(Cyber Physical System)을 만들었다. 그 결과 제4차 산업혁명의 핵심이라고 할 수 있는 지능형 스마트 공장을 탄생시켰다. 독일의 대표적인 스마트 공장 지멘스의 암베르크(Amberg)에서는 각 부품 및 공정마다 센서와 스캐너를 연결해 제품의 완성도를 높인다. 생산라인의 기계끼리 서로 소통하고 모든 부품을 인식할 수 있게 됨에 따라서 맞춤형 대량생산이 가능하다.

5) 미래 전략실을 만들어야

이명박 정부에서는 미래 한국을 위한 비전제시와 실천을 위해 대통령직 속으로 미래기획준비위원회를 만들어 4가지 추진과제, 즉 1) 중산층 국가를 위한 휴먼 뉴딜, 2) 핵심 성장 동력의 조기 산업화, 3) 통일 대비 전략의 패러다임 전환, 4) 저출산 대책마련을 제시하였다. 그리고 개방과 혁신, 통합으로 '인재, 지식의 허브 대한민국'을 만들겠다는 전략을 세우고 혁신 분야에서 신성장 동력 산업 육성, 중소기업 지원 패러다임 전환, 서비스업 육성, 연구 및 개발 혁신, 교육혁신을 주창하였다.[9]

그러나 저출산 대책은 실패하였고, 신성장 동력 산업 육성은 주로 반도체등 일부 산업에 국한되었고, 연구 및 개발 분야에서는 에너지 확보에 중점을 둔 나머지 핵심기술과 원천기술 개발에서는 큰 성과가 없었다. 그리고 청와대에 미래전략실을 만들었지만 정책 어젠다인 녹색성장을 주로 다루었다.

한편, 지방자치단체도 미래에 대비하기 위한 전략 부서를 만들었다. 대표적인 곳이 제주도의 미래전략국인데, 주로 신재생에너지 업무를 담당하고 있다. 고양시청의 미래전략국은 첨단산업과를 두어 첨단산업을 육성해 왔으며, 송파구청은 성장 동력 미래전략국을 만들었고 평택시는 신성장 전략국을 신설하였다.

미래는 정부나 자치단체, 기업이 모두 준비해야 하는 과제이다. 정부와 기업, 그리고 대학이 산학협력을 통해 신성장 동력을 발굴하고 연구개발을 확충하여 기초 산업을 육성해야 할 때이다. 또한, 단기적인 국정 현안 외에도 중장기적인 과제를 정부와 기업이 같이 공동 연구하여 4차 산업혁명에 본격적으로 대비할 필요가 있다.

1) 한국공학한림원이 2017년 12월 19일 발표한 「2025년 대한민국을 이끌 100대 기술 보고서」.
2) "피터 드러커는 미국의 경영학자로 현대 경영학을 창시한 학자로 평가받으며 경제적 제원을 잘 활용하고 관리하면 인간생활의 향상과 사회발전을 이룰 수 있다고 생각했다. 그는 이런 신념을 바탕으로 한 경영관리의 방법을 체계화시켜 현대경영학을 확립하였다."(두산백과 피터 드러커 요약 설명).
3) 스티브 존슨 지음, 홍지수 옮김, 〈원더랜드〉, 프런티어, 2017년 2월, 74~75쪽.
4) 박찬홍·배종민·우광식·정연돈 지음, 〈사람중심으로 만들어가야 할 4차 산업혁명〉, 2017년 10월, 책과나무, 34~35쪽.
5) 최윤식 지음, 〈2030 대담한 미래〉, 지식노마드, 2013년 8월, 252쪽, 285쪽.
6) 상세한 내용은 2019년 7월 22일자 Forune, Global 500, "It's China's World" 참조.
7) 한국산업기술진흥원이 2018년 8월 1일 발간한 「일본의 미래투자전략 2018 보고서」, 9~21쪽.
8) 한국무역협회 국제무역원이 2017년 2월 16일 발간한 「세계 수출시장 1위 품목으로 본 우리 수출의 경쟁력 현황」.
9) 한동만 지음, 〈한국의 10년 후를 말한다: 글로벌 메가트렌드변화와 우리의 미래전략〉, 한스미디어, 2011년 11월, 32쪽.

제2장

한국경제와
한국사회에 대한 진단

The future belongs to those who believe in the beauty of their dreams.

- Eleanor Roosevelt

제1절

한국경제의 현 주소

1. 한국 국가경쟁력 28위, 인재경쟁력 39위

스위스 국제경영개발연구원(IMD)이 매년 평가하는 국가 경쟁력 순위에서 2018년 한국은 평가대상 63개국 중 27위를 차지했다. 한국은 2015년 25위를 기록한 뒤 2016년과 2017년 29위에 머물다가 2018년에 다소 순위가 올랐다.

〈2018년 IMD 국가경쟁력 순위〉

1위	미국	13위	중국	42위	이탈리아
2위	홍콩	25위	일본	43위	인도네시아
3위	싱가포르	28위	프랑스	44위	인도
4위	네덜란드	30위	태국	45위	러시아
5위	스위스	36위	스페인	50위	필리핀

2019년 국가경쟁력 순위에서는 경제실적이 저조하여 한국의 순위가

2018년 27위에서 28위로 한 단계 더 떨어졌다. 놀라운 것은 우리의 국가경쟁력이 중국, 말레이시아, 태국보다 낮은 순위라는 것이다.

2019년 IMD 국가경쟁력 순위를 보면 아래와 같다.

〈2019년 IMD 국가경쟁력 순위〉

1위	싱가포르	5위	아랍에미리트	22위	말레이시아
2위	홍콩	14위	중국	23위	영국
3위	미국	16위	대만	25위	태국
4위	스위스	17위	독일	28위	한국

IMD 국가경쟁력 평가는 경제성, 정부효율성, 기업효율성, 인프라 등 4개 분야로 나누어 이루어진다. 이 중 인프라(24위에서 18위)의 순위가 2017년 대비 개선되었다. 기술, 과학, 교육 등으로 구성되는 인프라 분야에서 한국은 학생당 공교육비(18위에서 4위), 중고등학교 취학률(16위에서 10위), 기업의 혁신역량(34위에서 31위) 등에서 양호한 평가를 받았다.

경제성과의 경우 2017년 3%대 성장에 힘입어 22위에서 20위로 올라섰다. 국내총생산(14위에서 12위), 국내총투자(4위에서 2위), 외국인직접투자 유입(28위에서 22위), 기업효율성(44위에서 43위) 등의 순위가 올랐다. 다만, 4대 분야 중 여전히 가장 낮은 순위이다. 연간평균 근로시간(25위에서 10위), 기업윤리경영(52위에서 42위) 등은 개선되었지만 근로자에 대한 동기부여(59위에서 61위), 경영진에 대한 사회적 신뢰(60위에서 62위) 등이 하락하였다. 정부효율성은 4대 분야 중 유일하게 순위가 하락하였다. 공공재정(19위에서 22위), 재정정책(15위에서 17위) 등이 하락하였다.

한편, 2019년 10월 9일 세계경제포럼(WEF)이 발표한 「2019 세계경쟁력보고서」에 따르면 우리나라는 2017년 26위, 2018년 15위에서 2019년에는 13위를 기록하였다.

1위	싱가포르	6위	일본	11위	핀란드
2위	미국	7위	독일	12위	대만
3위	홍콩	8위	스웨덴	13위	한국
4위	네덜란드	9위	영국	14위	캐나다
5위	스위스	10위	덴마크	15위	프랑스

경제규모가 큰 신흥국인 브릭스(BRICs) 국가들의 순위는 중국(28위), 러시아(43위), 남아공(60위), 인도(68위), 브라질(71위)로 나타났으며, 아세안 국가 순위는 싱가포르(1위), 말레이시아(27위), 태국(40위), 인도네시아(50위), 필리핀(64위), 베트남(67위) 순이었다. 우리나라는 거시경제 안정성과 정보통신기술(ICT) 보급에서는 1위를, 인프라는 6위, 혁신역량 및 보건은 8위를 각각 기록한 반면, 기업 활력(25위), 제도(26위)는 비교적 낮은 점수를 받았고 노동시장(51위) 분야는 개선해야 할 분야로 나타났다.

2017년 11월 26일 스위스 국제경영개발연구원(IMD) 국제경쟁력센터의 「2017 세계인재보고서」에 따르면 한국의 인재경쟁력 지수는 100점 만점에 55.82점으로 조사대상 63개국 중 39위를 기록하였다. 이는 2016년보다 1계단 하락한 것으로 2015년 32위에 비해서는 7계단 추락했다.

스위스 국제경영개발연구원은 매년 각종 경쟁력 관련 통계와 기업임원 수천 명에 대한 설문조사결과 등을 분석하여 각국이 인재풀을 육성, 유지하고 기업 수요를 충족하는 능력을 평가하여 순위를 발표하고 있다. 한국 순위가 하락한 것은 자국인재를 유지하고 해외인재를 유인하는 능력과 관련한 항목에서 낮은 점수를 받은 데 따른 것으로 풀이된다.

상대적으로 한국의 순위가 높은 분야는 '교육평가(PISA: 15세 국제학업성취도 평가)'로 9위를 기록하여 30개 항목 중 유일하게 10위권에 들었다. '소득세 실효세율(9.13%)'은 12위, '경영진 보수'는 22만 5천 279달러(약 2억 4천 476만원)로 세계 14위였으며, '중고교생당 공공교육 지출'은 1인당 국내총생산(GDP) 대비 23.8%로 18위였다.

인재경쟁력 지수가 높은 나라는 100점을 기록한 스위스였으며 덴마크와 벨기에가 2016년에 이어 2017년에도 각각 2위와 3위를 유지하였다. 오스트리아와 핀란드가 2016년보다 한 계단씩 오르며 4, 5위를 기록하는 등 10위권을 모두 유럽국가가 차지하였다. 아시아에서는 홍콩과 싱가포르가 12위와 13위를 기록하여 상대적으로 높았고 대만(23위), 말레이시아(28위), 일본(31위)이 한국보다 앞섰다. 중국은 40위로 2계단 상승하며 한국과 격차를 한 계단으로 줄였다.

2. 비즈니스하기 좋은 국가평가에서 한국은 16위

2018년 12월 19일 미국 경제전문지 포브스는 전 세계 161개국을 대상으로 한 '2019년에 비즈니스하기 좋은 최고국가'(best countries for business) 순위 평가에서 한국이 16위를 차지했다고 밝혔다. 포브스는 매년 지식 재산, 혁신 세제, 기술, 부패, 개인과 무역의 자유, 규제, 투자 보호 등 15개 항목을 평가하여 세계 각국의 비즈니스 환경 순위를 발표하고 있다.

이번 조사에서 1위는 영국이 차지하였다. 포브스는 "영국이 세계에서 가장 효율적인 비즈니스와 투자환경을 갖추고 있고, 글로벌 무역 관계도 확대해 나갈 것"이라고 밝혔다. 영국의 뒤를 이어 스웨덴이 2위, 홍콩이 3위, 네덜란드가 4위, 뉴질랜드가 5위, 싱가포르 8위, 대만 13위, 독일 14위, 미국 17위, 일본 19위를 차지하였다.

항목별 평가에서 한국은 기술 분야에서 세계 1위를 차지했고, 혁신 분야에서도 8위에 올랐다. 그러나 한국은 무역자유 75위, 금융자유 33위, 개인자유 41위, 지식재산 35위, 부패 47위, 세금부담 24위, 투자보호 22위,

규제 11위 등의 평가를 받았다.

한편, 세계은행이 '기업하기 쉬운 평가(Ease of doing business ranking)'를 한 결과, 한국은 2018년에는 뉴질랜드, 싱가포르, 덴마크에 이어 4위를 기록한 반면, 2019년에는 뉴질랜드, 싱가포르, 덴마크, 홍콩에 이어 5위를 기록하였다. 2019년 평가에서 미국이 8위, 영국 9위, 호주 18위, 일본 39위, 중국 46위를 기록한 것을 보면 한국은 상당히 높은 점수를 받았다.[1]

필자는 2019년 10월 4일 세계은행 아시아 지역사무소 대표 겸 필리핀 대표인 마라 워익(Mara Warwick) 박사를 만나서 한국이 상대적으로 매우 높은 평가를 받게 된 이유를 문의하였는데, 워익 박사는 한국이 외국인 투자를 유치하기 위해 원스톱 서비스를 운영하고 있고, 혁신으로 무장된 고급 두뇌들이 많으며 4차 산업혁명 시대를 대비하여 글로벌 한국 기업들이 신기술을 위한 연구개발비를 많이 지출하고 있는데 기인한다고 말하였다.

3. 한국, GDP 대비 연구개발비 지출비율 세계 1위

한국이 전 세계에서 국내총생산(GDP) 대비 연구개발(R&D) 지출비율이 가장 높은 나라라고 유럽연합(EU)의 공식 통계 기구인 유로스타트(Eurostat)가 2017년 12월 1일 밝혔다. 유로스타트는 유럽연합의 연구개발 지출관련 통계자료에서 2016년 기준으로 유럽연합 28개 회원국의 평균 연구 개발 지출은 GDP의 2.03%로, 지난 10년 전의 GDP 대비 1.76%보다 0.27% 상승했다고 밝혔다.

EU 회원국 가운데 GDP 대비 연구 개발 지출 비율이 가장 높은 나라는 스웨덴(3.24%)이었고 오스트리아(3.09%), 독일(2.94%), 덴마크(2.87%), 핀란드(2.75%), 벨기에(2.49%), 프랑스(2.22%) 등의 순으로 나타났다.

삼성전자는 2018년 1월부터 9월까지 역대 최대 규모의 연구개발비인 13조 3,428억 원을 집행하였다. 이는 2017년 같은 기간 대비 12조 2,300억 원에 비해 9% 증가한 액수이다. 연구개발비 규모로는 세계 1위이다. 삼성전자가 매년 수십조 원을 연구개발비로 쓰는 배경에는 치열해진 경영환경이 있다.

삼성전자의 대표적 주력사업인 반도체의 경우, 경쟁업체들이 메모리 반도체 수요증가에 대비해 기술 개발에 나서고 있다. 삼성전자는 차별화된 기술을 확보하기 위해 3단계의 연구개발조직을 운영하고 있다.

삼성은 2018년에만 미국 실리콘밸리와 뉴욕, 영국 캠브리지, 캐나다 토론토, 몬트리올, 러시아 모스크바에 인공지능 센터를 설립하는 등 새 먹거리 발굴에도 공을 들이고 있다. 2018년 8월에는 인공지능과 5G, 바이오 사업 등 4차 산업혁명 중심이 될 사업에 대해 약 25조 원을 투자하겠다고 발표한 바 있다.

4. 블룸버그 혁신지수에서 한국, 5년 연속 세계 1위

2018년 1월 22일 블룸버그가 발표한 '2018 블룸버그 혁신지수'에서 우리나라가 5년 연속 1위를 차지하였다. 블룸버그는 연구개발지출 집중도, 제조업 부가가치, 생산성, 첨단기술 집중도, 교육 효율성, 연구인력 집중도, 특허활동 등 총 7개 부문의 통계수치를 지수화하여 상위 50개국에 대한 혁신지수를 매년 초에 발표하는데 우리나라는 특허 활동 부문에서 1위, 첨단기술 및 연구인력 집중도 부문에서 4위, 생산성 부문에서 21위를 기록하여 총 89.28점을 받아 종합점수 1위가 되었다.

2위는 스웨덴(84.7점), 3위는 싱가포르(83.05), 4위는 독일(82.53점), 5위는 스위스(82.34점), 6위는 일본(81.91점), 7위는 핀란드(91.46점), 8위는 덴마크(81.28점), 9위는 프랑스(80.75점), 10위는 이스라엘(80.64점)이고 중국은 19위(73.36점)를 기록하였다. 미국은 6년 만에 처음으로 10위 군에서 탈락한 반면(2017년 9위에서 2018년 11위), 싱가포르는 독일과 스위스를 앞지르고 3위를 기록(2017년에는 6위)한 것이 특기사항이다.

한편, '2019 블룸버그 혁신지수'에 의하면 여전히 한국이 1위를 유지한 가운데 2위는 독일, 3위는 핀란드, 4위는 스위스, 5위는 이스라엘, 6위는 싱가포르, 7위는 스웨덴, 8위는 미국, 9위는 일본, 10위는 프랑스가 차지하였다. 중국은 16위, 영국은 18위, 호주는 19위, 캐나다는 20위를 차지하였다. 아세안국가 중에는 싱가포르 외에 말레이시아가 26위, 태국이 40위, 베트남이 60위를 기록하였다.[2]

우리나라가 지속적으로 혁신지수 1위를 차지한 것은 국내총생산과 대비하여 높은 연구개발지출 비중과 활발한 특허활동에 따른 것으로 평가된다. 블룸버그는 한국이 지난 5년 연속 글로벌 혁신 1위 국가(Global Innovation Gold Medalist) 지위를 유지하고 있다고 강조하였는데 삼성은 2000년대 IBM을 제외하고는 어느 기업보다 미국 특허를 다수 취득하고 있다.

제2절

한국사회에 대한 진단

1. 웰빙 지수 145개국 중 74위
: 건강하지도 행복하지도 않은 한국인

한때 한국사회를 휩쓸었던 웰빙(well-being), 지금은 그 열풍이 잦아들었지만 여전히 웰빙은 한국사회의 화두이다. 웰빙이란 물리적 조건과 정신적 건강이 조화를 이룬 상태를 말한다. 독서와 명상을 통해 정신적인 건강을 유지하고 적절한 음식과 운동을 통해 육체적 건강을 유지하며 균형을 맞추는 것이다.

이처럼 웰빙은 우리 삶에서 물리적인 조건과 정신적인 건강이 조화를 이루는 상태를 말한다. 즉, 자본주의 사회인만큼 물질적 부도 중요하지만, 새로운 방식의 삶과 문화를 통해 육체적, 정신적 건강과 만족을 유지하려는 것을 뜻한다.

그렇다면 전 세계적으로 웰빙 수준이 높은 곳은 어디일까? 경제협력개발기구(OECD)가 해마다 집계하고 있는 더 나은 삶의 지수(Better Life Index: BLI)는 11개 지표를 산정해 38개국의 삶의 질을 평가한다. 이 11개 지표는 시민참여, 교육, 안전, 주거, 고용, 삶의 만족도, 환경, 건강, 일과 삶의 균형, 공동체 의식을 포함한다.

2017년 BLI 자료를 살펴보면, 한국은 총 40개 국가 중 30위로 하위권이었다. 2016년 28위에서 두 단계 떨어졌다. 영역별 순위로 보았을 때 다른 선진국들에 비해 주거와 교육은 각각 5위, 10위로 상위권인 반면, 공동체(38위)와 환경(36위)이 최하위권이었고, 일과 삶의 균형(35위), 삶의 만족도(36위), 그리고 건강(35위)도 매우 낮게 평가되었다.

또한 전반적인 삶의 만족도를 0점(매우 불만족)과 10점(매우 만족) 사이에서 고르라는 질문에서 한국은 5.8점으로 나타났는데, 이 역시 OECD 평균인 6.5보다 낮은 수치이다. 일과 삶의 균형은 여가와 휴식시간 길이와 장시간 근로자 비율로 측정했다. 이 중 여가와 휴식시간은 OECD 평균과 비슷했지만, 주 50시간 이상 근무한 장시간 임금 근로자의 비율(23%)은 다른 선진국의 거의 두 배였다.

대체로 북구 국가들의 삶의 지수가 높은 반면, 아시아(일본 25위, 한국 30위)나 중남미(브라질 35위, 콜롬비아 38위, 멕시코 39위) 국가들의 지수는 상대적으로 낮았다.

〈2017 OECD국가 '더 나은 삶의 지수'(Better Life Index for 2017)[3])〉

1위	노르웨이	11위	룩셈부르크	21위	에스토니아	31위	헝가리
2위	호주	12위	뉴질랜드	22위	체코	32위	라트비아
3위	아이슬란드	13위	벨기에	23위	이스라엘	33위	러시아
4위	캐나다	14위	영국	24위	이탈리아	34위	칠레
5위	덴마크	15위	독일	25위	일본	35위	브라질
6위	스위스	16위	아일랜드	26위	슬로바키아	36위	그리스

7위	네덜란드	17위	오스트리아	27위	폴란드	37위	터키
8위	스웨덴	18위	프랑스	28위	리투아니아	38위	콜롬비아
9위	핀란드	19위	스페인	29위	포르투칼	39위	멕시코
10위	미국	20위	슬로베니아	30위	한국	40위	남아공

환경에서도 한국인은 웰빙을 누리지 못하고 있다. 살고 있는 지역의 수질에 만족한다는 응답자 비율로 측정한 수질평가(78%)도 OECD 평균(81%)에 비해 낮은 수준이었지만 가장 큰 문제는 대기오염이었다. 세제곱미터(m^3)당 미세먼지 농도로 살펴본 대기의 질에서, 한국의 대기오염 수준(29mg)은 OECD 평균(14mg)의 두 배가 넘는다.

정부가 미세먼지에 대응하기 위한 범정부기구를 만들고 반기문 전 유엔 사무총장을 그 수장으로 임명한 것은 반가운 일이다. 미세먼지 문제는 환경을 악화하고 결국 삶의 질을 떨어뜨리는 주범이기 때문이다. 우리 미래 세대를 위해서도 이 정부 임기 내에 반드시 해결해야 할 과제이다.

2. 세계 행복지수: 한국 54위

유엔은 매년 3월 20일을 국제 행복일(International Day of Happiness)로 지정하고 세계행복지수(World Happiness Report)를 발표하고 있다. 156개 국을 대상으로 수입(income), 건강한 수명(healthy life expectancy), 사회적인 지원(social support), 자유(freedom), 신뢰와 관대(trust and generosity)를 지표로 조사한 결과, 대체적으로 북유럽 국가들이 행복지수가 높은 것으로 나타났다.

뉴욕에서 발표한 2016~2018년 간 세계 행복지수(Ranking of Happiness 2016~2018)에 따르면 1위부터 10위 국가는 핀란드, 덴마크, 노르웨이, 아이슬란드, 네덜란드, 스위스, 스웨덴, 뉴질랜드, 캐나다, 오스트리아, 호주(11

위)로 나타나, 호주를 제외하고는 유럽 국가들의 행복지수가 높은 것으로 나타났으며 유럽 국가 중 프랑스 24위, 스페인이 30위, 이탈리아가 36위로 나타났다.

영국과 미국은 각각 15위와 19위를 기록하였고, 이스라엘이 11위, 코스타리카가 13위, 아랍에미리트가 20위로 나타났다. 동남아국가 중에서는 싱가포르가 34위, 말레이시아가 35위, 태국이 52위, 필리핀이 69위, 말레이시아 80위, 인도네시아가 92위, 베트남이 94위, 라오스 105위, 미얀마 131위를 기록하였다.

한국, 일본, 중국은 각각 54위, 58위, 93위를 기록하였다. 대부분 아프리카 국가들은 하위를 기록하였는데 최하위 국가군들은 라이베리아 149위, 르완다 151위, 탄자니아 153위, 남수단 154위, 중앙아프리카 155위, 부룬디 156위를 기록하였다. 북한은 조사대상에서 제외되었는지 순위에 포함되지 않았다.[4]

가장 많이 일하면서도 행복지수가 낮은 한국

한국은 10년 넘게 경제협력개발기구(OECD) 자살률 1위라는 불명예스러운 자리를 지키고 있다. 한국보건사회연구원이 1995년부터 2015년까지 매년 5년마다 측정해 온 OECD 사회통합지수에서 한국은 30개 조사대상국 중 29위를 기록하며 '사회적 포용', '사회적 자본', '사회갈등과 관리' 항목에서 모두 적신호를 보였다.[5]

2016년 OECD 고용동향 자료에 따르면 한국인들의 1인당 연간 평균 노동시간은 2,069시간으로 멕시코 다음으로 길다. 일이 많아서 눈치가 보여서 야근은 당연하고, 휴가 역시 주어진 연차의 절반 정도밖에 쓰지 못하는 경우가 많다. 성공을 위해 워커홀릭을 자처했던 기성세대에게는 익숙한

근무환경이지만 젊은 직장인들은 더 이상 이러한 현실을 그대로 받아들이려고 하지 않는다.[6]

3. 한국의 부패지수 181개국 중 45위

국제투명성기구(Transparency International)에 의하면 2017년 한국의 부패지수는 54점(2016년은 53점)으로, 조사대상국 181개국 중 51위를 차지하여 일본(20위)보다 한참 뒤져 있다. 50점대는 '절대 부패로부터 벗어난 정도'를 뜻하며 70점 정도는 되어야 '사회가 전반적으로 투명한 상태'라고 볼 수 있다. 이 지수만 보더라도 한국사회에 부정부패가 얼마나 만연해 있는지 충분히 짐작할 수 있다. 이렇게 된 가장 큰 이유는 겉으로는 규제와 감시가 늘어나고 있지만 실질적으로는 법과 원칙이 공정하게 집행되지 않기 때문이다.

부패인식지수(corruption perception index)는 공무원과 정치인 사이에 부패가 어느 정도로 존재하는지에 대한 인식의 정도를 말한다. 세계적으로 덴마크가 89점으로 1위, 뉴질랜드가 88점으로 2위를 기록하였고 핀란드, 싱가포르, 스웨덴, 스위스가 85점으로 공동 3위를 차지했다.

아시아에서는 싱가포르(85점, 공동 3위), 홍콩(77점, 공동 14위), 일본(73점, 19위)이 지속적으로 좋은 평가를 받았다. 필리핀은 34점을 획득, 117위(2016년 101위, 2017년 111위)를 차지했다. 북한은 17점으로 예멘, 시리아와 더불어 공동 176위에 머물러, 최하위인 소말리아(180위)를 제외하고는 부패지수가 가장 높은 것으로 나타났다.

〈부패인식지수 2018(Corruption Perception Index 2018)〉

1위	덴마크	19위	아일랜드, 일본	78위	인도
2위	뉴질랜드	21위	프랑스	87위	중국
3위	핀란드, 싱가포르, 스웨덴, 스위스	22위	미국	89위	인도네시아
7위	노르웨이	23위	아랍에미리트	99위	필리핀, 태국
8위	네덜란드	24위	우루과이	105위	브라질, 이집트, 엘살바도르, 페루, 동티모르, 잠비아
9위	캐나다, 룩셈부르크	31위	브루나이, 대만	117위	베트남
11위	독일, 영국	41위	스페인	132위	라오스, 미얀마
13위	호주	45위	한국	138위	멕시코, 파푸아뉴기니, 러시아
14위	오스트리아, 홍콩, 아이슬란드	53위	이태리	176위	북한, 예맨, 러시아
17위	벨기에	61위	말레이시아	180위	소말리아
18위	에스토니아	67위	그리스		

2017년과 비교할 때 한국은 51위에서 2018년 45위로 6단계 상승하였다. 반면, 북한은 171위에서 176위로 하락하였으며 아시아 국가 중에 홍콩(14위), 일본(19위)은 높은 평가를 받은 반면, 인도(78위), 중국(87위)의 부패지수는 높은 편으로 나타났고, 싱가포르(3위), 브루나이(31위)를 제외한 대부분 동남아시아 국가들의 부패지수도 매우 높았다. 뉴질랜드와 덴마크의 1, 2위 순위가 바뀌었으며, 싱가포르는 2017년 6위에서 2018년 3위로 상승하였다.[7]

2016년 부정청탁 및 금품 등 수수의 금지에 관한 법률(청탁금지법, 일명 김영란법)이 시행된 후에 행정연구원이 실시한 조사에서 공직자와 국민 10명 중 9명이 부조리 관행, 부패개선에 효과가 있다고 응답했다.

박은정 국민권익위원회 위원장은 2018년 12월 14일 재외공관장들을 위한 특강에서 2017년 국가별 부패인식지수가 한국이 51위를 기록하였다고 언급하면서 우리 사회가 투명하고 공정하며 부패가 없는 사회가 되려면 각계각층의 노력이 중요하다고 강조하였다.

소위 김영란 법으로 우리 사회에 만연된 부정부패가 어느 정도 줄어 들 것으로 예상하고 있지만 한국 사회에 만연된 인연, 혈연, 학연으로 연결된 네트워크사회로 '좋은 게 좋은 것이다'라는 편의주의와 봐주기 문화로 인해 단기간 내에 부정부패가 해소되기는 어려운 상황이다.

4. 최저의 출산율과 높은 노인 빈곤율로 더욱 심각한 한국

1) 10년간 100조를 투입했는데 출생아는 역대 최저

인구구조의 변화는 트렌드는 물론, 사회 전체에 근원적인 영향을 미치는 핵심 동인이다. 미래위원회 보고서에 의하면 10년 뒤 우리 사회에 중요한 영향을 미칠 10대 이슈 중 1위가 저출산, 고령화이다.

다만, 인구구조는 다른 요인들에 비하면 상대적으로 천천히 변화하고 그 영향도 간접적이기 때문에 빠른 시간 내에 실감하기는 쉽지 않다. 하지만 인구학적 변화는 메가트렌드의 변화에 느리지만 가장 확실한 영향을 미친다. 21세기 이후 한국사회의 인구구조는 매우 빠르게 변화하고 있는데 그 중에서도 소비트렌드에 가장 유의미한 변화를 야기하는 양대 요소는 고령화와 1인 가구화이다.

2017년 출생아 수가 2016년보다 5만 명 가까이 감소한 35만 7,700명에 그친 이유는 너무 많다. 취업이 늦어지면서 비용이 수반되는 결혼을 미루는 현상도 당연해졌다. 집값이나 양육비 걱정에 아예 결혼 자체를 부정적으로 보는 인식도 확산되었다. 결혼을 하고 직장을 다녀도 문제다. 직장여성의 경우 남성보다 상대적으로 육아부담이 크다. '딩크(DINK: Double Income No Kid, 자녀를 두지 않는 맞벌이 부부)족'은 더이상 드문 사례가 아니다.

일과 가정생활의 양립에 대한 인식이 확대되었지만, 경력단절 문제가 여전히 심각하다. 장시간근무와 휴일근무 등이 만연한 근로환경에서 맞벌이 부부에게 출산과 육아는 여전히 큰 짐이다. 저출산 문제를 심화하는 배후요인으로 지목되는 만혼이나 결혼하지 않은 현상(비혼)에 대한 대응이 부족했다는 평가도 나온다.

취업난, 저임금, 고용불안, 주거불안정 등 청년들이 가정을 꾸리기 어렵게 하거나 출산과 양육에 대한 부담을 키우는 문제가 해결되지 않는 이상 출산과 양육지원에 집중하는 대중요법으로는 저출산 문제를 해결할 수 없다는 분석도 있다.

2) 고령사회로 이미 진입

2017년 9월 한국사회의 주민등록인구는 100명 중 14명이 고령으로 진입했다. 즉, 65세 인구가 14%를 넘기는 고령사회의 본격진입이 위기경고로 해석되고 있다. 이런 추세라면 2026년 100명 중 20명이 노인그룹에 속하는 이른바 초고령사회가 예상된다. 우리나라의 생산가능인구는 2015년 기준으로 3,744만 명이었다.

2015년 당시 전체인구 중 생산 가능 인구가 차지하는 비율이 73.4%로, 경제협력개발기구(OECD) 회원국 가운데 가장 높았다. 하지만 불과 2년 후인 2017년부터 생산가능인구가 가파르게 줄어들어 2029년부터는 사망자 수가 출생자 수보다 더 많아져 인구감소가 시작되고 2065년(2,620만 명으로 추정)에는 생산가능인구 비중이 OECD 국가 중에서 가장 낮아질 것으로 전망된다.

생산가능인구 비중이 감소하는 현상이 두려운 것은 일본의 '잃어버린 20년'에서 보듯이 경제활동이 전반적으로 위축되고, 부동산을 비롯한 자산시장이 활력을 잃게 되기 때문이다.

통계청에 따르면 2018년 합계 출산율(15~49세 가임여성)이 0.98을 기록하였다. 2018년도 합계 출산율은 1분기 1.08명에서 4분기 0.88명으로 지속적으로 감소하였다.

수명연장과 고령화에 따라 사회 전체적으로 비생산적 소비나 복지지출은 크게 늘어난다. 의료비를 포함하여 날로 증가하는 복지지출은 국가재정에도 부담이다. 나라살림을 담당하는 기획재정부의 예상에 따르면, 복지수준을 현재 상태로 유지하더라도 전체복지지출은 2030년경 전체 예산의 49.3%에 달하게 된다. 이는 주로 고령화에 따른 복지 수혜자 수의 절대적 증가 때문이다.

특히, 고령화가 '경제활동 및 소비위축-고용악화-청장년층 생활기반 약화-저출산 심화'라는 악순환을 촉발한다면 상황은 더욱 나빠질 것이다. 이 경우 장기적인 성장정체, 심지어 경제위축의 늪에 빠질 위험이 매우 커진다. 이처럼 특단의 대책 없이 인구구조와 경제구조의 내재적 문제가 계속 방치될 경우 인구 고령화는 결국 경제 고령화를 초래할 것이다.[8]

저출산과 고령화는 대부분의 선진국이 직면한 문제이지만 이미 많은 국가가 다양한 해법을 찾아 실행하고 있다. 해외에서는 그 해법으로 해외인재를 적극 유치해 인구 구성비를 젊게 하고 생산인구를 늘려 새로운 성장동력을 찾으려는 노력을 활발히 하고 있다.

3) 늙어가는 한국: 20대 경제활동 인구가 60대 이상에 추월당해

"2045년에 한국은 세계에서 가장 늙은 국가가 될 전망이다. 고령인구 비중은 세계에서 가장 높아지고, 2055년에는 생산연령인구 비중이 세계 최하위가 될 전망이다. 이에 따라 2067년이 되면 노년 부양비도 현재보다

5배 늘어 세계 최고 수준이 될 예정이다. 그리고 한국의 전체 인구는 약 4분의 1이 줄어든다."

통계청은 2019년 9월 2일 위와 같은 내용을 담은 「세계와 한국의 인구 현황 및 전망」을 발표했다. 이에 따르면 세계 인구는 2019년 현재 약 77억 1,000만 명으로 20년 사이 1.3배 증가한 반면, 저출산 문제가 심각하게 대두하고 있는 한국은 현재 5,200만 명보다 인구가 약 1,300만 명 줄어들어 2067년에는 3,900만 명이 될 것으로 예측했다.

문제는 고령화이다. 한국의 65세 이상 고령인구 비중은 2040년 33.9%로 세계에서 두 번째로 높아지고 있다. 2045년에는 37%로 세계 1위가 될 전망이다. 고령인구 비중은 지속적으로 높아져 2067년에는 46.5%가 될 것이다.

고령인구 비중이 늘어나고 생산연령 인구는 줄어듦에 따라 복지부담은 가중될 전망이다. 노년부양비(생산연령인구 100명당 고령인구)가 세계 최고로 높아지기 때문이다. 한국의 노년 부양비는 2019년 20.4명에서 2067년 102.4명으로 약 5배 증가할 것으로 전망되었다. 출생률은 전 세계 최저 수준으로 나타나 향후 고령화와 부양비 부담은 심화할 것으로 조사되었다.

1) A World Bank Group Flagship Report 「Doing Business 2019, 16th edition」.
2) 2019 bloomberg innovation index.
3) 위키피디아, OECD Better Life Index.
4) World Happiness Report 참조.
5) 신기욱 지음, 〈슈퍼피셜 코리아〉, 문학동네, 2017년 9월, 106~108쪽.
6) 김난도 외 5명 지음, 〈트렌드 코리아 2018〉, 미래의창, 2017년 10월, 296쪽.
7) Transparency International 2018 부패인식지수 참조.
8) 김태유 지음, 〈은퇴가 없는 나라〉, 삼성경제연구소, 2013년 2월, 14~17쪽.

제3장

한국경제가
나아가야 할 길

The future depends on what you do today.

- Mahatma Gandhi

---◆---

제1절

저출산, 고령화 문제를 해결해야

1. 고령화시대에 걸 맞는 새로운 사회경제체제 필요

　55세 이상 고령인구의 수가 청장년(25~54세) 인구보다 많아지는 2030년 대 이후에는 결국 고령층 인력의 활용 여부가 국가경제의 성패를 좌우하는 핵심요인이 될 것이다. 고령화를 대응하는데 가장 중요하게 생각해야 할 과제는 바로 고령화라는 사회경제적 변화를 경제성장의 동력으로 활용할 방법이다.

　즉 고령화시대에 걸맞는 새로운 사회경제체제를 만들어야 한다는 것이다. '일하는 건강한 고령화 사회'를 만들기 위해 다행히도 우리나라의 고령화층은 일할 의욕, 일할 능력, 일할 필요라는 삼박자를 모두 갖추고 있다. 삼박자를 두루 갖춘 고령자들은 한국경제의 희망이자 자산이다.

　고령자들은 관리 및 서비스 직종을 중심으로 비교적 높은 생산성을 낼 수 있다. 따라서 이런 직종을 중심으로 고령자 고용이 확대된다면 국가전 반의 생산성이 증대되고 국민총생산 역시 증가할 것이다.

연령별 분업체계의 경제적 효과를 측정한 시뮬레이션 결과 현행 일모작 고용체계가 그대로 유지되면 인구 고령화와 생산가능인구 감소 때문에 2050년의 실질 생산량 단위는 2010년 대비 절반 수준으로 나타났다. 그러 나 만일 이모작 고용체계를 확립한다면 총생산량은 일모작 고용상태에 비 해 2030년 98%, 2050년 109% 증가하여 무려 2배나 되는 것으로 나타났다.

고령층 소비, 국내 내수시장 주도하고 일자리 창출에 기여해야

고령층의 소비가 국내내수시장을 양적으로 주도하고 고부가가치 서비 스 시장을 확대해 양질의 일자리를 만들어 낼 것이라는 주장이 제기되었 다. 산업연구원은 2018년 2월 21일 「우리나라 고령층의 특징과 소비구조 변화」 보고서를 통해 기존의 베이비붐 세대(1955~1963년생)가 고령층 소 비의 양적 팽창뿐만 아니라 질적 변화를 가져올 것이라고 분석했다.

보고서는 2020년대에 고령친화 사회의 규모가 크게 확대되고 고부가가 치 서비스가 지금보다 활성화 할 것으로 예측했다. 이어 고령친화 산업의 성장뿐 아니라 고령층이 내수를 주도하는 핵심소비자층으로 부상할 가능 성이 높은 것으로 전망했다. 65세 이상 인구비율은 2000년 7.22%에서 2017년 14%를 넘어섰으며 2040년에는 40%에 육박할 전망이다.

베이비붐 세대는 2017년 말 현재 700만 1,333명으로 이전 세대보다 학 력이 높고 서구문화를 청소년기부터 접했다. 이들은 문화적으로 자부심이 강하다. 자신의 나이에 비해 신체나 정신적으로 젊어지기 위해 많이 노력 한다. 자아실현이나 취미활동 등을 통한 소비활동도 적극적이다.

포스트 베이비붐 세대(1964~1974년생)는 956만 7,171명에 달한다. 이들은 베이비붐 세대보다 훨씬 더 개인주의적이며 소비성향도 좀 더 강하다. 베이비붐 세대는 2015년부터 60세에 진입하고 포스트 베이비붐 세대는 2020년 중반부터 은퇴를 시작하면서 2020년대에 고령층의 질적 변화가 본격화할 것으로 관측된다.

2. '미래시장' 20대의 마음을 읽고 해외취업을 장려하라

1) 취업지원협의회 발족 및 취업 박람회 개최

통계청에 따르면 2010년 기준 한국의 20대는 약 659만 명이고 전체인의 약 14%를 차지하고 있다. '미래 시장' 20대의 마음을 읽어야 미래세대를 지원할 수 있다. 미래세대는 자율을 중시하면서 타인과의 동조도 원하고 있다. 또한 일과 삶의 균형을 중시하면서도 40~50대에 비해 여가를 더 중시하는 경향이 있다.

이들은 기성세대보다 더 국제화되어 있고 영어도 월등 잘한다. 또한 이들은 해외에서 공부를 하였거나 여행을 통해서 세계인들과 더 친숙하다. 매년 약 3만 명에 달하는 워킹 홀리데이를 통해 공부도 하고 일도 하면서 여행을 하고 있다.

따라서 이들을 해외취업에 적극 활용해야 한다. 해외공관마다 해외취업 협의회를 구성하여 젊은 인력을 해외에 취업하도록 장려하고 있다. 해외에 나와 있는 우리 기업 그리고 해외무역 우리 동포기업에 인턴과 취업을 통해 경험을 높이고 전문지식을 함양하게 하고 있다. 앞으로 더욱 청년들을 해외에 취업하는데 정부와 기업들이 적극 협력할 필요가 있다.

2018년 3월 5일 필자는 청년들의 필리핀 취업 지원을 위해 주필리핀 대한민국 대사관, 한국산업인력공단 필리핀 지사, 코트라 필리핀 무역관, 필리핀 한인상공회의소, 필리핀 한인무역협회, KEB 하나은행 등 민과 관이 함께 참여하는 필리핀 취업지원협의회를 발족하였다.

필리핀 취업지원협의회는 청년 실업문제의 심각성에 대응하여 재외공관을 중심으로 해외 일자리 창출 노력을 개진 중인 우리 정부의 노력의 일환으로 추진되고 있다. 참석자들은 채용 박람회와 세미나 개최와 더불어 아시아개발은행(ADB) 등 마닐라에 위치한 국제기구나 필리핀 최대은행인 BDO 등 현지 민간 기업과의 인턴십 확대 등을 적극 추진하기로 하였다.

필리핀 해외취업박람회

2018년 5월 26일 마닐라 두짓타니 호텔에서 주필리핀 대사관, 한국산업인력공단, 한국무역진흥공사, 필리핀 한인상공회의소, 필리핀 한인무역협회 등이 공동으로 주관하고 기업은행과 하나은행이 협찬한 가운데 '2018 필리핀 한인 취업박람회'가 개최되었다. 이번 취업박람회에서는 필자와 윤강현 외교부 경제외교조정관, 이호익 상공회의소 회장, 그리고 기업인력담당자와 취업지원희망자 등 100여명이 참가하였으며 46개 업체가 참여하여 총 구직자 76명과의 화상면접을 진행하였다.

이번 취업박람회에서는 효율적이고 취업률을 높일 수 있도록 구직자가 원하는 업체를 선정하여 현장면접 스케줄을 조정할 수 있도록 구성하였으며, 그 결과 면접 참여자 76명이 총 172번의 면접을 진행하였으며, 172번의 면접 중 66건이 2차 면접을 진행하고 20명이 25건의 면접에서 합격하였다.

그리고 서울과 부산의 해외취업지원센터와 필리핀 취업박람회에 구비된 화상면접실과 실시간 연결하여 사전 접수하여 서류전형을 통과한 한국 내 우수 구직자와 구인기업 간에 화상면접을 진행하였다. 또한 취업정보관을 운영하여, 한국산업인력공단이 진행 중인 해외취업정책과 해외취업지원금이 소개되었으며, 현지 취업성공자 2명의 성공 사례를 소개하고 아울러 현지 노동법에 대한 변호사의 소개 순서도 진행되었다.

2018년 5월 취업박람회를 통해 최종 15명이 합격(172명 면접 실시)하였으며, 이는 2017년 취업박람회(최종 2명 합격)에 비해 괄목할 만한 성과를 이루어 낸 것으로 평가된다. 참석자들은 2018년 하반기에는 우리 청년들과 구인기업 간 보다 원활한 희망업종 내 매칭을 위해 기업 현장을 찾아가는 취업세미나를 개최하고, 필리핀 주요기업에 성공적으로 취업한 사람들의 수기를 모아 우리 청년들의 취업준비에 도움이 되는 방안을 추진하기로 하였다.

필자는 취업박람회가 성공적으로 개최되어 성과를 거둔 것은 민과 관 유관기관 간의 긴밀한 협력과 우리 청년들의 적극적인 참여가 있었기에 가능했으며, 앞으로도 지속적인 협력을 당부했다. 또한, 현지 주요기업과의 우리 청년 취업지원 양해각서, 마닐라 외 지방 소재 청년들을 위한 지방 세미나 개최 등을 검토하기로 하였다.

2018년 8월 17일 주필리핀 대한민국 대사관, 한국산업인력공단 필리핀 지사, 코트라 무역관, 필리핀 한인무역협회(OKTA) 및 KEB 하나은행, APEX, Asurion 등 민관이 함께 하는 제3차 필리핀 해외취업지원협의회가 대사관에서 개최되었다.

주필리핀 대한민국 대사관과 한국산업인력공단이 공동주최하고 중부루손 한인회, 글로벌스탠다드어학원 등이 후원한 '당신의 꿈을 응원합니다'의 취업세미나가 2019년 2월 14일 클락에서 개최되었다. 필자는 이 세미나에 참석하여 축사를 통해 클락이 앞으로 발전가능성이 매우 높은 지역이므로 호텔이나 리조트 분야에 관심을 갖기를 바란다고 하였다. 이번 세미나에서는 청년의 필리핀 취업지원을 위해 필리핀 취업유망 직종인 클락지역 호텔 분야 채용정보와 취업 노하우를 제공하였다.

2019년 6월 1일 마닐라 듀짓타니 호텔에서 주필리핀 대한민국 대사관, 한국산업인력공단, 필리핀 한인상공회의소, 필리핀 한인무역협회 등이 공동주관한 '2019 필리핀 취업박람회'가 개최되었다. 이반 취업박람회에는 필자와 이호익 상공회의소 회장, 박동준 한국산업인력공단 해외취업국장, 참가기업 대표자 등 약 100여 명이 참가하였으며, 취업박람회 본 행사는 40개의 업체가 참가하여 구직자와 면접을 진행하고, 처음으로 필리핀 노동부와 협력하여 필리핀 귀환 노동자의 필리핀 내 한국기업 취업을 지원하였다.

2) 필리핀 주요기업과 한국 유학생 인턴십을 위한 양해 각서 체결

주필리핀 대한민국 대사관은 필리핀에서 유학중인 한국 대학생들이 필리핀 내 최대그룹의 하나로 성장하고 있는 우데나(Udena) 그룹에서 일정 기간 인턴십을 할 수 있도록 2019년 5월 24일 대사관 4층 대회의실에서 필자와 우데나 그룹의 데니스 위(Dennis Uy) 회장이 참석한 가운데 양해 각서 서명식을 개최하였다.

우데나 그룹은 현 두테르테 대통령 출신지인 민다나오 섬의 다바오를 거점으로 빠르게 성장하고 있는 기업으로 석유, 조선, 인프라, 부동산, 호텔, 편의점, 통신사업에 걸쳐 직원 수가 12,000명에 달하며, 필리핀 제3이동통신회사(약 40억 불 규모)와 바탕가스 LNG 터미널사업(약 20억불 규모)의 최종사업자로 선정된 바 있다.

우데나 그룹과 인턴십 양해각서 서명식 개최

이번 양해각서는 필리핀 주요 은행 중의 하나인 RCBC, 그리고 유력 회계 및 컨설팅 기업인 SGV와의 협약 체결에 이어 우리 유학생 지원을 목적으로 하는 세 번째 협약이다. 필자는 2019년 9월 27일 필리핀에서 두 번째로 규모가 큰 메트로뱅크(Metrobank)의 화비안 시 디(Fabian Sy Dy) 사장과 필리핀에서 공부한 한국 학생에 대한 인턴십 양해각서를 체결하였다. 이번 양해각서로 한국 학생들이 필리핀 우수기업에 많은 인턴십을 통해 취업을 하여 장래에 한국과 필리핀 간 가교역할을 하길 기대해 본다.

3. 남북통일이 문제를 해결할 수 있을까?

북한도 저출산을 해결하기 위해 출산장려정책을 적극 시행하고 있는 것으로 알려지고 있다. 미국의 소리(VOA) 방송은 2018년 10월 17일 발표된 유엔인구기금의 「2018 세계 인구현황 보고서」를 인용해 2018년 북한여성들의 합계 출산율이 1.9명으로 나타났다고 보도했다.

한 나라의 인구를 유지하는데 필요한 합계 출산율은 2.1명이기 때문에 이에 미치지 못한다면 장기적으로 인구가 준다는 것을 뜻한다. 한국의 합계 출산율은 1.3명으로 북한보다 훨씬 심각한 수준이다. 따라서 통일만 되면 저출산 문제를 해결할 수 있는 것은 비현실적이다. 다만, 남북이 통일될 경우, 고령화와 생산연령 인구감소가 완화되는 것으로 나타났다.

북한의 성장에도 불구하고 남북한 경제격차는 좁혀지지 않았다. 북한의 경제규모는 남한의 45분의 1, 1인당 국민 총소득은 남한의 22분의 1, 무역총액은 남한의 138분의 1에 그치고 있다.

남북한 통일이 통일한국 경제에 단기적으로는 어려움이 있겠지만 장기적으로는 신성장동력을 창출할 수 있다. 우선 분단으로 인한 안보적 위험을 줄이고 소위 한국이 저평가 받는 코리아 디스카운트를 해소하면 한국 기업과 제품의 가치가 올라갈 수 있다.

미국의 투자은행의 하나인 골드만삭스는 통일한국의 경제가 세계 7위가 될 것이며 1인당 국민총생산은 2050년 미국에 이어 세계 2위가 될 것이라고 발표한 바 있다. 물론 이러한 낙관적인 전망은 남한의 자본과 기술력이 북한의 풍부한 천연자원과 저렴한 노동력을 조화롭게 추진하는 전제조건이 달려있다.

1989년 8월 브란트 독일수상은 한국을 방문하였을 때 독일 통일이 요원해 보이며 오히려 한국 통일이 더 빨리 올 수 있을 것이라고 이야기하였지만 1년 만인 1990년 베를린 장벽이 무너지면서 급작스레 통일을 맞게 되었다. 서독은 내독성을 통해 동독의 기반시설건설 등 경제지원을 꾸준히 해왔고 서신왕래는 물론 상대방의 TV도 보도록 허용하면서 경제적, 사회적 통합을 위한 노력을 지속적으로 해왔다.

그러나 통일 후 전혀 없을 것으로 예상되었던 동독의 외채가 200억 달러에 달했고 동독의 생산성은 서독의 25%에 불과하였다. 1991년 기준으로 보면 서독의 국민총생산 규모는 동독보다 13.7배, 그리고 1인당 국민총생산은 3.1배 커졌지만 동독 주민의 서독으로의 급격한 유입을 막기 위해 서독과 동독 간 1:1 통화가치를 유지하였으나 결국 통일독일은 1990년 통일 후 약 15년 간 경제적인 어려움을 겪게 되어 '유럽의 환자'라는 별명을 얻을 정도였다.

그러나 이후 저렴한 동독 노동력을 활용하여 동독 지역의 경제를 활성화하여 다시 경제가 회복되어 유럽경제를 이끄는 주역이 되었다. 이러한 독일 통일의 교훈을 잘 살펴서 통일 한국을 준비해야 한다.

4. 외국인 노동자가 해답일까?

1) 적극적인 이민정책을 펴야

저출산, 고령화 문제를 해결하기 위해서는 단기정책으로는 출산장려책과 정년연장정책이 필요하지만 이러한 정책으로는 부족하다. 범세계적 인구 이동, 특히 고학력 전문직 등 브레인 파워의 국제적 이동을 활용하는 정책이 병행되어야 한다. 물론 외국인재 유치문제는 정치적으로 민감한 이슈이다. 특히, 대규모 청년실업시대에 외국 인재를 유치하자는 주장은 국민들의 공감대를 얻기 어렵다. 하지만 외국 인재 유치가 오히려 새로운 일자리를 창출하여 청년실업 해소에도 도움을 줄 수 있다.

미국 서부 실리콘밸리에서는 재능 있는 인도의 엔지니어들이 많이 유입되고 급기야 구글의 CEO도 배출하였다. 실리콘밸리는 외국인재 유치의 핵심지역이다. 인종과 국적을 가리지 않고 다양한 인재를 끌어들인 실리콘밸리의 포용적 문화는 세계경제를 이끄는 핵심 원천이 된 것을 우리는 알아야 한다.[1] 우리도 삼성 등 정보통신 기업에서 인도 기술자들을 영입하고 있지만 그 수는 매우 부족하다.

현재 세계 각국에서는 자국의 생산가능인구를 늘리고, 인구의 총체적 위기를 극복할 수 있는 열쇠로 '이민'이 제시되고 있다. 가파른 인구감소를 겪었던 서유럽 국가들은 동유럽국가 출신 이민자들이 대거 유입되면서 그나마 제조업의 명맥을 유지하고 있다.[2]

2018년 국내체류 외국인이 240만 명에 달해 우리나라 인구 중 4.7%가 외국인이다. 국적별로 보면 중국국적이 95만 5,871명, 미국국적이 13만 8,660명, 태국국적이 9만 3,348명 등이며, 체류목적은 취업(62만 명, 33%)이 가장 많고 결혼 이민은 15만 1,600명(8%), 유학은 9만 6,357명(5.1%)인 것으로 나타났다.

그런데 문제는 우리나라의 핵심 근로인구 감소가 2015~2020년 사이에 75만 명, 2020~2030년 사이에 241만 명, 2030~2040년 사이에 248만 명으로 나타날 것으로 예상되나 외국인 노동자 수용 정책만으로는 완전 해결이 어렵기 때문에 다른 정책과 병행해야 한다. 아울러 이들이 우리 경제시스템에 쉽게 녹아들 수 있도록 정부가 지원하고 그들의 열악한 복지를 개선할 수 있는 방안도 제시되어야 한다.[3]

다행히 정부는 저출산과 고령화에 따른 생산연령 인구감소 대응차원으로 우수 외국인력을 받아들이기로 하였다. 기획재정부는 2019년 9월 18일 경제활력대책회의에서 '인구구조변화 대응방안'을 논의한 뒤 확정했다. 우선 고학력과 고임금 외국인재를 유치하기 위해 '우수 인재 비자'를 신설한다. 이 비자를 발급받은 외국인에게는 장기체류나 가족동반, 취업허용 등 다양한 혜택이 주어진다.

중장기적으로는 우수 외국인재의 고용부터 자녀교육 문제까지 맞춤형 서비스를 제공한다. 출입국, 고용, 의료 실시간 상담은 물론 초등학교 내 한국어 학급 수를 늘려 외국인 자녀교육도 지원한다. 이는 국내에 체류하는 외국인과 취업자 수가 매년 꾸준히 늘어나고 있지만 상당수가 단순 노무에 종사하는 비전문인력인 문제를 해결하기 위한 조치이다.

2) 일본, 외국인 노동자 유입 허용

2018년 12월 8일 일본 참의원은 더 많은 외국인 노동자에게 문을 여는 '출입국 관리 난민인정법 개정안'을 통과하였다. 법안에 따르면 단순노동에 종사하는 외국인 노동자의 경우 5년 간 체류가 허용되지만, 숙련된 외국인 노동자는 체류기간을 연장할 수 있고 가족동반도 허용한다.

숙련된 외국인 노동자는 10년 이상을 거주하면 영주권 신청자격도 준다. 이번에 통과된 '출입국관리법' 개정안은 '특정기능 1호, 2호'라는 2개의 새로운 체류자격을 신설하는 게 골자이다. 농업, 어업, 항공업, 숙박업 등 14개 업종에서 향후 5년 간 최대 34만 5천 명의 외국인 노동자를 받아들이겠다는 내용이다.

이는 저출산과 고령화로 인한 만성적인 일손부족 문제해결을 위해 외국인을 대거 받아들이겠다는 구상으로 사실상 '이민국가'로 정책을 전환한다는 의미이다. 특히, 그동안 소수의 고급인력에게만 부여했던 영주권을 단순노동자들에게도 부여하기로 했다는 점은 획기적으로 받아들여진다. 이는 여성의 사회진출확대나 청년연장 등 고령자의 근로환경 개선으로 부족한 일손을 메우기에는 턱없이 부족하다고 판단한데 따른 것이다.

3) 출산율 세계 '꼴찌' 싱가포르의 이민정책

미국 중앙정보국의 「2017 월드 팩트북」에 의하면 싱가포르의 출산율은 0.83명에 불과하다. 전체 비교대상 224개국 중 가운데 최하위이다. 출산율이 떨어지면 인구가 감소해 생산과 소비가 줄고, 경제가 위축된다. 이를 막기 위해 선진국들이 택한 것은 이민정책이다. 여기서 이민은 국적취득뿐만 아니라 유학생, 외국인 근로자 등을 포괄하는 개념이다. 싱가포르는 전 세계에서도 가장 적극적으로 이민자를 받아들이는 나라다. 총인구의 약 30%로 단연 압도적이다.

처음에는 동남아 국가의 저숙련 노동자를 받아들여 일손 부족을 해결했다. 필리핀 가사도우미가 대표적이다. 이들에게는 최저임금제를 적용하지 않는 등 별도의 외국인력 임금체계를 유지해 가정에서 저렴하게 가사도우미를 활용하도록 했다. 육아와 가사부담이 줄어들자 싱가포르 여성인력 활용이 활발해졌다.

1999년에는 전자나 바이오 같은 첨단 분야의 인재들을 적극 유치했다. 단순노동력에서 고급인력 유치로 전환한 것이다. 싱가포르는 지금도 2030년까지 130만 명의 인구를 늘린다는 목표 아래 매년 5만 명에 가까운 이민자를 받아들이고 있다.

물론 이를 바로 한국에 적용하기에는 부작용이 크다. 이민자가 내국인의 일자리를 빼앗고, 인건비의 하향평준화를 부추길 수 있다. 그럼에도 세계에서 가장 빨리 저출산, 고령화가 진행 중인 현실을 감안하면 한국도 싱가포르와 같은 이민국가로의 정책전환이 필요하다.

4) 체계적인 외국인 근로자 활용 대책 마련 필요

향후 중소기업에는 인력과 시장 측면에서 두 가지 기회가 있다. 외국인 근로자를 적극적이고 체계적으로 활용하는 것이다. 아직도 음성적으로 이루어지는 외국인 근로자 고용을 투명하게 제도화해서 서비스업보다는 제조업에 종사하도록 유도하는 것이다. 외국인 근로자들을 합법적으로 활용하면 인건비 절감뿐만 아니라, 장기적으로 노인돌봄서비스까지 활용 영역을 넓힐 수 있다. 이처럼 본격적인 고령사회 진입을 준비하기 위해서는 체계적인 외국인 근로자 활용대책이 필요하다.

지방에 외국인 근로자를 중심으로 운영되는 중소기업 산업단지를 만드는 것도 고려해볼만 하다. 과거 마산 수출자유지역을 약간 변용해 보는 것이다. 서해안에 놀고 있는 간척지 등에 공단을 만들어 인건비 비중이 높은 중소기업을 유치한 뒤, 외국인 근로자들을 체계적으로 활용하는 것이다.[4)]

5. 다문화를 존중하고 다문화 학생을 육성해야

한국에 머물고 있는 외국인 수는 점점 늘고 있다. 법무부 체류 외국인 통계에 따르면 국내체류 외국인 수가 2000년 49만 1천 명에서 2011년 140만 명, 2016년 204만 9천명, 2018년 237만 명으로 급속히 증가하였다. 2020년이 되면 외국인 수가 250만 명을 넘어설 것으로 예상된다. 이는 국내인구의 5% 정도가 될 것이다.

2018년 현재 한국에 거주하고 있는 외국인이 계속 증가 추세에 있지만 아직도 한국사회는 이들을 다양성과 혁신을 가져올 중요한 자산으로 여기기는커녕 한국사회의 동질성과 순수성을 흐리는 '불순물'로 여기는 경우가 많은 듯하다.

우리나라 국민과 결혼한 외국인 배우자 수가 15만 명 이상으로 집계되었다. 2018년 2월 15일 법무부 출입국 외국인 정책본부에 따르면 2017년 말을 기준으로 우리나라 국민의 외국인 배우자는 총 15만 3,648명이었다. 국적별로는 중국동포를 포함한 중국인이 5만 7,444명으로 가장 많았고, 베트남인(4만 1,507명), 일본인(1만 3,378명), 필리핀인(1만 1,357명)이다. 네 나라 출신 외국인 배우자를 합치면 12만 3천 686명으로 전체 외국인 배우자의 80.5%를 차지했다.

국제통화기금(IMF)은 2050년이 되면 한국사회의 35%가 다문화 인구로 구성될 것이란 예측을 내놓은 바 있다. 새로운 사회문제의 대두, 즉 국제결혼이 증가하면서 여성결혼이민자도 전체 외국인의 약 15% 수준이어서 이들의 고유문화도 수용하는 한편, 이들을 위한 다문화 교육도 시급한 실정이다.

정부의 다문화 정책은 여러 문화의 공존을 도모하기 보다는 외국인들을 한국문화와 제도에 동화시키는 데 주안점을 두고 있다. 세계 곳곳에서 온 다양한 문화권의 사람들이 '한국식'에 적응하는 데 그친다면 그들이 갖고 있는 새로운 아이디어나 재능을 제대로 활용할 기회를 놓치고 만다. 글로벌 인재들이 모여 각자의 재능을 십분 발휘할 수 있는 여건을 만들어 주어야 한다.

다문화주의의 원래 취지는 소수문화의 자율성을 존중해, 그 차이가 발현되고 유용하게 쓰일 수 있도록 포용하자는 것이다. 한국의 다문화 정책은 외국인들을 한국사회와 문화로 동화시키는 데 편중되어 있고 타문화에 대한 자국민의 이해를 돕는 일에는 소홀하다. 가령 베트남 신부에게 한국어와 한국역사를 가르치고 김치 담그는 법은 알려주지만 자국민, 하다못해 그 신부의 한국인 가족들에게라도 베트남의 역사와 문화를 이해하고 존중하도록 돕는 노력은 매우 부족하다.

　필자가 외교부 재외동포영사 대사(현 재외동포영사 실장) 시절인 2017년 11월 20일 베트남의 부 홍 남(Vu Hong Nam) 외교부 차관 겸 재외동포 위원장을 서울에서 만났다. 부차관은 한국에서 15만 명의 베트남 국민들이 한국에 거주하여 한국에 사는 동남아시아 출신 외국인 중 제일 많은 숫자라고 하면서 특히, 한국인과 결혼한 베트남 신부들과 자녀들이 베트남인으로서의 정체성을 유지하기 위해 한국에서 베트남어와 베트남 문화, 역사교육을 가르치기 위해 한국정부가 지원을 해주길 기대한다고 밝혔다. 베트남 정부는 이를 위해 베트남 교과서 교재도 개발하여 지원할 의사를 표명하기도 하였다.

　한국의 다문화 정책은 결혼 이주민, 비숙련 외국인 근로자 등에 초점을 맞추고 있어 사회적 약자보호 측면에서만 접근하는 성향이 강하다. 그 때문에 다문화 정책의 보호와 특혜를 받는 외국인은 약자가 되어 버리고 한국 국민과의 관계에서 보이지 않는 상하관계에 놓여 다문화라는 용어자체가 많은 경우 불우이웃의 의미로 인식되는 지경에까지 이르렀다. 동질성이 아닌 차별화를 부추기는 시혜성 지원은 일반 국민과 다문화 가정 사이의 사회적 갈등을 조장하기도 한다.

　다문화 가정들이 한국인과 분리되어 사회와 소통하지 못하고 방치되는 것을 막아야 한다. 예를 들어, 공교육 교과과정에서 다양성에 대한 인식을 높일 수 있도록 교과서에 관련 내용을 포함한다든지 중국, 베트남 등 국내 이주민들을 많이 배출한 나라의 서적 등을 국내에서 번역본으로 발간해 적극 소개하는 방법이 있다. 그렇게 하면 이주민들에 대한 이질감을 낮추고 다른 문화에 대한 이해도도 높일 수 있다.[5]

6. 코리안 디아스포라를 활용하자

코리안 디아스포라, 즉 재외동포 활용 방안도 고민해야 한다. 재외동포는 대한민국의 산업화와 민주화 과정에도 기회가 있을 때마다 힘을 보탰다. 그리고 지금은 치열한 노력으로 성공을 일구어 자랑스러운 민간외교관으로 제몫을 다하고 있다. 전 세계에 2018년 기준으로 우리나라 인구의 14%인 740만 명의 해외동포들이 전 세계 178개국에 거주하고 있다.

모국인 한국과는 매월 10월 5일을 한인의 날로 정하고 서울에 세계 한인회장들을 초청하여 한인의 날 행사를 개최하고 또한 세계 곳곳에 있는 한국기업인들을 초청하여 세계한상대회를 개최하고 있다. 또한 우수한 차세대 지도자들을 한국에 초청하여 정체성을 함양하고 한국과 교량역할을 하도록 지원하고 있다.

재외동포들이 한국으로 돌아오지 않더라도 이들의 국제적 네트워크를 활용해 한국사회와 경제에 공헌할 수 있도록 유도하는 전략이 필요하다. 전 세계 곳곳에 퍼져있는 동포들의 네트워크를 적극 활용한다면 대한민국의 경제적, 국제정치적인 위상을 전 세계로 확장하고 강화하는데 도움이 될 것이다.

해외의 우리 동포들은 한상이나 세계한인무역인협회(OKTA: Overseas Korean Traders Association), 그리고 세계한민족여성 네트워크인 코윈(KOWIN: Korean Women's International Network)이 활발하게 활동하고 있다. 이들 기업인들을 유기적으로 한국의 중소기업과 연계를 한다면 시너지를 낼 수 있다. 또한 글로벌 한민족 공동체를 이루어 740만 동포들, 특히 주류사회에 잘 정착한 차세대 동포들을 네트워킹 한다면 큰 힘이 될 것이다.

7. 창의적인 인재육성도 필요

제4차 산업혁명 시대로 명명되는 미래사회는 창의적 인재를 필요로 한다. 창의적 인재는 창의적 사고를 가진 인재를 말하며 창의적 사고(creative thinking)란 문제를 발견하고 해결하는 데 있어서 요구되는 고차원적인 사고와 인지능력이라고 볼 수 있다.

제4차 산업혁명시대는 융복합 현상이 전 산업 부문에 걸쳐서 사회전반에 심화, 확산될 예정이다. 개인 자신의 교육경험과 직무경험에 기반을 한 칸막이식 사고의 틀과 경계(boundary)를 벗어나 공학과 인문학, 인문학과 기술의 만남, 인문학과 소프트웨어 분야 등 학문간 융복합 촉진과 교류를 통해 미래사회에서 필요로 하는 창의융합인재를 육성해야 한다. 또한 4차 산업혁명 시대에는 자신이 맡은 업무를 수행함에 있어 복잡한 상황에서도 전체를 상황적, 맥락적(context)으로 판단하며 복합적인 문제를 짧은 시간 안에 직관적으로 합리적으로 해결할 수 있는 능력이 필요하다.

제4차 산업혁명의 핵심은 연결(connectivity)과 지능(intelligence)이고, 그 기본은 '지능'을 결합하여 '연결'을 확대하는 것이라고 할 수 있다. 따라서 앞으로는 기초지식과 특정 분야의 전문지식을 바탕으로 지식 간의 유기적 조합과 창출이 가능한 네트워크형 인재가 필요하다.

이스라엘로부터 배울 점이 있다. 벤처강국, 창업국가, 21세기 하이테크 산업의 선두 국가. 오늘날 이스라엘을 표현하는 수식어는 하나같이 젊고 미래지향적이며 도전적인 면모를 부각하는 것들이다. '후츠파(Chutzpah)'는 히브리어로 뻔뻔함, 당돌함, 도전적이고 창의적인 생각을 뜻하는 단어로 이스라엘의 대표적인 국민성이라고 할 수 있다. 강인한 후츠파 정신을 지닌 이스라엘 사람들은 페이스북의 창립자인 마크 주커버커처럼 창의적인 활동을 통해 국제사회에서 두각을 나타내고 있다.6)

경제 기본을 강화하라
: 한국경제의 펀더멘털 강화처방

1. 기초과학 연구를 확대하고 소프트 인프라를 강화해야

알파고의 딥러닝 기술은 1990년대에 사장된 인공신경망 기술을 20년 동안 포기하지 않고 연구한 결과이다. 우리나라가 노벨 화학상이나 노벨 물리학상을 받지 못한 것도 최소한 10년이나 20년을 앞에 보고 기초과학 연구를 등한시하였기 때문이라는 것이 주지의 사실이다. 한국이 선진국으로 도약하기 위해서는 장기적인 관점의 기초과학연구 활성화가 절실하고 다양한 창의연구에 대한 지원이 확대되어야 한다는 것이 많은 과학자들의 공통적인 의견이다.

우리나라는 해마다 10조 원이나 넘는 예산을 연구개발비에 투자한다.[7] 그러나 세계가 인정하는 연구성과를 못 내고 있는 것이 단기성과에 급급하기 때문이다. 대부분의 과학연구자들은 연구비가 특정연구사업에 집중되는 '부익부 빈익빈' 현상과 연구성과를 기술이전이나 사업화로 평가하면서 기초연구를 여전히 홀대하고 정부의 정책기조나 경향에 따라 연구주제가 바뀌는 문제점은 여전하다.

소프트 인프라에 대한 확립된 정의는 없으나 일반적으로 소프트 인프라는 도로나 철도, 항만, 공항 같은 하드 인프라와 대비되는 용어이다. 좁게는 하드 인프라의 효용가치를 높일 수 있도록 돕는 도시계획과 교통계획, 조경, 환경평가 등을 의미한다.

우리나라는 과거 산업화하는 과정이나 중동과 아시아에서 도로, 교량 등 하드 인프라 건설을 통해 우수성을 입증해 왔으나, 소프트 인프라 분야는 선진국에 비해 많이 뒤쳐져있다. 건설 감리만 해도 아직도 선진국에 많이 의존하는 상황이다. 앞으로 스마트시티 건설을 위해서는 하드 인프라뿐만 아니라 소프트 인프라의 전문성을 키워 나가야 한다.

2. 빠른 추종자(Fast Follower)에서 선두주자(First Mover)가 되어야

아이폰으로 대변되는 스마트폰을 애플에서 처음 개발했고 삼성은 이를 잘 모방하여 갤럭시라는 최대 라이벌 제품을 만들어 세계 시장 점유율을 높이고 있다. 즉, 삼성은 글로벌 트렌드를 읽고 애플을 모방하는 빠른 추종자(Fast Follower)가 되어 성공을 거두었다. '빠른 추종자' 전략은 안정적이기 때문에 많은 회사가 선호한다. 과거 일본이 모방을 통해 가전제품의 선두주자가 되었고 지금은 중국이 거의 모든 제품을 모방하여 만들어내고 있다.

반면에 '선두주자'는 큰 위험 부담을 감수해야 하지만 동시에 성공하면 대박을 터트릴 수 있다. 지금도 미국의 실리콘밸리의 많은 정보통신, 바이오 기술들이 100개 신생기업 중 한두 개만 큰 성공을 거두지만 위험과 불확실성이 많은 만큼, 성공만 하면 그만큼 보답이 커서 소위 '높은 위험, 높은 이득(High Risk, High Return)'을 추구하고 있는 것이다.

애플이 경쟁사들과 눈치경쟁을 하지 않고 단 몇 가지 아이폰 모델을 가지고 고가품 전략을 펼 수 있는 것도 자신 있는 선두 주자였기 때문이다. 애플의 혁신은 패러다임의 전환에 있었다. 과거에 일본의 소니가 워크맨이라는 가지고 다니는 음악 플레이어로 대박을 터트린 것처럼, 애플은 핸드폰을 단순히 통화하는 기계가 아니라 몸에 지니고 다니는 작은 컴퓨터로 만든다는 생각은 당시에 정말 혁신적이었다. 또한 애플리케이션을 통해 상거래 등 일상에 필요한 일을 스마트폰 하나만 있으면 간단히 실행할 수 있게 하고 새로운 비즈니스 모델을 개척한 것도 정말 획기적이고 탁월한 아이디어였다.

삼성은 빠른 추종자의 전략으로 성공하였고 대표적인 글로벌 기업으로 우뚝 섰다. 그러나 삼성이 언제까지나 이런 전략을 고수할 수만은 없다. 턱밑까지 추격해 오는 중국의 빠른 추종자들의 돌풍이 거세지고 있는 현 상황에서 삼성은 선두 주자로서의 여유로움도, 빠른 추종자의 무한한 역량도 가지기 어렵고 앞으로 삼성이 미국 애플과 중국 화웨이 간에 샌드위치가 될 수도 있다는 우려가 나오고 있다.

삼성이 계속 선두주자가 되기 위해서는 혁신을 가져올 문화를 만들어야 한다. 최근 들어 삼성은 소프트웨어 분야에서 외국 엔지니어 채용도 늘리고 실리콘밸리에 연구개발 센터를 확장하여 현지 인력도 늘리고 있지만 튀지 말고 시키는 일만 묵묵히 하라는 한국사회의 조직문화, 기업문화를 고쳐야 창의성과 혁신을 계속 발전시키는 글로벌 기업이 될 것이다.[8]

3. 혁신으로 무장한 기업을 육성하라

삼성전자는 2016년 11월에 미국 실리콘밸리에 있는 인공지능 플랫폼 개발회사인 '비브랩스' 회사를 전격 인수하였다. 비브의 인공지능 플랫폼은 외부 서비스 제공자들이 자유롭게 참여해 각자의 서비스를 자연어 기반의 인공지능 인터페이스에 연결할 수 있는 것이 특징이다. 현재 삼성전자가 가장 심혈을 기울이는 인공지능은 음성인식 분야이다. 삼성의 음성인식과 비브랩스가 가진 생태계 조성 기술이 접목되면 강력한 인공지능 비서 서비스가 완성될 것으로 보고 있다.

삼성전자는 2020년까지 자사의 전체 스마트기기에 인공지능 기술을 적용할 예정인데, 음성인식 부문은 '빅스비(Bixby)'가 그 역할을 맡을 전망이다. 삼성전자의 '빅스비'는 네이버 등 검색 엔진을 통해 필요한 정보를 취득해 왔던 종전의 패러다임을 완전히 바꿀 것으로 점쳐진다.

삼성전자가 인공지능(AI) 연구조직인 '삼성리서치' 신설을 주요 내용으로 하는 조직 개편을 발표하면서 국내 주요 전자와 이동통신 기업이 모두 인공지능 연구전담 조직을 갖추게 되었다. 삼성전자가 2017년 11월 22일 발표한 조직개편안에 따르면 삼성은 DMC 연구소와 소프트웨어 센터를 통합한 삼성리서치 산하에 '인공지능 센터'를 신설했다. 삼성전자는 '4차 산업혁명의 기반 기술인 인공지능 관련 선행연구 기능을 강화한 것'이라고 설명했다.

LG전자는 국내 가전업계 최초로 2017년 인공지능 에어컨을 내놓았는데 2018년 1월 24일 내놓은 '2018년 LG 휘센 에어컨'은 더 똑똑하다. LG전자가 자체 개발한 인공지능 플랫폼인 딥 씽큐(Deep ThinQ)가 적용된 제품인데 사투리도 알아듣는다. 이전의 인공지능 가전제품은 대부분 정확한 명령어를 사용해야 인식이 가능했지만 이 제품은 다르다. 이를 위해 LG전자는 수년 동안 음성 데이터를 기반으로 개발한 알고리즘을 통해 실제음성을 비교 분석했다.

더 놀라운 것은 이 똑똑한 에어컨이 자신에게 말을 거는 사람의 언어사용 패턴을 계속 학습할 수 있다는 것이다. 소비자가 제품을 사용하는 기간이 길어질수록 기계의 음성 인식률이 높아진다. LG전자는 에어컨뿐만 아니라 냉장고, 세탁기, 로봇 청소기에 인공지능을 접목시킨 제품을 팔고 있다.

SK 텔레콤은 2017년 3월 27일 4차 산업혁명과 정보통신기술 생태계 확산을 주도하기 위해 인공지능 등 미래핵심사업과 기술연구조직을 강화하는 방향의 조직개편을 단행했다. SK 텔레콤은 이날 회사의 인공지능 관련 역량을 결집하기 위해 CEO 직속에 '인공지능사업단'을 신설했다. 인공지능사업단은 기술 확보와 서비스 기획, 개발, 사업 확대 등 인공지능 관련 모든 영역을 총괄하는 역할을 수행 중이다.

KT도 2017년 초 조직개편을 통해 융합기술원 서비스 연구소 산하에 "인공지능테크센터"를 만든 데 이어 5월 마케팅 전략본부 산하에 '기가지니사업단'을 신설하는 등 관련 사업에 박차를 가하고 있다. KT 기가지니사업단은 인공지능 서비스인 '기가지니'의 마케팅을 비롯해 신규서비스 개발, 사업제휴 등 인공지능 생태계를 조성하는 역할을 수행 중이다.

현대차는 2018년 신형 SUV 배로스타에 '사운드 하운드'라는 인공지능 음원 서버기능을 탑재했다. 이 기술은 미국의 실리콘밸리 회사인 사운드 하운드 사와 협업을 통해 완성했다.

4. 4차 산업혁명의 신기술에 대비하라

1) 4차 산업혁명과 신기술

일반적으로 제4차 산업혁명은 '정보통신기술이 다양한 산업들과 결합하여 지금까지 인류가 경험하지 못한 새로운 형태의 제품과 서비스, 비즈니스를 만들어 내는 것'이라고 일컬어진다. 세계경제포럼은 제4차 산업혁명을 '제3차 산업혁명을 기반으로 한 디지털, 바이오산업, 물리학 등의 경계를 융합하는 기술혁명'이라고 설명한다.

세계경제포럼의 클라우스 슈밥 회장은 기술발전의 전례 없는 속도(velocity), 초연결에 의한 지식정보 접근에서의 무한대의 범위(scope), 그리고 생산, 경영, 거버넌스 등 사회전체에 대한 시스템 충격(system impact)이 제4차 산업혁명의 특징이라고 말했다.9)

제4차 산업혁명은 우리의 생활모습과 기존의 체계에 큰 변화를 가져다줄 것이다. 현재 인공지능, 무선통신, 클라우드, 빅데이터 등과 같은 새로운 기술은 우리를 새로운 세계로 이끌고 있다. 전화로 콜택시를 부르거나 음식배달을 시키던 시대에서 스마트폰 하나로 근처에 있는 택시를 부르거나 주변의 음식점에서 주문을 하게 될 줄은 몇 년 전에는 상상도 할 수 없었다. 인간의 전유물인 줄 알았던 창의성과 창작의 측면에서도 이미 인공지능이 문학작품을 쓰고, 작곡을 하고 있다.

그러나 제4차 산업혁명으로 인해 일자리는 로봇으로 대체되어 크게 감소할 것이다. 다보스 포럼에서는 선진국에서만 2020년까지 200만 개의 일자리가 창출되지만 710만 개의 일자리가 사라질 것으로 예측했다. 클라우스 슈밥 회장은 그의 저서 〈4차 산업혁명〉에서 노동자와 자본가 사이 부의 격차는 갈수록 커지고 있다고 언급했다.

산업의 축이 인공지능을 비롯한 정보통신기술 융합으로 옮겨가고 있다. 이에 따라 막대한 연구개발 비용이 요구되며, 주요 기술은 승자독식의 경쟁으로 특징된다. 이는 곧 글로벌 경제지도가 재편될 가능성이 크다는 말이기도 하다. 미국이 사물인터넷과 관련된 5G의 화웨이를 견제하는 이유다. 마찬가지로 인공지능의 핵심 하드웨어는 시스템 반도체이다. 삼성이 시스템 반도체에 133조 원을 투자하겠다고 발표한 뒤 얼마 되지 않아 일본이 반도체를 겨냥한 보복조치를 감행한 것은 우연의 일치가 아니다.10)

2) 한국, 독일, 일본, 미국의 4차 산업혁명 정책

우리나라는 2017년에 제4차 산업혁명 정책방향을 발표하였는데 첫째, 제4차 산업혁명과 산업 구조 고도화를 주도할 신산업 분야 산업전문인력 6,500명을 양성할 계획이다. 둘째, 인공지능과 빅데이터를 활용한 기계 산업 스마트화를 위해 자율주행 농기계, 스마트 건축 등 3개 인공지능 프로젝트에 2020년까지 민관 공동으로 202억 원을 투자할 계획이다. 셋째, 온라인과 오프라인 결합, 빅데이터를 활용하여 세계 최고 수준의 석유화학 생산효율을 추가적으로 제고할 계획이다.

그러나 한국무역협회가 스위스 금융기관인 UBS, 세계경제포럼, 스위스 국제경영개발대학원(IMD)의 경쟁력 지수를 종합한 결과 우리의 4차 산업혁명 경쟁력은 19위에 그쳤다. 대만(14위), 오스트리아(17위), 이스라엘(18위)에도 뒤지는 수준이다. 4차 산업혁명 경쟁력의 상위는 싱가포르, 핀란드, 미국, 네덜란드, 스위스, 스웨덴, 노르웨이 등 싱가포르와 미국을 제외하면 북유럽 국가들이 강세를 보였다.

독일은 2011년에 '인더스트리 4.0'을 발표하면서 기계 및 장비를 초연결 네트워크로 연결하고 기계·사람·인터넷 서비스가 상호 최적화된 스마트

공장 구현을 목표로 세웠다. 유럽연합(EU)은 2015년에 미래공장 프로젝트를 세우고 독일의 인더스트리 4.0에 기반을 둔 제조혁신 기술개발을 적극 추진하고 있다.

유럽연합은 '15년 유럽 산업 디지털화 이니셔티브'를 발표하고 5G, 클라우드 컴퓨팅, 사물인터넷, 데이터 기술 분야 표준화에 착수했다. 유럽 전역에 디지털 이노베이션 허브를 구축해 대학과 연구기관, 산업단체, 정부, 중소기업과 스타트업들이 한데 모여 미래기술개발에 박차를 가하고 있다.

미국은 2014년 '메이킹 인 아메리카' 기치 아래 제조업 국가발전협의체를 발족하고, 디지털 디자인 3D 프린팅, 첨단 제조업 추진을 위한 전략을 수립하였다. 미국은 세계 최고 수준의 창업생태계도 부족한지 연방정부까지 세금을 쏟아가며 기술개발에 나서고 있다. 연 1,480억 달러 규모의 연구개발 투자에 대한 상업화를 추진하는 방식으로 신산업 창출과 스타트업 양성을 지원하고 있다.

일본은 '세계 최첨단 정보기술(IT) 국가'를 목표로 3D 프린팅, 신세대 환경보호 자동차, 로봇산업, 신산업구조 개혁을 추진하고, 정보통신기술(ICT)의 급격한 변화에 대응하고 있다.

독일, 한국, 미국 간 빅데이터 분석을 통한 4차 산업혁명의 핵심기술과 퍼스트 무버 기업을 분석해 보면 다음과 같다.[11]

	핵심기술	퍼스트 무버 기업
독일	디지털 기술, 사물인터넷, 생산자동화, 빅데이터, 인터넷, 소프트웨어, 물류, 로봇, 클라우드	지멘스, 보쉬, BMW, 아우디, 벤츠, 폭스바겐, SAP, 알리안츠
한국	사물인터넷, 인공지능, 정보통신기술, 5G, 빅데이터, 로봇, 반도체, 네트워크, 소프트웨어, 클라우드	삼성전자, SK 그룹, KT, LG전자, 롯데그룹, 현대자동차
미국	디지털 기술, 생산지능화, 인공지능, 빅데이터, 로봇, 사물인터넷, 사이버 물리학, 인터넷, 블록체인, 3D 프린팅	마이크로소프트, 아마존, 애플, 시스코, 델, 페이스북, 구글, HP, IBM

5. 기후변화에 대응한 에너지 기술을 확보하라

1) 기후변화에 적극 대응하라

향후 50년간 세계경제에 큰 영향을 미칠 글로벌 트렌드로는 여러 가지가 있겠지만 가장 중요한 트렌드로는 글로벌화(특히 중국 등 신흥개도국의 부상), 기후변화, 고령화, 4차 산업혁명과 같은 기술발전 등을 들 수 있다.

특히, 기후변화는 최근 수년간 글로벌 의제로 자리 잡았다. 사람들의 다양한 활동으로 인해 대기 중 온실가스 농도가 급증하고 있으며 이를 방치하면 지구온난화와 자연재해가 나타나 전 세계가 막대한 피해를 입게 되므로 당장 대비책을 마련해야 한다는 것이다. 특히, 기후변화에 취약한 남태평양 국가는 심각한 수준이다.

필자가 겸임하고 있는 남태평양에 위치한 팔라우는 인구 2만의 작은 섬이다. 그러나 기후변화로 인해 환경이 파괴되어 팔라우 정부는 2020년까지 태양광 등 재생에너지 비중을 20% 이상 높이고 환경보호를 위한 노력을 적극 전개하고 있다. 우리나라는 태평양 도서국들과의 정기적인 협의를 갖고 기후변화에 공동대응하고 필요한 지원을 제공하고 있다.

기후변화 문제에 대응하기 위해 국제사회는 신기후 체제를 수립하고 선진국과 개발도상국 모두 지구 온도 상승 억제를 위해 노력하기로 합의했다. 필자는 2012년 국제경제국장 시절에 독일 본에서 개최된 기후변화 회의에 참석한 바 있는데 개발도상국은 과거 산업화 과정에서 선진국이 온실가스를 많이 배출하여 지구온난화현상을 초래하였기 때문에 역사적 책임을 져야 한다고 주장하는 반면, 선진국들은 중국, 인도를 포함한 많은 개발도상국이 무분별하게 온실가스를 배출하고 있기 때문에 미래의 책임을 져야 한다고 상반된 입장을 보였으나 기후변화에 대처하기 위해서는 공동의 책임을 가지고 우리 미래 세대를 위해 노력해야 한다는 당시 반기문 유엔사무총장의 중재 노력으로 2015년 파리에서 신기후 체제를 수립하기에 이르게 되었다.

한국도 지구온난화와 기후변화의 예외가 될 수 없다. 급격한 해수면 상승과 지구온난화로 인해 태풍과 자연재해의 피해를 입고 있으며 자동차나 철강, 조선업 등 온실가스를 많이 배출하는 중공업 육성정책으로 한국이 온실가스 배출 7위 국가가 되었다. 이제 공업화를 통한 경제발전이라는 갈색경제(brown economy)에서 환경을 보호하면서 지속가능한 경제성장을 달성하는 녹색경제(green economy)로의 정책변화(paradigm shift)가 필요하다.

2019년 9월 23일 유엔기후정상회의에서 문재인 대통령은 송도에 본부를 두고 있는 녹색기후기금(Green Climate Fund) 공여액을 2배로 늘리고 지속가능한 저탄소경제 조기전환 등 지속가능 발전과 기후변화 대응을 위한 공동대처를 다짐하였다.

2) 4차 산업혁명과 에너지 기술

4차 산업혁명은 수요 변화 이외에도 에너지 분야에 많은 변화를 가져올 것이다. 정부에서도 '2030 에너지 산업 확산전략'을 2015년에 발표하면서 앞으로 일어날 변화에 적극적으로 대응해 왔는데, 미래의 에너지 트렌드, 핵심 키워드를 '프로슈머', '분산형 청정에너지', 'ICT 융합', '온실가스 감축'의 네 가지로 설정하고 전력과 수송, 산업 중 사회 전 분야에 걸친 에너지 신산업 과제를 도출했다.

또한 이 전략에서 '에너지 솔루션 시스템 분야 세계 1위 달성'이라는 야심찬 목표를 설정했으며, 신성장동력 창출을 위해 100조원의 신시장과 50

만 명의 고용을 달성하고 총 5,500만 톤의 온실가스 감축이라는 세부목표를 설정하였다.

특히, 수송 분야에서 2030년까지 순수 전기차 100만 대 보급이라는 목표를 밝힌 것이 2030 에너지 신산업 확산전략이며, 이외에도 스마트 공장 4만 개 보급 확대, 저탄소 발전 확대, 스마트 그리드 인프라 확충 등의 전략도 수립하였다.

최근의 흐름에 비추어 에너지, 자원개발 산업에서도 ICT 융합을 통한 디지털 오일필드 관리, 무선자원 탐사, 자원 플랜트 운영 효율화 및 안전 자동제어, 자원 빅데이터 처리 및 활용 등 혁신적인 변화가 진행되고 있다. 에너지 자원 산업에 ICT를 연계함으로써 작업의 효율화를 통한 생산성의 확대, 작업공간의 축소 및 시간 절약 등을 통한 비용감소가 예상된다.[12]

제3절

미래 산업을 집중 육성하라

1. 미래의 농업: 식량안보를 해결할 방법

1) 식물공장을 활성화하라

한국은 일본보다 발광다이오드(LED) 조명기술이 더 활성화되어 있어서 한국이 식량안보를 해결하기 위해서는 식물공장을 활성화해야 한다는 의견이 전문가들로부터 나오고 있다. 식물공장은 발광다이오드(LED)조명과 정밀센서, 빅데이터 분석기술 등 첨단기술을 활용하여 야채와 과일을 재배하는 시설이다. LED 조명의 파장을 비롯하여 시설 내 온도, 습도 등을 최적의 상태로 공급하여 영양분이 높고 맛이 좋은 작물을 단기간에 재배할 수 있다.

이 분야에서 세계 최고 기술력을 자랑하는 일본은 자연재해와 농촌 고령화 등으로 전통적인 농산물 생산방식이 한계에 직면하자 1970~80년대부터 일찍이 식물공장 산업에 눈을 떴다. 특히, 2009년 정부가 기업들의 식물공장 분야 진입장벽을 낮추고 관련 보조 사업을 본격적으로 시작하면서 식물공장이 400개로 크게 늘었다.

식물공장이 농업은 물론 음용산업 분야로도 주목받으면서 일본뿐만 아니라 중국, 네덜란드, 미국 등 주요 선진국과 글로벌 기업들이 공격적으로 투자하고 있다. 주로 상추, 시금치, 토마토 등이 재배되고 있으며, 중국기업들은 화장품 원료로 많이 사용되는 당귀 등 약용작물에 눈독을 들이고 있다.

우리나라의 경우 대기업의 농업 진출에 대한 불편한 시선과 수익성이 담보되지 않는다는 점 등 여러 요인이 맞물리면서 식물공장 분야는 사실상 걸음마저도 떼지 못한 상태이다. 국내 최고의 기술 수준으로 손꼽히는 식물공장인 주식회사 미래원은 2017년 5만 개의 샐러드 팩을 납품하고 355억 원의 매출액을 달성하였다. 평택시 진위면에 위치한 미래원의 식물공장은 물과 빛만으로 상추 등을 재배하고 있는데 식물공장은 작물 재배일수를 온실대비 반 이하로 단축하고 연중재배가 가능하다고 한다.[13)

2) 해외농업개발에 진출해야

식량안보문제를 해결하기 위해 2009년 농림수산식품부는 재정지원계획을 세우고 민간 부문의 해외농업개발을 정부차원에서 본격적으로 지원하기 시작하였다. 해외식량기지 확보는 좁은 국토에서 많은 인구를 부양해야 하는 우리나라 입장에서는 서둘러 해결해야 할 전략 과제임은 분명하다. 그러나 글로벌 경쟁시대를 열어가는 세계 13위권인 교역국가로서 해외농업개발을 해외식량기지 확보 목적으로 국한시킨다는 것은 적절치 않은 일이다.

해외의 미개발자에 대한 개발투자를 통하여 생산된 농산물을 국내로 반입하기 위한 목적의 소위 개발수입적인 사고에 우리 사회가 여전히 얽매이고 있는 한, 해외농업진출의 기대효과는 반감될 수밖에 없다. 해외농업개발은 농업경영환경의 급변에 효과적으로 대처하기 위한 정책수단으로 적극 활용될 필요가 있다. 시장개방으로 국내에서 과잉상태에 처한 농업기술인력의 새로운 고용기회와 소득기회를 해외농업개발을 통하여 창출할 수 있어야 한다.

국내의 농업기술 인력과 자본재 산업의 해외진출은 농업분야 구조조정을 위한 퇴로확보 차원의 소극적인 뜻에서부터 국제 분업체계 구축을 통한 국내농업의 신성장동력을 창출한다는 적극적인 글로벌 경영정책으로 자리매김 되는 것이 합당하다. 또한 많은 개발도상국들이 간절하게 요청하고 있는 우리 농업 분야의 확실한 비교우위 부문을 활용하는 길이기도 하다.

건국대 축산학과를 졸업하고 필리핀에서 오랫동안 농업과 축산 분야의 생산성을 높이고 한국의 식량안보를 위한 해외농업기지 구축방안 마련에 노력해 온 박재인 회장은 2019년 10월 29일 필자에게 과거 우리 정부가 아르헨티나 등 중남미 지역에 해외농업기지를 구축하고자 했으나 지리적으로 너무 멀고 관리 부실문제 등으로 성공을 거두지 못한 것을 감안하여 지리적으로도 가깝고 농업 분야가 상대적으로 낙후된 필리핀에서 해외농업기지를 만들고 농산물뿐만 아니라 열대과일과 축산물을 생산하여 다시 한국에 수출하는 방식의 대규모 농업투자를 우리 정부가 고려할 필요가 있다고 역설하였다.

2. 바이오 헬스 케어 신산업 개척해야

세계 제약 시장은 2013~2017년 간 연평균 6.2% 성장하여 2017년 기준 약 1.1조 달러의 규모를 기록하였으며 2022년까지 최대 1.4조 달러로 확대될 전망이다. 선진국의 경우 2017년 제약시장의 규모는 약 7,532억 달러로 세계 시장 대부분을 차지하고 있으며, 향후 1조 달러까지 성장이 예상된다. 신흥국의 2017년 제약 시장 규모는 약 2,696억 달러로 선진국 시장의 약 30% 규모에 불과하나 향후 5년 간 연평균 6~9% 성장할 전망이다.

그리고 최근 바이오 의약품 개발이 활발해지면서 전체 시장에서의 비중이 2010년 18%에서 2017년 25%로 증가하였고 2024년에는 그 비중이 31%로 증가할 것으로 예상된다.

장병규 4차 산업혁명위원장은 2017년 11월 23일 매일경제와의 인터뷰에서 4차 산업위원회 산하에 스마트시티 위원회와 더불어 헬스케어 특위를 구성하여 인공장기를 3D프린터로 생산하는 등 헬스케어를 전도유망한 신산업으로 육성하겠다고 밝혔다.

보건복지부는 2019년 4월 9일 「2019년도 제약 산업 육성, 지원시행 계획」을 발표하였다.14) 이 계획에 따르면 2018년 현재 제약 산업 일자리 11만 명을 2022년에는 14만 명, 2025년에는 17만 명으로 늘리고 글로벌 신약도 2018년 6개에서 2022년 15개, 2025년 23개로 늘리겠다는 것이다. 이를 위해 신약개발 역량제고를 위한 연구개발을 강화하고, 제약 산업 성장동력 확보를 위한 전문 인력을 양성하며 창업을 지원하고 선진 제약강국 도약을 위한 제약 산업 육성기반을 조성할 계획이다.

특히, 신약 연구개발을 위해 신약 부문 개발을 4차 산업혁명을 주도하는 차세대 미래유망 분야로 육성하기 위해 스마트 임상실험 플랫폼을 구축하고 첨단 바이오 의약품에 대한 연구개발을 지원하며 인공지능을 활용한 신약을 개발하고 스마트 제조공정을 위한 기술을 개발할 계획이다.

아울러 바이오 제약 성장 동력 확충을 위한 창업을 활성화하기 위해 제약 바이오의 기술창업과 사업화에 대한 지원체계를 구축하고 창업기업에 대한 오픈 이노베이션을 지원하며 아울러 한국 제약 산업의 브랜드 가치를 높여 해외진출 플랫폼을 구축할 예정이다.

우리나라 전체 산업 시가총액으로 보면 1등이 반도체, 2등이 바이오 헬스케어이다. 전 세계적으로 고령화 추세에 따라 바이오, 제약 산업은 날로 증가하고 있는 추세이다. 제약 산업은 우리나라뿐만 아니라 세계적으로 각광받는 산업이다. 특히, 바이오산업(생물의 좋은 물질을 대량 생산하거나 인류사회에 유용한 생물을 만들어 내는 산업)과 결합되면서 인류보건에 기여도가 높은 산업으로 떠올랐다.

신약개발에 성공할 경우 특허를 통해 시장을 독점(물질특허 존속기간 20년)할 수 있어 장기간 고수익 창출이 가능하다. 제약 산업이 곧 '미래의 먹거리 산업'이라는 말이 나오는 이유이다. 인간의 수명연장, 삶의 질 향상 등으로 의료수요가 증가함에 따라 그 개발속도도 빨라질 것으로 보인다.

3. 국가브랜드, 기업브랜드를 강화하라

1) 한국기업의 브랜드 가치

조지프 나이 미국 하버드대 교수는 21세기 들어 세계 각국이 '하드파워'보다 '소프트 파워'를 중시하고 있다고 했다. 한 국가의 위상을 평가하는 기준으로 경제력이나 군사력 등 종래의 '국력' 개념보다 문화와 예술, 교육 같은 '국격'이 중요해졌다는 말이다. 이런 차원에서 한류를 적극 외교에 활용하고 아울러 국가의 소프트 파워인 문화외교와 더불어 세계평화와 번영에 도움이 되는 상생외교, 공공외교를 강화해야 한다. 기업도 마찬가지이다.

오스트리아 빈에 본부를 둔 유럽브랜드 연구소가 세계 16개 업종의 3천여 개 기업을 대상으로 브랜드 가치를 산정하여 뽑은 '글로벌 100대 브랜드'에서 애플이 1위를 지킨 가운데 삼성전자가 19위를 차지하였다. 삼성전자의 2018년 브랜드 가치는 392억 7,500만 유로(약 50조 4,200억 원)로 2017년 351억 2,600만 유로보다 11.8% 커졌다. 중국의 알리바바는 14위를 차지하는 등 중국기업들의 전체 브랜드 가치가 2017년보다 64% 증가하였다.

2019년 브랜드 평가회사인 BransZ가 51개국 400만 명의 소비자를 대상으로 2019년 상반기에 실시한 조사결과, 세계 100대 브랜드를 국가별로 보면 미국이 48개(아마존, 애플, 구글, 마이크로소프트, 비자가 탑 5위를 차지)로 거의 절반을 차지하였고, 브랜드 가치 총액도 전체의 58.55%에 달했다. 중국이 12개, 독일이 9개, 영국이 7개, 프랑스 6개, 일본 4개로 한국은 삼성전자(38위)만이 유일하게 100위권 안에 들었다.

2018년 1위였던 구글이 3위로 밀려나고 대신 3위였던 아마존이 1위로 브랜드가 상승하였으며, 중국 건설은행이나 농업은행 등이 급부상하였고 삼성전자는 2018년 33위에서 2019년 38위로 5단계 하락하였다.15)

〈2019 100대 브랜드 기업〉

1위	아마존	12위	마스터 카드	23위	웰스파고,	47위	화웨이
2위	애플	13위	IBM	24위	스타벅스	55위	BMW
3위	구글	14위	코카콜라	25위	도이치텔레콤	59위	중국 건설은행
4위	마이크로소프트	15위	말보로	26위	페이팔	63위	바이두
5위	비자	16위	SAP	27위	차이나모빌	74위	샤오미
6위	페이스북	17위	디즈니	28위	악센튜어	82위	중국 농업은행
7위	알리바바	18위	UPS	29위	ICBC	85위	KFC

8위	턴센트	19위	Home Depot	30위	스펙트럼	100위	아디다스
9위	맥도날드	20위	Xfinity	26위	인텔		
10위	AT&T	21위	나이키	38위	삼성		
11위	버라이즌	22위	루이뷔통	41위	토요타		

2) 기업의 사회적 책임 활동으로 이미지와 브랜드 개선

기업이 상품을 통한 기업브랜드를 갖는 것도 중요하지만 장기적으로 좋은 기업의 이미지를 갖고 지역사회에 봉사하기 위해서는 기업의 사회적 책임(CSR: Corporate Social Responsibility)을 강화해야 한다.

기업의 사회적 책임이라는 말은 1960년대 미국을 중심으로 생겼다. 당시 기업들이 경제적 이윤 추구와 주주이익 극대화를 목표로 급속히 추진하면서 노동착취 등 문제가 나타나고 있었다. 기업에 대한 비난여론이 거세게 일었고, 기업이 사회구성원으로서 지역사회와 함께 살아가야 한다는 개념에서 '사회적 책임'이라는 말이 나왔다. 이후 기업의 사회적 책임은 기업윤리, 기업의 시민의식이라는 말과 혼동되어 사용되었고, 2000년 이후에는 기업 활동의 투명성, 윤리성과 맞물려 사용되었다.

'사회적 책임', '사회공헌' 등 다양한 명칭을 통해서, 국내 기업들은 축적한 부를 사회에 돌려주는데 일조하고 있다. 특히 SK는 최태원 회장이 직접 나서서 사회적 책임활동을 강화하고 있다.

주필리핀 대한민국 대사관은 2018년 10월 24일 마닐라 듀지타닛 호텔에서 주필리핀 한인상공회의소, 아시아 경영대학원(Asian Institute of Management)과 공동주관으로 '2018년 필리핀 진출 우리 기업들의 사회적 기여활동 시상식'을 개최하였다. 이번 시상식에는 한국과 필리핀 양국정부와 기업 등 각계인사 100여 명이 참석하였다.

필자는 축사를 통해 이번 행사가 그동안 필리핀에서 많은 봉사와 지원활동을 해 온 한국기업들의 사회적 책임 활동을 장려하기 위해 주최하게 되었다고 하고 앞으로 자연재해로 인한 피해 지역과 빈민가정, 한국전 참전용사 후손들에 대한 장학사업 등이 더욱 확대되기를 기대한다고 하였다.

마틴 안다나(Martin Andanar) 공보장관, 조이 콘셉션(Joey Conception) 대통령 기업담당 수석, 차리토 플라자(Charito Plaza) 필리핀 자유경제구역청장, 강지경 아시아경영대학원 총장이 환영사와 축사를 하였으며, 필리핀 한인상공회의소는 장학금 전달식을, 아얄라 그룹은 지속가능개발목표에 기반한 자사의 기업의 사회적 책임활동 철학과 사례를 공유하였으며, 삼성전자와 한국전력공사, 현대건설도 그간의 기업의 사회적 책임(CSR) 활동을 발표하였다.

이번 시상식에서는 필리핀에 진출한 우리 기업들이 정보통신, 보건, 농업, 인프라, 지역개발, 재난구호 등 다양한 분야에서 펼친 CSR 활동의 공로를 인정하여 플래티넘, 골드, 실버 부문에서 시상을 하였는데 삼성전자와 한전, 현대건설이 플래티넘상을, 롯데펩시와 현대로템, LG전자가 골드상을, KEB 하나은행과 삼성전기가 실버상을, 두산중공업, 신한은행, 일성건설, 아시아나항공, 포스코건설이 감사장을 받았다.

주필리핀 대사관이 주최한 사회적기업 시상식

4. 북한과 자원개발 분야에서 협력을 확대해야

1) 북한 지하자원 규모

한국으로서는 해외자원개발이 여의치 않은 가운데 북한의 광물자원에 대한 관심이 높아지고 있다. 부존자원이 거의 없는 관계로 대부분의 광물을 해외에서 수입하는 남한으로서는 북한의 광물자원이 부럽기만 하다. 실제로 북한에는 반도체 생산에 필요한 희토류를 비롯하여 금, 아연, 철, 마그네사이트, 무연탄, 갈탄, 석회석 등 광물자원이 엄청나다고 알려져 있다.

북한에는 약 740여개의 광산이 있으나 전력부족, 시설 노후화와 내수시장의 한계 등으로 생산가동률은 30% 수준에 머물고 있다. 세계 2위 희토류 매장국가인 북한은 마그네사이트, 아연, 동, 중석, 흑연 및 희토류 등 지하자원의 보고이다. 이들 대부분은 우리나라가 전량 수입에 의존하고 있다. 개발한다면 막대한 부가가치가 예상된다.

특히, 북한이 그동안 부족한 외화 확보를 위해 상당수 지하자원을 국제시세보다 30~40% 낮은 가격에 중국 등으로 헐값에 수출했던 전력을 고려하면 수백조 원에 달하는 북한 인프라 개발 비용을 충당할 수도 있을 것으로 보인다.

북한자원연구소의 자체연구결과에 따르면 북한의 740여개 광산 중 10%만 개발해도 상당한 경제적 효과가 기대된다. 연구에 따르면 전력 등 인프라 공급을 전제로 북한의 석탄, 철, 금 등 70개 광산을 현대화할 경우 연간 매출액 11조 7천억 원, 영업이익은 30년 간 33조 2천억 원에 달할 것으로 전망된다.[16]

2018년 5월 20일 한국광물자원공사가 2016년 미국지질조사소(USGS)를 인용한 자료에 따르면 북한에 매장된 광물자원 규모는 약 3,466조 원에 달한다. 금 2천 톤, 철 50억 톤, 마그네사이트 60억 톤, 니켈 3만 6천 톤, 석회석 1000톤 등 42종 광물이 매장되어 있다. 금만 해도 남한 매장량(약 47톤)의 42.6배에 달한다. 현재 북한에는 석탄광산 241개, 금과 구리 등 금속광산 260개, 비금속광산 227개 등 총 728개 광산이 있다. 한국정부가 10대 중점 확보 희귀금속으로 지정한 텅스텐과 몰리브덴도 매장되어 있다.

광물자원공사는 경제적 가치와 국내 수입 의존도가 높은 석탄, 철, 아연, 희토류 등 12개 광종과 인프라 건설 등으로 수요가 많을 것으로 예상되는 비금속 광종(석회석, 소령토, 형석)등 3종을 우선 개발지원, 추진한다는 계획이다. 광물공사는 "일반광물과 무연탄을 각각 연간 500만 톤씩 북한에서 들여올 경우 연간 2조 원의 수입대체 효과가 있을 것"으로 보고 있다.

2) 대부분의 북한 광물, 중국으로 수출

한국광물자원공사에 따르면 2000년 이후 중국기업이 북한 지하자원을 개발한 사례는 2008년 황해남도 홍진국철 광산을 비롯해 20건이나 된다. 이런 계약들은 도로, 철도 같은 인프라 건설을 지원해 주는 대신에 채굴권을 25년, 50년씩 장기간 확보하는 식으로 체결되었다. 문제는 중국이 북한의 자원을 헐값에 사들이고 있고 장기간의 계약인 만큼 이로 인한 대중 종속도가 급속하게 높아지고 있다는 점이다.17)

중국은 지금까지 북한이 외국과 맺은 광물개발투자 건 38건 가운데 87%인 33건에 참여했다. 중국이 북한과 공동으로 개발해 개발권을 확보하고 있는 광산은 무산광산, 오룡광산, 덕현광산, 혜산광산 등 6개 광산이다. 나머지 계약은 양해각서(MOU) 체결에 그치거나 아직 생산여부가 확인되지 않은 단계이다. 그러나 북한에서 해외로 수출되는 광물 대부분이 중국으로 유입되고 있다. 유엔의 대북제재로 외국과의 교역이 제한을 받는 상태에서 중국은 북한광물을 수입한 거의 유일한 국가였다. 중국은 북한광물을 싼값에 수입하는 한편, 북한광산 개발에 진출하고 있다.

필자가 2012년 외교부 국제경제국장 시절 중국 단둥에서 신의주에 인접한 지역을 방문할 기회가 있었는데 신의주 쪽에 석탄이 많이 쌓여 있는 것을 보았다. 안내하는 사람에 의하면 모두가 중국 쪽으로 수출하고 대신 중국에서 식량을 가져오기 위한 것이라고 말하였다. 북한 석탄은 일반적으로 질도 우수하다고 들었다. 내심 한국이 해외에서 석탄을 많이 수입하는데 남북한 관계가 개선되어 북한산 석탄이 중국이 아닌 한국으로 오면 북한과 남한이 모두 도움이 되는 호혜무역이 되지 않을까 생각해 보았다.

3) 북한 광물 공동개발

"10.4 정상회담(2007년) 이행과 경제협력사업 추진을 위한 남북 공동 조사연구 작업이 시작될 수 있기를 바란다" 문재인 대통령이 2018년 4월 27일 김정은 북한국무위원장과 함께 판문점 정상회담 결과를 발표할 때 한 말이다. 남북 공동 조사가 벌어질 주요 대상으로는 북한 지역 광물자원 매장량 탐사가 가장 먼저 꼽힌다. 2003년부터 약 7년 동안 김대중, 노무현 정부시절에 본격화 되었다가 2010년부터 전격 중단된 북한 광물자원 경제협력 사업은 한반도 신경제 지도 구상의 주요내용이다.

2017년 7월 문 대통령의 '베를린 평화구상'에 등장한 한반도 신경제지도상의 3개 남북경제협력벨트(환동해 경제벨트, 환황해 경제벨트, 휴전선 접경지대 평화벨트) 가운데 동해 경제벨트는 북한 단천의 광산지대와 청진의 태양광, 풍력 신재생에너지 단지를 명확히 표기하고 있다. 동쪽 해안선을 따라 북쪽으로 두만강 부근까지 올라가는 환동해 벨트는 무궁무진한 광물 및 에너지 분야에 남한의 '협력적' 자본 기술이 들어가는 '자원협력 루트'이다.

2018년 7월 1일 관련업계에 따르면 남북한 경제협력에서 북한 광물자원 개발 사업이 추진되면 위험이 큰 해외에서 자원을 개발할 필요 없이 북한에서 광물을 조달할 수 있어서 수혜가 클 것으로 전망된다. 북한은 수출량의 50%, 국민총소득의 12%가 광물에서 발생할 만큼 북한은 광물자원의 풍부한 보고이다. 이에 비해 남한의 광물 수입의존도는 92.8%에 이르고 자급률은 7.5% 이하로 떨어진다.

4) 한반도 신경제지도 구상

문재인 대통령의 '한반도 신경제지도 구상'이 2018년 4월 27일 남북정상회담을 계기로 다시 주목되고 있다. 문 대통령은 정상회담에서 이동식 저장장치(USB)에 신경제지도 구상 자료를 담아 김정은 북한국무위원장에게 건넸다. 대통령 직속 북방경제협력위원회가 추진하고 있는 한국과 러시아 간 협력사업인 '나인브릿지(9-Bridge)'도 주목받고 있다.

한반도 신경제지도 구상은 2017년 7월 '베를린 선언'에서도 언급됐다. 이 구상은 일단 남북한을 하나의 경제권으로 묶는 것이다. 금강산, 원산, 단천, 청진, 나선을 공동 개발하여 러시아와 연결한 동해권 에너지자원벨트, 수도권, 개성공단, 평양, 남포, 신의주를 연결한 서해안 산업·물류·교통벨트, 설악산, 금강산, 원산, 백두산 관광벨트와 비무장지대 환경벨트를 한반도에 'H'자 형태로 구축된다. 이를 북방경제와 연계해 한반도 신성장동력을 확보하는 게 목표다.

남북경제공동체 형성에 만족하지 않고 중국과 러시아 대륙으로까지 진출해 한반도를 동북아 지역 경제협력 허브로 만든다는 점에서 지금껏 나온 경제협력 구상 가운데 가장 진일보했다는 평가를 받고 있다. 현재 대통령 직속 북방경제협력위원회가 가스, 철도, 항만, 전력, 북극항로, 조선, 일자리, 농업, 수산 등 9개 분야에서 한국과 러시아 간 협력 사업을 추진 중이다.

5. 신통상전략을 통한 새로운 통상국가로 발전해야

문재인 정부는 베트남, 필리핀, 인도네시아 등 아세안과 러시아, 카자흐스탄 등 유라시아 진출을 겨냥한 신남방, 신북방정책을 추진하기로 하였다. 김현종 통상교섭본부장(현 국가안보실 2차장)은 2018년 4월 5일 기자간담회에서 "미국의 보호무역주의와 중국의 지정학적 리스크가 부각되는 가운데 미국과 중국에 대한 수출의존도를 줄이겠다"면서 "유라시아를 겨냥한 신북방정책과 아세안, 인도를 겨냥한 신남방정책을 추진하겠다"고 밝혔다.

유명희 통상교섭본부장은 2019년 7월 17일 "인도네시아와 말레이시아, 필리핀과 자유무역협정을 2019년 내에 체결하겠다고 밝히고 이후 러시아, 멕시코 등까지 자유무역영토를 넓혀 미국과 중국에 대한 높은 무역의존도를 낮출 것"이라고 했다.

정부가 밝힌 수출시장 다변화의 핵심은 인도, 베트남, 인도네시아, 필리핀 등을 겨냥한 신남방정책이다. 대표적으로 베트남의 경우 2020년 미국을 제치고 한국의 제2위 수출국으로 부상할 것이라는 관측이 나온다. 정부는 이들 국가에 대해 역내 포괄적 경제동반자협정(RCEP)과 이미 체결한 자유무역협정(FTA) 개선을 통해 경쟁국보다 유리한 시장여건을 조성할 계획이다.

동남아시아와는 한국과 아세안 FTA가 가동 중이긴 하지만 한국과 아세안 FTA 같은 다자간 무역협상은 여러 나라의 이해관계를 조율하기 어려워 시장개방 수준이 낮다. 정부가 경제규모가 큰 나라들과 별도로 양자 FTA를 추진하는 이유가 여기에 있다.

2018년 말 기준으로 한국과 인도네시아(200억 달러), 말레이시아(192억 달러), 필리핀(156억 달러)의 교역규모는 아세안 국가 중 각각 2, 4, 5위이다. 1위와 3위인 베트남(683억 달러), 싱가포르(198억 달러)와는 이미 FTA를 맺었다. 5개국 교역규모를 합치면 1,429억 달러에 이른다. 정부계획이 실현되면 동남아시아에서 미국(1,314억 달러)보다 큰 자유무역시장이 열리는 셈이다.

신북방정책으로는 한국과 유라시아경제연합(EAEU) 간 자유무역협정(FTA)을 타결해 교역확대와 인력진출기반을 마련하는 것이 최우선 과제로 거론된다. 정부는 일본과 캐나다, 베트남 등 11개국이 정식 서명한 환태평양 경제동반자협정(TPP) 가입도 전향적으로 검토 중이다.

인터넷과 정보통신기술 등을 활용한 국가 간 교역활동을 일컫는 '디지털 통상' 전략도 마련된다. 디지털 통상은 좁게는 전자무역과 전자상거래, 넓게는 데이터 주도 사업까지 포함하는 개념이다. 김현종 전 통상교섭본부장은 "디지털 분야에서 새로운 규범 논의에 선제 대응하고 우리의 비교우위를 확대할 필요가 있다"고 설명했다. 정부는 이 같은 신통상전략을 통해 2022년 일본을 제치고 세계 4위의 수출 강국으로 부상하겠다는 목표를 세웠다.

세계경제의 한파가 몰려오는 이때 한국경제가 지속적인 성장을 달성하기 위해서는 국민적 총역량을 수출에 집약시켜야 한다. 2018년 말에 한국은 세계 7번째로 수출 6천억 달러가 넘었다. 수출의 양도 중요하지만 수출기업의 투자는 양보다는 질을 추구해야 한다. 이런 관점에서 세계적 수준의 신상품 개발과 미래지향적인 신산업에 대한 투자에 초점을 맞추는 것이 바람직하다.

이를 위해 정부도 신시장 개척에 적극 나서야 하고, 일류상품 육성을 위한 노력을 아끼지 말아야 한다. 다른 나라와의 자유무역협정을 확대하여 보호무역주의를 극복해야 한다. 아울러 우리 수출의 고부가가치화와 품목의 다양화를 이루기 위해 첨단기술, 개발, 디자인 및 브랜드 개발, 해외 마케팅 활동에 더욱 많은 노력과 투자를 집중해야 한다.[18]

아울러 우리의 제2교역 시장으로 성장한 아세안 국가와의 관계를 강화하고 이 지역을 새로운 한국의 프론티어로 삼아야 한다. 이러한 차원에서 동남아시아 지역은 우리의 미래성장동력 창출에 매우 중요한 지역이 될 것이다. 인도도 우리나라에게는 지정학, 지경학적으로 매우 중요한 국가이다. 이런 차원에서 아세안, 인도와의 관계 강화를 위해 정부가 신남방정책을 추진하게 된 것이다. 그러나 본 책에서는 지면의 한계로 인해 논의의 초점을 아세안에만 맞추어 정리하고자 한다.

1) 신기욱 지음, 〈슈퍼피셜 코리아〉, 문학동네, 2017년 9월, 108~109쪽.
2) 김성일·정창호 지음, 〈사라지는 미래〉, 한스미디어, 2017년 10월, 30~38쪽.
3) 김성일·정창호 지음, 위의 책, 194~195쪽.
4) 홍성국 지음, 〈수축사회〉, 메디치, 2018년 12월, 332~333쪽.
5) 신기욱 지음, 위의 책, 128~129쪽, 131쪽.
6) 한동만 지음, 〈혁신의 실리콘밸리, 창조경제의 꽃을 피우다〉, GNP Books, 2015년 4월, 92쪽.
7) 미래창조과학부의 '2017년 정부의 연구개발 사업예산 배분·조정안'에 따르면 개인과 집단의 기초연구 예산이 1조 2,643억 원으로 가장 많고 10대 미래 성장 동력이 1조 835억 원으로 그 뒤를 잇는다.
8) 신기욱 지음, 위의 책, 90~92쪽.
9) 김경훈·한국트렌드연구소 빅퓨처 지음, 〈핫트렌드 2018 빅도미노〉, 로크미디어, 2017년 10월, 28쪽.
10) 안동현 교수, 《 경제의 블록화와 아베의 노림수 》, 2019년 7월 17일자 한국경제 A 34면.
11) 김택환 지음, 〈세계 경제패권전쟁과 한반도의 미래〉, 김영사, 2019년 2월, 228쪽.
12) 김연규·권세중 엮음, 〈한국의 미래 에너지 전략 2030〉, 한울아카데미, 2019년 2월, 102~103,111쪽.
13) 2018년 5월 4일자 농수축산 신문.
14) 2019년도 제약 산업 육성·지원 시행계획(218쪽)은 보건복지부 홈페이지 공개자료.
15) 2019년 6월 11일자 파이낸셜 타임즈, 「Top 100 global brands 2019: the full ranking」 (source: Kantar/BrandZ, including data from Bloomberg)
16) 북한자원연구소 홈페이지(www.nokori.or.kr) 북한자원 상세자료 참조.
17) 한동만 지음, 〈한국의 10년 후를 말한다〉, 한스미디어, 2011년 11월, 242쪽.
18) 현오석 지음, 〈경제는 균형과 혁신이다〉, 한국경제신문, 2015년 3월, 301~304쪽.

제4장

아세안(동남아시아 국가연합),
한국의 새로운 프론티어

You cannot escape the responsibility of tomorrow by evading it today.

- Abraham Lincoln

제1절

아세안에 주목해야 하는 이유

1. 아세안의 중요성과 다양성: 통합에 대한 도전

1) 아세안의 중요성과 전략적 가치

아세안은 동남아시아 국가들의 협력을 위한 지역 연합체로서 인도차이나 공산주의 확산에 공동 대응하기 위해 1967년 8월 8일 인도네시아, 말레이시아, 필리핀, 싱가포르, 태국 등 5개국이 결성(그 후 1984년 브루나이 가입, 1995년 베트남 가입, 1997년 라오스와 미얀마 가입, 1999년 캄보디아 가입)된 이후 50년 이상 존속하면서 동남아시아뿐만 아니라 동아시아 지역협력의 구심체 역할을 하고 있다. 동남아시아 국가 중 아세안에 가입하지 않은 동티모르의 아세안 가입방안이 논의되고 있다.

아세안은 초기단계에 안보협력체를 지향하였으나 1980년대 중반 이후 안보 위협이 완화되고 회원국 간의 경제교류가 확대됨에 따라 경제협력에도 관심을 기울이게 되었다. 특히, 1997년 아시아 외환위기 이후로 아세안은 지역 내 경제협력을 강화하고 있다. 또한 경제협력의 외연을 넓혀 동북아시아의 한국, 일본, 중국과 동아시아 금융망을 구축하였다.

2017년 창설 50주년을 맞이한 아세안은 유럽연합이나 여타지역의 연합체들과는 달리 독자적인 행보를 이어왔다. 지난 반세기동안 아세안은 갈등을 조정하고 회원국들의 이견을 존중하며 역내 협력을 강화하였으며 아세안 회원국들은 정치시스템, 국가신뢰도 그리고 사회문화적인 다양성에도 다른 연합체들에 견주어 역내 안정성을 유지하는 지역협력체로 자리매김하였다.

아세안은 그간 역외 국가들과도 동아시아 정상회의, 아세안+1, 아세안+3, 아세안 지역안보포럼(ARF: ASEAN Regional Forum), 그리고 아시아 태평양 경제협력체(APEC: Asia Pacific Economic Cooperation), 역내 포괄적 경제동반자협정(RCEP: Regional Comprehensive Economic Partnership) 등 정치, 경제, 안보, 무역 등 다방면에 걸친 협력으로 보다 계층적인 협력 메커니즘을 유지해 왔다.

또한, 2015년 아세안 공동체 출범을 포함하여 지난 반세기 동안 아세안이 이룬 성과는 동남아시아 발전에 큰 획을 그었다. 아세안의 중심을 받치고 있는 아세안 공동체의 세 축은 아세안 정치안보공동체, 아세안 경제공동체, 그리고 아세안 사회·문화 공동체이다. 아세안 공동체는 다양한 인종과 민족 집단, 언어, 관습, 종교 및 신앙과 같은 독특한 사회문화적 다양성을 내포하고 있다. 앞으로도 아세안은 급변하는 세계의 변화와 더불어 앞으로 50년 그리고 그 너머까지 연대와 합의를 근거로 하여 동남아시아 지역의 중심점이 될 뿐만 아니라 안정과 안보를 그리고 경제적인 발전을 유지하는 협력체로 계속 발전할 것이다.[1)

아세안은 한국의 대외관계에서 전략적으로 중요한 기구로 떠오르고 있다. 아세안은 동아시아의 지역안정을 추구하는 데 있어서 핵심적인 기구이다. 아세안은 동아시아의 평화와 안정을 위한 다자간 협의체로 1994년에 발족한 아세안 지역안보포럼(ARF: ASEAN Regional Forum)에서 중심적인 역할을 하고 있다.

아세안+3(한국, 중국, 일본)와 동아시아 정상회의(EAS: East Asia Summit)를 중심으로 한 동아시아 지역주의에 있어서도 아세안은 의장국으로 의제선정과 회의주재 등 핵심적인 역할을 수행하고 있다. 지정학적으로도 아세안은 매우 중요하다. 아세안은 지리적으로 인도양과 태평양의 길목에 있으며 중국과 인도의 교착점이고 세계교역량의 1/3이 아세안 해역을 통과하며 우리 원유수입량의 96%도 아세안 국가로 둘러싼 남중국해를 통과하고 있다.

한편, 경제적 측면에서 아세안은 동아시아 지역 전체의 금융안전망을 운영하고 국제금융협력을 진행하기 위해 필수적인 기구이다. 2010년에는 아세안과 한국, 일본, 중국이 함께 운영하는 다자화된 금융안전망인 치앙마이 이니셔티브(CMIM: Ching Mai Initiative Multilateralization)를 운용하기 시작하였다. 이와 함께 아세안과 한국, 일본, 중국이 지역경제를 점검하고 정책대화를 추진하며, 상호 거시경제 감시를 실시할 수 있는 제도적인 기틀을 마련하였다.

또한 한국은 2010년부터 아세안과 상품, 투자, 서비스 등을 포괄하는 자유무역협정(FTA: Free Trade Agreement)을 발효시켜 아세안에 속한 모든 동남아 국가들과 무역을 확대하고 있다. 이와 같은 아세안기구의 중요성이 부각됨에 따라 한국은 아세안에 상주 대사를 파견하여 아세안과의 협력을 강화하고 있다.[2]

2) 아세안의 다양성과 아세안 방식

아세안에 속한 동남아시아는 예로부터 복합적인 인종구성과 다양한 언어와 종교 등 문화적 다양성으로 인해 '문화의 보고'로 널리 알려진 지역이다. '몬순'이라는 계절풍이 부는 지리적 환경에 적응하는 과정에서 장구한 역사와 역사적 경험을 바탕으로 다양하고 다채로운 문화를 꽃피운 동남아시아는 특수한 사회적 상황과 고유한 역사적 경험을 바탕으로 나름대로 독자적인 문화를 형성하고 발전시켜 왔다.3)

아세안 회원국 간에는 절대군주제(브루나이), 입헌군주제(캄보디아, 말레이시아, 태국), 사회주의(라오스, 베트남, 미얀마), 공화정(인도네시아, 필리핀, 싱가포르) 등 다양하고 상이한 정치체제가 존재하고 있다. 경제제도도 완전개방(싱가포르), 개방(인도네시아, 태국, 필리핀, 말레이시아, 브루나이), 통제경제(캄보디아, 라오스, 미얀마, 베트남) 등 형태가 다양하다. 소득수준도 다르고 종교도 불교, 이슬람, 가톨릭 등 다양하다. 태국을 제외한 모든 아세안 회원국들이 식민지 통치를 겪었다. 이러한 다양성에 기초하여 아세안 방식대로 아세안 통합을 추진하고 있다.

아세안 방식이란 첫째, 내정 불간섭과 분쟁의 평화적 해결 및 무력 불사용. 둘째, 컨센서스 방식과 비공식주의 및 점진주의에 기초한 의사결정. 셋째, 개인보다 사회를, 자유보다 질서를, 경쟁보다 조화를, 계약보다 양해를 우선시하는 아시아적 가치를 존중하는 것이다.

아세안에 속한 동남아시아 국가들은 의사결정과정에서 3C 원칙, 즉 협의(consultation)와 협력(cooperation), 합의(consensus)를 중시하는 문화적인 전통을 갖고 있고 이를 의사결정과정에서 적극적으로 구현하고 있다. 협의와 협력, 합의는 아세안이 출범한 이후 실질적인 운영 메카니즘이자 하나의 규범으로 발전했다. 2007년에 채택된 아세안 헌장은 이를 의사결정 원칙으로 명시하여 기본적인 규범으로 채택하고 있다.

즉, 아세안은 공식절차를 통해 마련한 법적 구속력이 있는 협정의 틀보다는 임시적 차원의 이해와 비공식 절차를 바탕으로 운영되는 주권국가의 모임이다. 그러나 정치체제 및 경제발전 정도, 추구하는 가치 등에서 회원국끼리 서로 상이한 아세안은 앞으로 컨센서스 의사결정구조 때문에 더 많은 도전에 직면할 것으로 예상된다.[4]

아세안 회원국이 5개국에서 10개국으로 확대될 당시 아세안은 새로운 3C 원칙을 발전시켰는데 현재의 3C 원칙은 공동체 구축(community building), 연계성(connectivity), 아세안 중심성(centrality)이다. 공동체 구축 분야에서는 단일시장과 생산기지의 발전이 이루어졌고, 태국에 의해 10년 전 시작된 연계성 추진과 관련하여 긴밀한 아세안 경제와 인적 교류가 이루어졌으며, 중심성 강화와 관련하여 지역구도 강화를 위해 주요국 참여하에 아세안 주도 플랫폼이 설립되었다.

아세안은 미래의 핵심원칙으로 새로운 3C, 즉 창의성(creativity), 상호보완성(complementarities), 지속성(continuity)을 강조하고 있다. 우선 4차 산업혁명을 활용하기 위하여 디지털 아세안(digital ASEAN)으로 나아가야 하며 새로운 정보통신기술을 활용하고 스마트 기술을 통한 연계성과 접근성을 강화하는 동시에 사이버 보안 강화가 필요한 실정이다. 이러한 차원에서 미래의 핵심가치로 창의성은 매우 중요한 가치이다.

아세안 커뮤니티 비전 2025와 유엔 2030 지속가능개발 의제 간의 상호보완성 강화를 통해 아세안은 지속가능개발 협력을 중요한 전략으로 만들었고 이에 따라 아세안 지속가능개발 연구 및 대화센터(ASEAN Center for Sustainable Development Studies and Dialogue)를 만들었다. 지속성은 여러 의제를 한 번에 해결할 수 없으므로 지속적으로 정책을 긴밀하게 유지하고 협력해야 할 필요성이 커지고 있다.

2. 아세안 내 균형발전

인구 6억 6천만 명(세계 3위), 35세 이하 65%, 국내총생산(GDP) 2조 7,615억 달러(7위), 연 5~6%의 빠른 경제성장 등이 매력이다. 하지만 아세안 회원국은 다양하다. 1인당 국민소득 1000달러대(캄보디아, 미얀마)에서 6만 달러대(싱가포르)까지 다양하다. 그러나 아세안 국가 간의 이러한 경제력의 차이에도 불구하고 아세안은 '동등(equality)의 원칙' 아래 운영되며 아세안 운영자금도 똑같이 분담하고 있다.

⟨2019 아세안 국가의 1인당 국민소득(세계 순위)⟩
World Economic Outlook: GDP Per Capita(IMF, 2019)

싱가포르	63,990달러(8위)
브루나이	27,870달러(32위)
말레이시아	11,140달러(64위)
태국	7,792달러(82위)
인도네시아	4,164달러(112위)
필리핀	3,294달러(126위)
베트남	2,740달러(133위)
라오스	2,670달러(134위)
캄보디아	1,621달러(150위)
미얀마	1,245달러(160위)

참고로 일본, 한국, 중국의 1인당 국민소득은
일본: 40,850달러(22위), 한국: 31,430달러(28위). 중국: 10,100달러(67위)이다.

아세안은 현재 다양한 대내외적 과제와 도전에 직면해 있다. 무엇보다도 중요한 아세안의 내부적인 과제는 2015년 12월 31일 공식 출범한 아세안 공동체를 향후 로드맵에 따라 2025년까지 완성하는 것이다. 아세안 공동체는 정치안보공동체, 경제공동체, 사회문화공동체 등 3대 축으로 구성되어 있으며 그 중에서 가장 실질적이고 구체적인 내용을 담고 있는 경제공동체를 어떻게 달성하는가가 최대 관건이다.

향후 아세안 회원국들은 상품과 자본, 인력이 자유롭게 이동하는 경제

통합을 실현하여 초대형 경제공동체로서 단일생산기지와 단일시장구축, 경쟁력을 갖춘 경제지대 육성, 역내 균형발전, 세계경제와의 통합 등 4대 목표를 담고 있는 비전을 구현해 나가야 할 것이다. 특히, 역내 국가들 간 경제적 격차를 줄이기 위한 균형발전은 공동체 형성의 관건이나, 이는 단기에는 해결하기 어려운 사안이다.5)

2002년 11월 아세안 정상회의는 6개 선발 회원국과 캄보디아, 라오스, 미얀마, 베트남 등 4개 후발 회원국 간 개발격차를 해소하기 위해 아세안 통합 이니셔티브의 실행계획을 승인하고 2002~2008년 간 인프라와 인적 자원 개발, 정보통신기술, 지역경제통합 등 4개 분야에서 총 134개 사업을 추진하기로 했다. 이를 위해 아세안에서 1억 9,100만 달러, 대화상대국과 개발기구에서 2천만 달러(한국은 500만 달러)를 지원하였다.

3. 아세안의 저력과 잠재력

1) 균형자 역할

아세안이 지역정치, 안보, 경제구도에서 부상하고 있다. 아세안은 한국과 중국, 일본, 그리고 인도와 호주, 뉴질랜드, 미국, 러시아가 합세한 동아시아 정상회의로 외연을 확대시켰다.

또한 캐나다와 유럽연합, 북한, 몽골을 초청하여 총 27개국이 참여하는, 아시아 태평양에서 유일한 역내 안보협의체인 아세안지역안보포럼(ARF)으로 발전시켜 그 중심에 앉고 있다. 이로써 아세안은 미국과 중국 중 어느 한쪽에 쏠리지 않고 국제정치, 경제 질서의 균형자 역할을 하고 있다. 유럽연합처럼 아세안은 2025년에 아세안 경제공동체(ASEAN Economic Community)를 실현하기 위해 노력하고 있다.

2) 아세안의 교역과 투자현황

2018년 아세안 사무국이 발표한 자료(ASEAN Statistic Year Book 2018)에 의하면 2017년 기준 아세안 10개국 전체 교역액은 2.57조 달러로 우리나라의 전체 교역액(1.05조 달러)의 약 2.4배에 달한다. 아세안 국가 간의 편차가 커서 싱가포르, 필리핀, 태국, 인도네시아, 말레이시아, 브루나이 6개국이 전체교역액의 81%인 2.08조 달러, 후발 국가인 베트남, 캄보디아, 미얀마, 라오스는 19%인 0.49조 달러를 기록하였다. 아세안 역내 교역비중은 약 23%로 대외무역의존도가 높은 수준이다.

아세안은 낮은 인건비와 풍부한 자원 등 경쟁력을 갖추고 있어 대외무역을 통해 큰 폭의 무역수지흑자(2017년 기준 약 700억 달러)를 기록하고 있으며, 최대흑자국가는 싱가포르(655억 달러), 최대적자국가는 필리핀(약 400억 달러)으로 나타났다. 아세안의 대외무역구조는 유럽연합(546억 달러 흑자), 미국(512억 달러 흑자), 인도(170억 달러 흑자), 호주(100억 달러 흑자)와는 무역흑자를, 중국(681억 달러 적자), 한국(436억 달러 적자), 일본(77억 달러 적자)과는 적자를 보이고 있는 상황이다.

2017년 기준으로 아세안은 중국과의 교역의존도가 가장 높으며(17.1%), 한국은 아세안의 5대 교역대상국(6%)이다. 아세안의 주요 수출대상국은 중국(15.9%), 유럽연합(13.5%), 미국(12.2%), 일본(9%), 한국(4.7%)이며 아세안의 주요 수입대상국은 중국(20.3%), 일본(9.1%), 유럽연합(8.3%), 한국(7.9%), 미국(7.3%)수준이다.

또한 아세안의 해외투자 유치액은 2017년 기준으로 1,356억 달러이며 싱가포르(620억 달러), 인도네시아(231억 달러), 베트남(141억 달러) 3개국에 집중되어 있다. 2013년부터 2017년간 누계 기준 아세안에 대한 총 투자액은 6,319억 달러로 역시 싱가포르(3,331억 달러)가 가장 많이 투자를 유치하였다. 2017년 아세안에 투자한 국가는 유럽연합(249억 달러)이 가장 많고 일본(134억 달러), 중국(114억 달러), 한국(51억 달러), 미국(43억 달러) 순이다.

우리나라가 아세안에 2017년 투자한 51억 달러 중 베트남에 33억 달러가, 싱가포르에 11억 달러가 이루어져 이들 2개국에 집중되었다. 2013년부터 2017년 간 아세안에 투자한 국가 순은 역시 유럽연합 28개국(1,317억 달러)이 가장 많고 그 뒤를 이어 미국(790억 달러), 일본(783억 달러), 중국(418억 달러), 한국(266억 달러) 순이다.

3) 아세안의 인구와 인구증가율

아세안의 인구는 2012년 최초로 6억 명을 돌파한 이래 1.2~1.3% 수준의 증가율을 계속하여 2018년 총 6억 6천만 명을 기록하였다. 아세안의 최대 인구대국은 총 인구 2억 6,189만 명인 인도네시아로 아세안 전체인구의 약 40%를 차지하며, 필리핀 1억 500만 명(16.3%), 베트남 9,200만 명(14.6%), 태국 6,700만 명(10.6%) 순이다. 그 뒤를 이은 국가는 미얀마(5,300만 명), 말레이시아(3,166만 명), 캄보디아(1,516만 명), 라오스(660만 명), 싱가포르(560만 명), 브루나이(42만 3천 명)이다.

인구증가율은 대다수 아세안 회원국들이 1%를 상회하나 태국은 1980년대부터 시작된 가족계획의 영향으로 인한 저출산과 고령화로 인구증가율이 0.3% 수준으로 아세안에서 가장 낮은 편이다.

아세안은 중위연령 29세인 젊은 지역으로 알려져 있으며, 연령 그룹별 비중 또한 20~54세 인구가 50.6%를 차지할 만큼 젊은 인구구조를 보이고 있다. 대다수의 아세안 국가들이 노동가능인구(20~64세)와 유아청소년(0~19세) 인구가 전체의 95% 내외를 차지하는 젊은 인구구조를 가지고 있으나 태국과 싱가포르는 고령화 사회의 특징을 보이고 있다.

싱가포르는 노동가능인구(20~64세) 비중이 66.3%로 가장 높은 국가이나 유아청소년 비율은 21.3%로 가장 낮고 65세 이상 고령자 비중은 12.4%로 가장 높은 연령별 인구구조를 가지고 있다. 태국 또한 싱가포르와 유사한 인구구조를 가지고 있는데 이는 가족계획과 고비용 등으로 인한 저출산 추세와 의료 인프라 개선으로 인한 수명연장에 기인한 것으로 분석된다.

아세안 국가들의 기대수명은 대체로 70세를 상회하며 소득수준이 높고 의료 인프라가 발달한 싱가포르의 기대수명이 82.9세로 가장 높고 상대적으로 의료 인프라가 열악한 캄보디아, 라오스, 미얀마 등은 기대수명이 증가하는 추세이긴 하나 70세에 미치지 못하고 있다.[6]

아세안의 출산율(total fertility rate)은 완만한 추세로 낮아지는 추세이나 국가별로 차이가 있다. 출산율이 높은 국가는 라오스와 필리핀(2.9명), 캄보디아(2.6명), 미얀마(2.2명) 등이며, 태국(1.5명), 싱가포르(0.83명)가 낮은 출산율을 보이고 있다. 싱가포르, 말레이시아, 태국이 100%로 가장 우수한 위생시설 인프라를 보유하고 있으나, 위생시설이 열악한 국가는 캄보디아와 인도네시아로 62% 수준에 불과한 것으로 나타났다.[7]

아세안 전체의 생산가능 인구(20~54세)가 50.4%를 차지하고 있는데 증가추세에 있어서 향후 성장잠재력이 높은 지역이다. 다만 저출산과 고령화 현상도 진행되고 있어서 10~20년 후에는 성장 동력이 떨어질 가능성도 있다.

4. 아세안 지역안보포럼(ARF: ASEAN Regional Forum)의 특징

1) ARF의 출범 배경

1995년 베트남의 가입을 필두로 1997년 라오스와 미얀마, 그리고 1999년 캄보디아의 가입으로 이른바, '아세안 10'을 완성한 아세안은 내부적 결속과 협력강화를 위해 다양한 방법들을 고려하였다.

아세안은 태국, 말레이시아, 싱가포르, 인도네시아 등 동남아 국가들이 주축이 되었다. 이들 국가들은 1960년대 중반에 월남전의 본격화 등 안보 불안 상황에 직면하여 동남아 국가 간 공동 안보 및 자주독립 노선을 수립하는 한편, 지역 안보 협력의 가능성을 모색하고자 결성되었다.

아세안은 그 이후 1980년대 후반 소련 및 동구권 공산주의의 몰락과 냉전 체제의 소멸 등 국제정치적 질서의 변화와 유럽통합 움직임, 우루과이 라운드 등 국제경제 질서변화를 배경으로 새로운 발전 방향을 모색하기 시작하였다.

아시아 태평양 지역에서는 냉전이 종식됨에 따라 아시아-태평양 지역에서 미국과 소련의 세력 약화와 중국의 부상 등에 따른 힘의 공백이 생겨났으며, 이에 따라 지역강국 간의 패권경쟁가능성 등 새로운 불안정요인이 제기되었다.

그로 인해 지역 내 군비경쟁이 가속화되었고, 남중국해 영유권 분쟁과 같은 지역 분쟁이 재연되는 등 안보 불안 요인이 생겨나기 시작하였다. 이러한 안보 불안 상황은 아세안 회원국들로 하여금 동남아 지역을 넘어서서 아시아-태평양 지역에서도 유럽과 유사한 지역 안보 협력을 모색하여야 할 필요성을 느끼게 하였다.

아시아-태평양 지역의 협력적 안보를 위한 다양한 지역 안보 협력 구상에 어떠한 형태로든 대응해야 했던 아세안 회원국들은 정치와 안보 분야에서의 내부 결속과 국제적 위상을 제고하고 국제사회의 지지를 확보하기 위하여 역외 국가들과의 안보대화가 필요함을 인식하게 되었고, 이에 따라 1992년 1월 싱가포르에서 개최된 제4차 아세안 정상회의에서 역외 국가들과의 안보대화를 기존의 확대 외무장관회의(ASEAN-PMC)를 활용하여 추진한다는 방침을 정하게 되었다. 이후, 다음해인 1993년 처음으로 이루어진 역외 국가들과의 회의에서 정치와 안보문제를 주로 논의하는 아세안지역안보포럼(ASEAN Regional Forum)을 창설하기로 합의하였다.[8]

2) 아시아, 태평양 지역에서 유일한 정부 간 안보협의체

1994년 7월 방콕에서 아시아-태평양 지역 최초의 정부 단위 다자간 안보대화체인 아세안지역안보포럼이 출범하였는데, 1994년 제1차 회의에는 당시 아세안회원국(태국, 필리핀, 싱가포르, 말레이시아, 인도네시아, 브루나이) 6개국과 7개국 대화 파트너(호주, 캐나다, 유럽연합, 일본, 뉴질랜드, 한국, 미국), 2개국 협의 파트너(중국, 러시아), 그리고 3개국 옵서버(라오스, 파푸아뉴기니, 베트남) 등 총 18개 국가가 참여하였으며, 미얀마와 캄보디아가 비공식 협의대상으로 참여하였다.

제1차 ARF 회의의 가장 큰 의의는 냉전기에 적대적 관계에 놓여 있었던 국가들이 탈냉전 이후 한자리에 모여 정치 안보 문제를 함께 논의하기 시작했다는 것이며, 이를 통해 아세안이 중심적인 역할(driving force)을 하면서 아세안지역안보포럼을 지속적으로 발전할 수 있었다는 점이다.

한편, 1994년 한국정부는 제1차 ARF 회의에서 동북아 지역의 다양한 안보정세와 비전통적인 안보위협을 공동으로 대처하기 위해 동북아 지역 내 정부 간 안보협의체인 "동북아안보대화(NEASED: Northeast Asia Security

Dialogue) 창설을 제안하였으나 중국 측의 소극적인 태도로 성사되지 못하였고 그 후 미국 샌디에고 대학에서 정부와 학자들이 참여하는 반관반민 형태의 동북아협력대화(NEACD: Northeast Asia Cooperation Dialogue)가 출범하여 전통적인 안보 이슈 외에도 에너지 안보 등 비전통적인 안보 문제도 협의해 오고 있다.

아세안지역안보포럼의 출범은 첫째, 탈냉전시대의 국제질서의 변화에 걸맞은 아태지역 내 안정적 질서 구축. 둘째, 역내 국가들의 군사력 강화 움직임에 대한 불확실성 완화. 셋째, 새로운 안보위협에 대한 대응 및 포괄적 안보개념 인식. 네 번째로 아세안의 아시아-태평양 내 신국제질서 형성 주도 의도에서 비롯되었다고 할 수 있다.[9]

아세안 지역안보포럼은 그 후에 북한도 참가하고 미국, 일본, 중국, 러시아, 유럽연합, 호주, 뉴질랜드, 인도 등도 참여하는 명실 공히 아시아-태평양지역의 유일한 안보포럼으로 자리매김을 하였다. 이 포럼에서는 구속력은 없지만 의장성명을 발표하는데 한반도 문제, 특히 북한의 핵개발 문제가 단골로 등장하였고 중국과 아세안 일부국가 간의 갈등요인이 된 남중국해 문제도 논의되었다.

또한 다자안보포럼을 계기로 많은 국가들 사이에서 양자외교장관회담이 개최되기도 하였으며, 특히 남북한 관계가 개선되었을 때는 남북한 외교장관 회담이 개최되기도 하였다. 남북한과 공히 외교관계를 가지고 있는 아세안은 한반도 문제에 있어서도 적극적이다. 미국과 북한 정상회담이 2018년 싱가포르와 2019년 베트남에서 개최된 것도 높아진 아세안의 위상이 반영된 것이다.

필자는 2002년 외교부에서 다자안보를 담당하는 안보정책과장으로 근무하면서 아세안지역안보포럼 실무회의와 장관회의에 참가하면서 의장성명에 한반도 문제에 관한 우리의 입장이 포함되도록 외교적인 노력을 기울인 바 있다. 특히, 브루나이에서 개최된 ARF 외교장관회의에서 남북한 외교장관 회담을 성사시키기 위해 북측 대표단과 조율을 하였으나 마지막 순간에 북한 측이 응하지 않아 무산된 바 있다.

5. 후쿠다 독트린과 일본의 아세안 정책

1) 후쿠다 독트린의 배경

2차 대전 이후 일본기업이 동남아시아에 대해 지나치게 공세적으로 진출함으로써 동남아시아 지역 내 반일감정이 확산되고 있었던 상황에서 후쿠다 다케오(Fukuda Takeo) 당시 일본총리가 1977년 8월 18일 필리핀 마닐라 호텔에서 아세안에 대한 일본의 정책을 발표하였다.

후쿠다 독트린은 1) 평화에 대한 일본의 공약과 일본이 군사적 패권을 추구하지 않음을 천명하고 2) 일본과 아세안 국민들 간 마음을 잇는 이해(heart to heart understanding)를 기반으로 상호신뢰 관계를 구축하고, 3) 일본이 아세안과 아세안 각 회원국과 동등한 파트너가 될 것이라는 것이 주요 내용이었다.

후쿠다 독트린 하에 일본은 '동남아 일본 청년 교류 프로그램(Ship for Southeast Asian and Japanese Youth Program)', '일본-동남아시아 청소년 교류 네트워크(Japan-East Asia Network of Exchange for Students and Youth)', '일본 유학 경험자 아세안 모임(ASEAN Council of Japan Alumni)'의 사업을 추진하였다. 이러한 정책은 일본의 동남아시아 지역에 대한 식민지화와 침략으로 인한 부정적인 인식을 탈피하고 일본에 대한 긍정적인 이미지를 정착하기 위한 노력의 일환으로 보인다.

2) 일본의 아세안 정책

일본은 1973년 아세안과 각료급 회의를 개최하여 관계를 수립한 후 1977년 대화상대국 관계로 발전하였다. 아베 일본 총리는 2012년 12월 취임 이후 첫 해외순방지를 동남아시아 국가(베트남, 태국, 인도네시아)로 정하고 취임 1년 내에 전 아세안 10개국을 방문하였다. 일본이 아세안에 공을 들이는 이유는 아세안을 중국의 부상과 미국의 아시아 정책이 교차하는 지정학적, 지경학적 요충지로 인식하고 있기 때문이다.

2013년 일본과 아세안 교류 40주년을 맞아 아베 일본 총리는 아세안 외교 5원칙을 발표하였는데 그 내용은 다음과 같다. 첫째, 자유, 민주주의, 기본적인 인권 등 보편적인 가치의 정착과 확대를 위해 아세안 국가들과 공동으로 노력한다. 둘째, 힘이 아닌 법의 지배, 자유롭고 열린 해양은 공공재이므로 이를 아세안 국가들과 함께 지켜나가며, 미국의 아시아 중시정책을 환영한다.

셋째, 다양한 경제연계 네트워크를 통해 물품과 금융, 인력과 서비스 등의 분야에서 무역과 투자를 더욱 증진시켜, 일본경제를 살리고 아세안 국가들과 함께 번영을 달성한다. 넷째, 아시아의 다양한 문화와 전통을 함께 지켜 나가고 육성한다. 다섯째, 미래를 담당하는 젊은 세대와의 교류를 더욱 활발히 진행시켜 상호간의 이해를 촉진한다.

2015년에는 '양질의 인프라 파트너십 이니셔티브'를 발족하여 중국의 물량공세에 대응하고 질 높은 인프라 투자를 약속하였다. 2017년 아세안 창설 50주년 계기에는 아세안과의 통합을 강화하고 아세안의 포괄적이고 지속적인 성장을 위한 지원방침을 발표하였다. 이를 위해 일본이 아세안의 '평화와 안정을 위한 파트너', '번영을 위한 파트너', '삶의 질을 위한 파트너', '마음에서 마음으로 이어지는 파트너'가 되겠다고 공언하였다.

이러한 일본정부의 적극적인 조치로 2017년 11월 아세안 10개국에서 일본에 대한 여론조사결과 90%이상의 응답자가 일본을 신뢰한다고 대답한 것은 후쿠다 독트린 정신의 결과이며, 일본과 아세안 간 상호신뢰가 형성된 것으로 보인다. 2018년 11~12월 간 싱가포르 연구기관(ISEAS)이 실시한 여론조사 결과, 동남아시아가 가장 신뢰하는 국가 순위에서 일본이 1위(53.5%)를 차지하여 미국(23.8%)을 앞섰다.

필리핀은 기본적으로 일본이 미국과의 안보 동맹 틀 내에서 군사적 역할을 확대하는 것에 찬성하는 입장이며, 2011년 일본과 필리핀은 전략적 동반자 관계를 수립하였다. 두테르테 정부는 일본과의 경제적 협력에 중점을 두고 있으며, 2016년 10월과 2017년 10월, 그리고 2018년 5월과 2019년 10월 두테르테 대통령이 일본을 방문하고, 2017년 1월과 11월 아베 총리가 두 차례에 걸쳐 필리핀을 방문하는 등 활발한 정상외교를 실시하였다.

남중국해를 비롯한 해양 분야 안전보장 역량강화와 관련, 일본은 필리핀 측에 해양순시선을 공여하고 해상경비대 공동훈련을 실시하였다. 경제적으로는 2003년 12월 양국이 자유무역협정(FTA)을 포함하는 경제동반자협정 체결에 합의하였다. 이 협정은 2008년 10월 필리핀 상원의 비준동의에 따라 2008년 12월에 발효하였다.

중국의 일대일로 구상과
미국의 인도-태평양 정책

1. 중국의 일대일로 구상과 아세안 국가들의 대응

중국이 핵심대외전략으로 추진하고 있는 일대일로 구상(BRI: Belt and Road Initiative)에 따라 2013년 이후 동남아시아 지역에 건설 중인 도로와 철도, 항만과 에너지 수송시설 등 각종 인프라 사업들에 대해 아세안 국가들은 중국의 자본제공과 경제교류 확대를 새로운 경제적인 기회로 인식하고 대체로 긍정적인 입장을 견지하고 있다. 특히, 중국과 역사적으로 연대관계를 유지하거나 미국과 중국 간 등거리 정책을 추진해 온 필리핀과 싱가포르가 중국과의 경제교류 확대를 적극 모색하고 있다.

아세안 국가들은 중국의 전략적인 목표가 일대일로 구상을 기반으로 역내에서 경제적, 군사적인 확장을 통해 궁극적으로 아시아에서 중국 중심의 단극체제(unipolar Asia) 형성이라는 점을 명확히 인식하고 있고 이에 대한 안보적인 우려도 어느 정도 가지고 있으나, 동시에 중국을 자극하지 않고 가능한 우호적인 협력관계를 유지하고자 하고 있다. 이에 따라 아세안 국가들은 일대일로 구상의 군사안보적 성격을 의도적으로 부각시키려 않으려는 자세를 유지하고 이에 대한 안보적인 우려도 공개적으로는 표현하지 않는 등 매우 조심스러운 입장을 견지하고 있다.

상설중재재판소(PCA)까지 끌고 가서 승소한 남중국해 문제에 대해서도 필리핀은 남중국해 자원을 중국과 공동개발하자고 제안하는 등 경제적인 교류협력을 더 중시하고 있다. 시진핑 중국국가주석이 2018년 11월 20일 마닐라를 방문한 계기에 왕이 외교부장과 테오도로 록신 필리핀 외교장관은 29개 문서에 서명했는데 특히 눈길을 끈 것은 남중국해에서의 석유 및 가스개발협력 양해각서이다.

서 필리핀 해는 중국이 영유권을 주장하는 남중국해 중 필리핀의 배타적 경제수역(EEZ)에 해당하는 해역으로, 전문가들은 중국과 필리핀이 72호 광구에서 공동개발을 진행할 가능성이 높다고 보고 있다. 2018년 4월 필리핀 대통령궁은 팔라완 섬 북서부의 2개 프로젝트인 57호 광구와 72호 광구가 공동개발 대상이라고 밝혔는데 72호 광구는 중국의 남중국해 영유권 주장 해역에 포함되어 있다.

필리핀이 공동탐사 후보지로 검토해 온 영유권 분쟁해역은 필리핀의 배타적 경제수역 안에 있는 리드뱅크(필리핀 명 렉토뱅크)로 중국이 2012년 이곳에 있는 스카보러 암초(중국명 황옌다오, 필리핀 명 바호데마신록)을 강제로 점거했다. 두테르테 행정부가 이 해역에 대한 영유권 주장을 사실상 포기하고 중국과 유전공동개발로 경제적 이익을 나눠 갖는 것이 아니냐는 의혹이 제기되고 있다.

2. 중국의 아세안 정책

중국은 일대일로에 이어 아세안과의 협력을 확대하고 있다. 중국은 2018년부터 아세안 선발 6개국(브루나이, 인도네시아, 필리핀, 말레이시아, 싱가포르, 태국)에 이어 추가로 후발 4개국(캄보디아, 라오스, 미얀마, 베트남)에 대한 관세를 철폐한데다 선발 6개국에 대해서도 예외 품목의 관세율을 5% 이하로 떨어뜨렸기 때문이다. 중국의 14억 인구와 아세안 10개국의 6억 인구, 총 20억 인구의 초대형 시장통합을 본격화한 셈이다.

이처럼 중국시장이 아세안에 대폭 개방되는 것은 몇 가지 점에서 주목할 만하다. 첫째, 아세안-중국 자유무역협정(FTA)이 대상으로 하는 지역은 인구가 무려 세계인구의 1/3이다. 물론 중국을 포함하여 대상국들이 대부분 중소득국가여서 총 경제규모는 아직 미국보다 작고 연간 1인당 국내총생산(GDP)도 6,800달러로 적은 편이다. 그러나 대상국 모두 최근 고속성장하기 때문에 이 지역의 5~10년 후 지위는 상당히 강력해 질 것임에 틀림없다.

둘째, 명목 국내총생산(달러기준)으로 봐도 이미 무시할 수 없는 수준이고 성장속도도 대단하다. 중국과 아세안 10개국을 합친 명목 국내총생산은 2000년 1.8조 달러에서 2016년 13.5조 달러로 급증했다. 그리고 세계경제에서 차지하는 비중도 2000년 5.3%에서 2016년에 18.0%로 급증하였다.

셋째, 명목이 아닌 구매력평가로 환산하면 이미 중국만으로도 미국을 뛰어넘은 상태라고 한다. 2016년 중국의 구매력 기준 GDP는 21.3조 달러, 미국은 18.6조 달러이기 때문이다. 아세안-중국의 구매력 총 GDP 규모는 28.7조 달러로 미국의 1.5배에 달한다.

그렇다면 언제부터 중국과 아세안의 경제가 가까워졌나? 2002년 11월 발효된 아세안-중국 포괄경제협정이 일대 전환점이 됐다고 본다. 상품뿐 아니라 서비스 무역의 자유화, 투자규제 완화 등 협정범위가 광범위해서 경제통합의 첫발을 내디뎠다는 평가도 나왔다. 아무튼 이에 기초한 자유무역의 확대로 2018년부터 아세안 10개국에 대한 관세율 5% 이하 품목의 수는 무려 8,131개, 전체의 98.2%로 거의 다인 셈이다.

구체적으로 중국과 아세안의 수출입을 살펴보면 우선 중국의 아세안에 대한 수출은 2000년 104억 달러에서 2016년 2,560억 달러로 25배 증가하였고 아세안의 중국에 대한 수출은 같은 기간 87억 달러에서 1,440억 달러로 늘었다.

아세안 국가의 역내무역 관점에서 계산해 보면 중국과의 역내무역이 2000년 5.3%에 불과했지만 2016년엔 31.9%로 급상승했다. 특히 중국 수입에서 아세안 역할의 확대는 주목할 만하다. 2000년 초반만 해도 중국 수입에서 일본이 1위(18.4%) 그 뒤를 대만(11.3%), 한국(10.3%)이 잇고 아세안은 5위(9.9%)였으나 2016년에는 아세안이 1위(12.7%), 한국(10.4%), 일본(9.6%)으로 역전되었다.

그러면 어떤 품목들이 아세안의 중국에 대한 수출을 주도했나? 대체로 전기전자 부품과 원자재 제품으로 양분된다. 특히 상위 4개는 1위 집적회로, 2위 하드디스크 드라이브, 3위 반도체 디바이스, 4위 휴대전화로 전기전자부품 일색이다. 업계 전문가들은 중국 전기전자업체들이 임금상승 등 비용압박 때문에 공장을 아세안 국가들로 이전하고 있으며 아세안 전기전자 부품업체들과 빠르게 공급망을 구축하고 있다고 평가한다.

중국은 아세안 지역에 공급망을 구축함으로써 자사제품의 안정적인 부품 조달 외에 이 지역에서 생산과 고용기여, 나아가 거대소비시장 통합을 겨냥하여 발 빠른 움직임을 보이고 있다. 중국 외로 시장 다변화가 절실한 우리로서는 아세안-중국 시장 통합을 새로운 기회로 적극 활용할 필요가 있다.[10]

3. 미국의 인도-태평양 전략에 대한 아세안의 인식

미국 도널드 트럼프 행정부는 새로운 아시아 정책의 일환으로 2017년 11월 '인도-태평양 전략(Indo-Pacific Strategy)'의 추진을 선언하고 미국, 일본, 인도, 호주 4개국 안보협의체(QUAD)를 출범시키는 등 중국을 견제하는 형태의 안보협력을 강화하고 있다.

중국은 2017년 10월 제19차 당 대회를 계기로 '신세대 중국 특색 사회주의 사상'의 핵심대외전략으로 격상된 '일로일로 구상(Belt and Road Initiative)'의 본격화를 통해 인도양에 대한 경제적, 전략적 진출을 확대하고 역내 경제 네트워크에서 허브로서의 입지 강화 등 새로운 지역구도 구축 전략을 가속화하고 있다. 이에 대해 인도는 인도양 지역의 해양안보 확보에 대외정책의 중점을 두면서 중국에 대한 견제를 위해 미국, 일본과의 협력을 강화하고 있다.

이렇듯 인도, 태평양 지역에서는 미국, 중국 간 상호 배제적, 배타적인 지역구도 구축을 위한 지정학적 경쟁이 가속화되고 있다. 이러한 전략 환경은 우리의 신남방정책 추진의 제약요인으로 작용할 가능성도 배제할 수 없다.

아세안은 세계 7위 경제규모(2조 7천억 달러)를 기반으로 2015년 아세안 경제공동체 발족 이후 경제공동체를 넘어서 정치안보공동체, 사회문화공동체로 나아가고 있다. 미국과 중국의 대립 속에 아세안이 존재감을 나타나고 있다. 이러한 아세안을 대상으로 미국과 중국의 구애가 본격적으로 커지고 있다.

2018년 11월 파푸아뉴기니에서 개최된 APEC CEO 포럼 연설에서 트럼프 대통령을 대신해 참석한 펜스 부통령은 아세안과 인도-태평양 국가들에게 '더 나은 선택'을 촉구하면서 '미국은 일방통행하지 않는다'는 말로 중국이 추진하고 있는 일대일로를 비꼬기도 하였다.

펜스 부통령은 "인도-태평양 정책이 미국의 확고한 정책"이라며 "앞으로 같은 처지의 국가들과 협력하면서 미국의 가치를 위협하는 세력에 단호히 대처해 나갈 것"이라고 언급하였다. 이에 시진핑 중국국가주석은 "일대일로는 어느 나라를 압박하기 위한 것이 아니다"라고 하고, "중국과의 협력 사업은 많은 개도국 정부와 국민으로부터 환영을 받았다"고 정면 반박하였다.

미국은 중국의 일대일로 프로젝트에 맞서기 위해 2017년부터 인도-태평양 전략을 추진해 왔지만 그동안 '방향도 내용도 모호하다'는 지적을 받아왔다. 하지만 트럼프 대통령이 아세안 정상회의를 앞두고 2018년 10월 빌드 법안(Build Act)에 서명하면서 보다 구체화되었다. 이 법은 기존 해외투자기관인 해외민간투자공사(OPIC)와 미국국제개발처(USAID) 등을 통합한 새 기구 창설을 핵심내용으로 하고 있다. 투자한도도 600억 달러(약 67조 원)에 이른다. 이는 아세안의 마음을 끌기 위한 전략의 일환으로 여겨진다.

2017년 11월 트럼프 미국 대통령이 아시아 순방계기에 발표한 인도-태평양 전략에 대해 아세안 국가들은 매우 복잡한 입장이다. 트럼프 행정부는 2017년 말 발표한 국가안보전략(NSS: National Security Strategy)에서 미국이 바라본 인도-태평양 지역의 도전과제와 비전을 제시했으나, 주로 남중국해에서의 중국 영향력 부상에 따른 도전과제와 대응에 초점을 맞추고 있으며, 동남아시아 국가와의 관계증진이나 전략에 대한 부분은 거의 언급하지 않고 있다.

동남아시아의 안보위협은 미국의 가장 큰 도전과제이자 동남아시아 자체적으로도 해결이 시급한 사안으로 보고 있다. 남중국해와 관련하여 중국의 일방적인 영유권 주장뿐만 아니라 항행자유의 위협과 군사화, 동남아시아 국가에 대한 압박 등이 확대되는 상황임을 감안하여 미국은 동남아시아를 도와서 지역평화와 안정에 기여하기를 원하고 있다.

2018년 8월 29일 필리핀 마닐라에서 델 로사리오 전략국제문제연구소가 주최한 '미국과 인도-태평양 국가관계 라운드테이블'에서 미국 국무부 동아태국 월터 더글라스(Walter Douglas) 부차관보는 미국과 인도-태평양 지역 교역규모는 1조 3천억 달러이나 미국의 이 지역에 대한 투자는 9,400억 달러로서 일부 국가에 편중되어 있다고 하고, 인도-태평양 지역의 교역과 투자 불균형 문제와 투자나 원조 문제에 대한 대안으로서 자유롭게 열려 있으며 안정적인 규범기반시스템(a free, open and secure rules-based system)이 있다고 하였다.

더글라스 차관보는 또한 2018년 8월 4일 폼페이오 국무장관이 싱가포르에서 발표한 바와 같이 인도-태평양 지역 안보강화, 특히 해양안보, 재난대응, 평화유지활동, 초국경 범죄대응강화를 위해 2018년에만 미국은 3억 달러(그 중 6천만 달러를 필리핀에 지원)의 대외 군사융자를 지원하기로 하였다고 발표하였다.

미국의 인도-태평양 구상이 지경학, 즉, 인도-태평양 지역에서 경제적 관여를 통해 지정학적 목적을 달성하게 되는 이유는 다음과 같다. 첫째, 미국의 인도-태평양 구상은 중국의 일대일로 구상, 특히 '21세기 해상실크로드'에 직접적으로 대응하는 것으로 인도-태평양 구상은 중국의 일대일로 구상이 중국의 지정학적 이익을 진전시킬 잠재력과 글로벌 표준에 대한 부정적인 영향을 차단하는 방안이다.

둘째, 중국의 일대일로 구상이 지리적인 영향권 수립을 통해 자유주의 국제질서에 제기하는 도전을 미국이 견제하기 위해서는 상응하는 지역차원의 접근법을 적용해야 하는데 인도-태평양 구상은 미국에게 그러한 지역 기반을 제공할 수 있다. 셋째, 미국의 인도-태평양 구상은 환태평양경제동반자협정(TPP: Trans-Pacific Partnership) 탈퇴로 발생한 아시아-태평양 지역에서의 미국의 경제적 후퇴를 복구하는 수단이 되고 나아가 미국으로 하여금 급성장하는 아시아에 경제적으로 진출하게 해주는 발판이 될 수 있다.11)

아세안 국가들은 미국의 아시아에 대한 관여(engagement)가 지속적으로 약해지고, 그 공백을 중국이 채워나가려고 있는 상황에서, 미국이 인도-태평양 정책을 추진함으로 아시아 지역에 대한 미국의 개입을 강화하여 지역 안정에 기여한다는 차원에서는 환영하고 있다. 특히, 남중국해에서의 중국의 영향력 확대를 감안하여 아세안이 스스로 문제를 해결하기에는 역부족임을 잘 알고 남중국해 문제 해결에 있어서 미국의 영향력 이용을 희망하고 있다.

하지만 인도-태평양 전략이 중국을 견제로 하는 것임을 공개적으로 표방하면서 중국을 배제한 새로운 지역협의체 형성을 지향한다면, 아세안 국가들은 중국의 반발을 초래하면서까지 이를 지지하기 어렵다는 입장이다. 역내 국가들은 인도-태평양 전략으로 인해 미국과 중국의 대립구도가 고착화되고, 아세안이 양자택일의 상황에 처하게 된다면 이는 아세안의 파탄과 분열로 귀결될 것으로 인식하고 있다. 2018년 11월 리센룽 싱가포르 총리는 아세안 정상회의 폐막연설에서 "아세안이 어느 한쪽만을 편드는 것은 가능하지도 않고 바람직하지도 않다"고 강조했다.

남중국해 문제에 대한 아세안 회원국 간 입장차이, 그리고 미국 주도의 환태평양경제동반자협정(TPP: Trans Pacific Partnership) 참여 문제 등으로 인해 분열되었던 아세안의 최우선 목표는 아세안 회원국 간 분열을 극복하고 아세안의 단합과 중심적인 역할(ASEAN centrality)을 복원하는데 있다. 따라서 중국을 견제하려는 성격의 인도-태평양 구상이 구체화되어 미국과 중국 간 대결적인 구도가 고착화된다면 아세안의 단합이 더욱 약화되고 분열이 가속화될 가능성에 대해 아세안 국가들은 매우 우려를 하고 있다.

이러한 인식에 기초하여, 아세안 국가들은 중국과 미국이 주도적으로 추진하는 이니셔티브들에 대해 모두 환영하고 참여함으로써, 어느 일방의 편에 서기보다는 양 강대국과 모두 협조적인 관계를 유지하려는 헤징(hedging)을 추구하고 있다.

2018년 10월 31일 몬테알레그레(Montealegre) 필리핀 외교부 아시아-태평양 담당 차관보(전 브루나이 주재 필리핀 대사)는 필자와의 오찬에서 아세안은 미국의 인도-태평양 정책, 중국의 일로일로정책, 한국의 신남방정책 모두 아세안과 협력을 확대하려는 정책이므로 아세안으로서는 반대할 이유가 없으나, 어느 경우에도 아세안 지역안보포럼(ARF)이 역내 주요 국가를 포함한 아시아지역의 유일한 안보협의체로서 아세안이 중심적인 역할을 하고 있는 것처럼 아세안의 중심성(ASEAN centrality)은 인정되고 확보되어야 아세안이 자주와 독립성을 유지하고 지역 패권 경쟁에 휩쓸리지 않을 수 있다고 강조하였다.

한편, 미국 국무부는 2019년 7월 2일 미국의 인도-태평양 전략의 중심에는 아세안 중심성이 자리할 것이며 아세안은 인도-태평양 지역의 핵심으로 미국에게 반드시 필요하고 대체할 수 없는(indispensable, irreplaceable) 전략적 파트너라고 강조하고, 미국은 인도-태평양 지역의 평화와 번영, 그리고 안보를 증진하기 위해 미국과 아세안 간 공유된 비전을 실행해 나가는데 있어 아세안과 협력해 나가기를 기대한다고 밝혔다.

4. 신남방정책에 주는 시사점

중국의 강력한 영향력 하에 놓인 아세안 국가들은 미국과 중국이 서로 배제하는 지역구도보다는 양국을 모두 포용하는 보다 개방적인 지역구도(regional architecture)를 선호하고 있다. 이는 한국이 신남방정책을 통해 지향하는 목표와 일치하는 것이므로 역내 지역구도의 포용성, 개방성을 강화하는데 기여하는 방향으로 신남방정책의 정책방향을 구체화하는 것이 필요하다.

그리고 투명성 결여, 불합리하고 일방적인 사업관행, 국제규범에 부합하지 않는 금융관행 등 중국의 일대일로 사업 추진방식에 대한 비판이 있으므로 한국은 신남방정책을 통해 경제발전과 교통, 통신, 에너지 인프라 구축 등 연계성 강화를 원하는 역내 국가들에게 일대일로를 넘어서는 고품질의 대안을 제시한다는 관점에서 접근할 필요가 있다.

아세안 국가들에서 진행되는 일대일로 사업에 대한 한국기업의 진출가능성은 한국과 중국 간 협력 그리고 한국과 아세안 간 협력차원에서 상대적으로 높으나, 인도가 일대일로 사업에 대한 비판적인 입장을 견지하고 있는 점도 유의할 필요가 있다. 미국이 제시한 인도-태평양 개념은 동남아시아와 서남아시아를 포괄하여 하나의 인식체계로 보는 틀을 제시하였다는 점에서 이 지역에 대한 경제, 외교 다변화를 추진하고자 하는 한국의 신남방정책에 도움이 되는 긍정적인 개념이다.

즉, 동북아를 넘어서 동남아, 서남아를 포괄하는 인도-태평양 지역 국가들과의 경제, 외교 다변화, 이 지역의 물리적, 디지털 연계성(connectivity) 강화, 포용적이고 열린 지역 공동체 구축 등 한국이 신남방정책을 통해 추구하고자 하는 가치는 미국의 인도-태평양 전략과 많은 공통점을 가지고 있으므로 인도-태평양 개념에 대해 보다 열린 자세로 접근하여 신남방정책 추진에 적극 활용할 필요가 있다.

미국의 인도-태평양 구상은 설계과정에서 일본과 호주, 인도의 영향을 받았고, 이들 국가들이 향후 인도-태평양 구상의 진전에도 영향을 미칠 것이므로 한국은 이들 국가들과 양자 또는 소다자 방식으로 관계강화를 고려할 수 있다. 인도-태평양 지역의 광대함을 볼 때 미국, 일본, 호주, 인도 등 4개 국가(쿼드 국가)들은 인도-태평양 구상의 실현을 위해 지역의 다른 국가들과의 협력이 불가피할 것이므로 한국은 쿼드 국가들과 전략적 협력 동반자 관계강화를 고려할 필요가 있다.[12]

신남방정책을 통해 아세안과의 협력에 대해 거대 담론이나 추상적인 슬로건과 개념에 집착하기 보다는 실사구시의 관점에서 이들 아세안 국가와의 실질협력을 강화할 수 있는 방안들을 적극 모색할 필요가 있다.

한국과 동남아시아 간 다층적 관계의 심화를 위해, 동남아시아 국가들에 대한 이해와 전략적 사고가 갈수록 요구되며, 전략적 사고를 위해 동남아시아 각국의 주요 측면에 대한 체계적인 분석이 필요하다.

전략적 사고(strategic thinking)란 3가지 의미를 갖는다. 첫째로 전략적 사고는 중장기, 즉 미래를 내다본다는 것을 의미한다. 시간적으로 단기가 아닌 중장기적인 목표를 지향한다는 것이다. 둘째로 전략적 사고는 중간 수준의 위험을 감수하면서 높은 이익을 얻으려는 것을 목표로 한다. 셋째로 전략적 사고는 상대가 있는 게임을 한다는 전제 아래 상대의 행동을 항상 감안하는 사고를 하는 것을 의미한다.

전략적 사고의 이러한 세 가지 차원을 동남아시아 국가와의 관계에 대입해 보면, 첫 번째 차원인 중장기적 관점으로 바라보아야 한다는 점에서 한국은 물질적인 것보다는 사람에 투자한다는 목표를 세워야 한다. 이렇게 해야 하는 이유는 물질적인 결과를 만들어 내는 기반도 결국 사람이고, 사람을 키우는 것과 인간관계의 형성은 많은 시간이 들더라도 가장 확실한 투자이기 때문이다. 그리고 그 방식은 한국인과 동남아시아 사람들의 정서를 상호 이해하려는 노력을 하는 가운데 문화적 공감대를 확장해 나가도록 해야 한다.

전략적 사고의 두 번째 차원인 중간 수준의 위험을 감수하고 높은 이익을 얻는 방법은 동남아시아 국가와 함께 간다고 생각을 전환하면 가능하다. 우리 중심으로만 생각하는 것이 아닌 동남아시아 국가들과 함께 누릴 수 있는 이익이 있다는 비전을 제시하고, 공동의 이익은 공정하게 나누어 갖는다는 진정성을 분명하게 보여주어야 한다.

전략적 사고의 세 번째 차원인 상대가 있는 게임이라는 것은 동남아시아에서 특히 중국과 일본을 상대로 놓고 고민해야 한다는 것이다. 한국은 동아시아의 두 강국 사이에서 보다 정교한 외교를 펼쳐야 하는데, 예를 들면 중국과 일본과의 경쟁이 불가피한 물질적인 지원정책은 반드시 필요한 분야에만 집중시키고, 사람에게 맞춤식으로 투자하는 방식으로 전환한 필요가 있다.[13]

제3절

문재인 정부의 신남방정책

1. 아세안을 4강 수준으로 발전

한국의 입장에서 아세안은 주목해야 할 거대한 시장이자 기회의 창이다. 지정학적으로나 지경학적으로 우리에게 중요한 국가들이다. 2017년 통계로 아세안의 국내총생산(GDP)은 2조 7,615억 달러로 세계 7위이다.[14] 아세안 국내총생산 규모는 인도네시아(1조 421억 달러), 태국(5,050억 달러), 싱가포르(3,641억 달러), 말레이시아(3,543억 달러), 필리핀(3,309억 달러), 베트남(2,449억 달러), 미얀마(712억 달러) 순이다.

아세안의 명목 국내총생산(GDP)이 전 세계에서 차지하는 비중은 2000년 1.9%에서 2016년에는 34%로 크게 상승하였다. 중국과 인도에 이어 세계 세 번째로 인구가 많은 아세안은 빠른 경제성장세에 힘입어 국민소득과 중산층의 지속적인 확대로 내수시장이 급속히 커나갈 전망이다. 2008

년 이후 최근 10년 간 아세안의 연평균 경제성장률은 5.1%에 달한다.

경제적 차원뿐만 아니라 한반도 평화프로세스를 위해서도 아세안은 매우 중요한 협력국가들이다. 필리핀을 비롯한 아세안의 전략적인, 경제적인 중요성을 인식하고 우리정부는 아세안과 인적, 물적 교류를 확대하고 상생을 위해 신남방정책의 기치를 내걸고 있다. 아세안의 관문인 필리핀은 여러 면에서 한국과 특별한 관계를 맺고 있다.

2017년 11월 문재인 대통령이 소위 동남아시아의 핵심국가인 VIP 국가(베트남, 인도네시아, 필리핀의 영문 앞 자를 딴 표현)를 방문하면서 앞으로 아세안을 미국, 중국, 일본, 러시아와 같은 4대 강국만큼 경제적으로나 안보상으로 중시하고 협력을 확대하겠다는 신남방정책을 표방하였다. 이 정책은 중국의 아시아 중시 전략인 일대일로정책, 그리고 일본의 아시아 진출정책에 대한 대응책이기도 하다.

〈신남방정책 핵심내용〉

개념	아세안과의 관계 격상을 통해 평화번영 공간 확대
아세안시장	인구 6억 6000만 명, GDP 2조 7000억 달러, 경제성장률 연 5~6% 수준, 10개국 모두 북한과 수교
전략	아세안과의 관계를 한반도 주변 4강국 수준으로 격상 아세안과의 교역규모를 2020년까지 2000억 달러 수준으로 확대 3P(사람·평화·상생번영 공동체) 전략으로 중·일과 차별화된 대 아세안 접근
구상	아세안 VIP(베트남 인니 필리핀) 순방 통해 시동 →임기 내 '문재인 아세안 독트린' 완성

한국과 아세안은 2007년 자유무역협정(FTA)을 체결하였다. 그 이후 아세안은 한국의 제2의 교역지대로 성장하였다. 지난 10년 동안 한국의 대 아세안 교역규모는 연평균 6.3% 증가하여 대 세계교역증가율 3.6%에 비해 거의 2배 정도 높다.

2016년 한국과 아세안 간 교역액은 1,188억 달러로서 우리나라 전체 교역액(9,016억 달러)의 13%를 기록하였다.

2016년 한국의 아세안 국가별 교역 순위는 베트남(451억 달러), 싱가포르(193억 달러), 말레이시아(150억 달러), 인도네시아(149억 달러), 태국(110억 달러) 순이다. 같은 기간 아세안에 대한 수출은 연평균 7.5% 증가한 반면, 연평균 수입 증가율은 3.3%에 그쳤다. 무역흑자는 연평균 20.5% 증가하였다.

2006년 총 교역액 618억 달러에서 수출액은 321억 달러, 수입액은 297억 달러로 무역수지가 23억 달러에 달한 것을 비교하면 10년 만인 2016년에 총 교역액은 1,188억 달러이고 수출은 745억 달러, 수입은 443억 달러로 무역수지가 302억 달러인 것을 보면 얼마나 지난 10년간 한국과 아세안 간 교역이 증가하였음을 알 수 있다.

아세안에 대한 수출은 자유무역협정 발효 후 연평균 7.5% 증가했고 수출 비중도 2007년 10.4% 이후 계속 증가하여 2016년에는 15% 수준으로 높아져 아세안은 중국에 이어 한국의 제2의 수출지역이 되었다. 아세안과의 교역액은 2016년 1,188억 달러에서 2017년 1,485억 달러, 2018년에는 1,600억 달러로 매년 10~15%씩 증가하고 있다.

이렇게 아세안에 대한 무역 흑자가 급증한 이유는 주로 한국기업의 아세안 진출에 따른 투자확대와 소재, 부품 수출 증대에 기인한다. 2016년 아세안에 대한 수출 745억 달러 중 품목별로는 소재, 부품이 55.7%(415억 달러), 지역별로는 베트남에 대한 수출이 43.8%(326억 달러)를 차지하였다. 아세안에 대한 무역흑자 302억 달러 중 베트남에 대한 흑자가 66.6%(201억 달러)를 기록하였다.

신남방정책의 계획에 의하면 2020년까지 한국과 아세안 간 상호교역액을 2천 억 달러로 달성하려면 앞으로 2020년까지 연평균 11%의 교역증가가 필요하다. 이는 과거 10년 평균 증가율(5.7%) 대비하여 높은 수준으로 적극적인 교역확대 추진이 필요하다. 아세안경제공동체가 정착되고 향후 아세안 역내 국가 간 교역비중이 증가되면 한국과 아세안 교역에는 부정적인 영향을 줄 수 있으므로 이에 대한 대비가 필요하다.

따라서 한국과 아세안 간 자유무역협정 추가 자유화 추진이 필요하며 현지 투자확대를 통해 아세안 역내 교역 증가에 대비해야 한다. 또한 상호이익 관점에서 볼 때 교역규모 확대에 따른 아세안 국가들의 공감대를 얻으려면 교역구조를 다양화하고 아세안에 대한 투자와 지원을 확대해 나가야 한다.

2014년부터는 우리나라의 동남아에 대한 투자액은 중국에 대한 투자액을 초과한 상태다. 2017년 3/4분기까지 535억 달러(약 57조 원)가 투자되었다. 같은 시기 진출기업은 1만 3,600개에 이른다. 2007년부터 2016년까지 아세안에 대한 투자는 연평균 60억 달러를 유지하고 있는데 이미 진출한 기업(베트남에 삼성전자와 LG전자, 인도네시아에 포스코, 한국타이어 등)외에도 신규투자를 지속적으로 발굴하는 것이 중요하다. 특히, 아세안의 VIP 국가라고 할 수 있는 베트남(Vietnam), 인도네시아(Indonesia), 필리핀(Philippines)은 인프라 투자를 확대하려고 하기 때문에 이들 국가에 대한 인프라 투자를 강화해야 한다.

아세안의 중요성

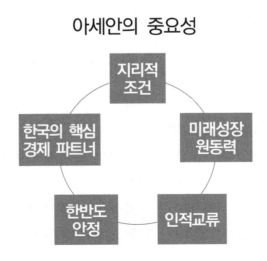

2. 신남방정책의 비전과 특징

1) 신남방정책의 기조

2017년 5월 출범한 문재인 정부는 한국의 국제적 역할과 위상을 강화하고 지속적 번영을 위한 외교공간의 확대를 목표로 외교 다변화를 핵심 외교정책으로 추진하고 있다. 외교 다변화는 외교적 협력의 지리적 범위, 협력 의제 및 협력 파트너의 다변화 등을 포함하고 있는데 1) 유라시아 지역 핵심 파트너와의 협력강화를 위한 '신북방정책'과 2) 아세안과 인도와의 관계를 강화하기 위한 '신남방정책'이 그것이다.

문재인 대통령은 2017년 11월 13일 필리핀 마닐라에서 열린 '아세안 기업투자 서밋' 기조연설을 통해 '한-아세안 미래공동체 구상'을 발표하고, 신남방정책을 본격적으로 추진하려는 의지를 표명하였다. 신남방정책은 '사람(People), 상생번영(Prosperity), 평화(Peace)'의 3대 비전을 중심으로 1) 사람과 사람, 마음과 마음이 이어지는 '사람공동체' 2) 호혜적 경제협력을 통해 함께 잘 사는 '상생번영공동체', 3) 안보협력을 통해 아시아 평화에 기여하는 '평화공동체'를 지향하고 있다.

아세안 및 인도를 핵심 협력 파트너로 상정하고 있는 신남방정책의 목표는 세 가지로 정리할 수 있다. 첫째, 아세안, 인도와 경제협력 강화를 통해 새로운 번영의 축을 구축하는 것이다. 둘째, 북핵문제와 한반도, 그리고 4강 중심의 외교를 넘어서는 우리의 외교적 공간과 외교협력 의제를 보다 확대하는 것이다. 셋째, 한반도 중심의 동북아를 넘어서 아세안과 인도를 포함하는 지역 국가들과 경제, 외교와 사회적, 문화적 협력을 강화하여 지역 공동체 구축 노력을 강화하는 것이다.

2) 아세안이 우리외교의 핵심으로 등장

아세안 지역은 이미 우리 외교의 핵심 지역으로 등장하였다. 1989년 한국과 아세안은 부분 대화상대국 관계를 유지하다가 1991년 완전 대화상대국 관계를 수립하고 2010년 전략적 동반자 관계로 격상되었다. 대화관계 수립 20주년(2009년 6월 제주도), 25주년(2014년 12월 부산), 30주년(2019년 11월 부산)을 맞아 각각 아세안 정상들을 초청하여 특별정상회의를 개최하였는데 5년마다 특별정상회의를 개최한 것은 아세안의 대화상대국 중 한국이 유일하다.

또한, 한국과 아세안 간 경제협력 문화기구로 한-아세안 센터(ASEAN - Korea Center)를 2009년 서울에 설립하고 부산에 아세안 문화원(ASEAN Culture House)도 설치하였으며, 2012년에는 주아세안 대표부를 창설한 후 2019년에는 차관급 공관장을 둔 대표부로 격상하였다. 한국과 아세안 간 교류협력을 추진하기 위해 한국과 아세안 협력기금 규모를 2019년까지 연간 700만 달러에서 1,400만 달러로 확대하기도 하였다.

한국과 아세안 간 상호방문객은 2018년 이미 1,100만 명을 돌파하였는데 이는 2017년에 비해 15%가 늘어난 숫자이다. 한국에 거주하고 있는 아세안 국민의 숫자는 약 52만 명이며 최근 5년 간 아세안 지역 출신 유학생들도 4.3배 급증하였다. 아세안 국가에 거주하고 있는 한국인은 약 32만 명이다. 한국과 아세안은 2020년까지 상호 방문객 수를 1,500만 명으로 할 수 있도록 비자 간소화나 복수비자 발급확대, 장학사업 확대, 직업훈련 교육 등을 진행하고 있다.

아세안은 중국 다음으로 큰 무역 대상지이자 역시 둘째로 큰 해외투자 대상지이며 매년 700만 명 이상의 한국인이 방문하는 지역이기도 하다. 또한 아세안은 한류의 발원지로서 현재 한류가 왕성하게 확산되고 있는 지역이다. 우리나라는 아세안과 상품, 서비스, 투자 분야에서 이미 자유무역협정(FTA)을 체결했고, 동남아시아 우호협력조약(TAC)에 가입하였으며, 아세안과 '전략적 동반자 관계'를 유지하고 있다.[15]

통계청과 관세청이 2018년 5월 2일 발표한 무역통계에 따르면 2017년 우리나라 기업이 가장 많이 수출한 지역은 중국이 아니라 동남아시아였다. 모두 1,485억 달러를 수출하여 1,417억 달러에 그친 중국을 2010년 관련 통계 작성 이후 처음으로 앞질렀다. 동남아시아 자체 성장에 힘입어 중국을 추월한 것이다.

전체 수출에서 동남아시아가 차지하는 비중은 2010년 20%에서 2017년 26%로 급증했다. 우리 수출대상 지역 중 이 같은 성장세를 보이는 곳은 동남아시아가 유일하다. 수입까지 합친 최대 교역국은 여전히 중국이지만 수입 역시 동남아시아 쪽 증가율이 가팔라서 머지않은 장래에 동남아시아가 최대 교역대상으로 부상할 가능성이 있다.

무역수지를 보면 2017년 중국에서 450억 달러, 동남아에서 754억 달러 흑자를 기록하여 이익 또한 동남아에서 가장 많이 남긴 것으로 집계되었다. 동남아시아야말로 한국 무역의 '황금알 거위'인 셈이다. 2017년 중국의 사드 보복, 2018년 들어 한미 자유무역협정 재협상을 겪으며 무역구조 다변화 필요성이 그 어느 때보다 강조되고 있다. 동남아는 무엇보다 세계에서 가장 젊은 인구구조를 가지고 있어서 성장 추세가 상당 기간 이어질 가능성이 높다.

2018년 한국과 아세안의 교역량은 약 1,600억 달러로 20대 한국의 교역국 중 아세안 국가 6개국이 포함(베트남 4위, 인도네시아 12위, 싱가포르 13위, 말레이시아 14위, 필리핀 17위, 태국 18위)되었고, 2020년까지 양국 교역액을 2천억 달러로 늘리기 위해 노력중이다. 아세안과 전반적인 무역 여건을 개선하기 위해 현재 교역 상위 5개국 중 자유무역협정(FTA)이 이미 체결된 싱가포르, 베트남 이외에 인도네시아, 말레이시아, 필리핀과 2019년 내 양자 자유무역협정 타결을 목표로 삼고 있다.

신남방정책이 효과를 보기 위해서는 아세안 국가들에 대한 우리의 인식 전환이 필요하다. 한국의 입장에서 과거 아세안 국가들은 인건비가 저렴한 생산기지에 불과했다면 앞으로는 동반성장의 파트너로 보아야 한다. 아세안에 대한 일방적인 무역과 투자를 확대하는 과거 단선적인 전략에서 탈피하여 무역과 투자를 통한 지속가능한 관계 구축을 통한 경제협력 확대방안이 절실히 필요하다.

아세안 국가들은 이미 유엔이 설정한 지속발전목표(Sustainable Development Goal: SDG)에 부응하기 위해 단순한 경제성장을 넘어서 기후변화, 환경문제, 빈부격차해소, 인간안보, 교육의 질 개선 등 종합적이고 지속적인 성장을 목표로 하고 있기 때문에 이런 면에 유의하여 단기적인 성장보다는 지속적으로 동반성장할 수 있는 방안을 마련해야 한다.

필자는 2018년 10월 11일 필리핀 3대 재벌의 하나인 아얄라 그룹의 조벨 아얄라(Zobel Ayala) 회장을 만나서 지속발전목표에 대해 의견을 교환한 바 있다. 조벨 아얄라 회장은 통신회사인 글로브 텔레콤(Globe Telecom), 필리핀도서은행(Bank of the Philippine Islands), 통합마이크로전자회사(Integrated Microelectronics Inc), 환경 분야 회사인 에이시 에너지(AC Energy)의 회장직을 맡고 있는데 본인의 경영철학은 필리핀의 경제발전도 중요하지만 환경보호와 교육확대, 삶의 질 개선 등을 종합한 균형 있고 지속적인 동반성장이 필요함을 강조한 바 있다.

3) 신남방정책의 비전과 특징, 실행계획

신남방정책의 비전은 한-아세안 미래 공동체를 구현하기 위해 한국과 아세안이 상생하는 것으로 '더불어 잘 사는, 사람 중심의 평화공동체'를 구축하는 것을 목적으로 한다. 이를 위한 성과 목표로는 1) 2020년까지 상호방문객 연간 1,500만 명 달성, 2) 2020년까지 상호교역액 연간 2천억 달러 달성, 3) 2019년까지 아세안 10개국 대통령 순방 완료로 정했다.

첫째로 사람 중심 공동체를 형성(People)하고, 인적교류 확대를 위해 1) 청년 아세안 개척단을 파견하여 신남방정책 대상 국가에 대한 청년전문가를 육성하여 아세안 국가에 대한 취업을 지원하는 동시에 청년 글로벌 마케터를 양성하기로 하였다. 2) 그리고 한-아세안 협력기금사업을 브랜드화하기 위해 국민외교를 추진하며 아세안 대학의 석사출신을 양성하고, 3) 쌍방향 공공외교를 강화함으로써 아세안 내 한국에 대한 우호적인 감정을 증진하고 테마 관광과 콘텐츠 개발을 통해 아세안 국가 국민들의 한국 방문을 적극 추진하기로 하였다.

아울러 4) 아세안의 농업과 농촌개발을 지원하여 식량안보 분야에서 협력을 강화하기로 하고, 환경과 보건의료 협력체계를 구축하는 한편, 아세안 국민들의 한국 방문을 원활화하기 위해 비자제도를 개선하기로 하였다.

또한, 아세안에 대한 원조정책도 바꾸기로 하였다. 아세안에 대한 대외원조(ODA)는 4억 6,521만 달러(양자원조 총액 16억 2,245만 달러 중 약 25%)로서 최대의 원조협력 파트너이다. 그 중 베트남에 대한 무상원조액이 5,162만 달러이며 캄보디아(3,700만 달러), 미얀마(3,151만 달러), 라오스(2,743만 달러), 필리핀(2,655만 달러), 인도네시아(2,156만 달러)가 그 뒤를 이었다.

신남방정책은 사람 중심의 평화 공동체를 위해 수원국 국민들의 실질적

인 '삶의 질'을 개선하며, 인적 공동체 형성에 기여하는 '사람 위주의 대외
원조 사업'을 추진하기로 하였다. 이를 위해서는 취약계층 지원과 교육,
직업훈련, 상호신뢰 구축사업을 실시하기로 하였다.

둘째로, 한국과 아세안 간 상생번영(Prosperity)을 위해 1) 중국에 버금가
는 아세안 시장의 개척을 위해 국가별 구체적인 전략을 수립하고 교통(항
만, 철도, 항공, 공항), 에너지(상수도, 수력발전, 신재생에너지), 환경과 수
자원(스마트 물 관리, 폐기물 처리), 스마트시티와 전자정부 분야에서 아
세안과의 연계성을 지원하고, 2) 우리 중소기업의 아세안 국가진출을 지
원하며, 고용허가제 내실화를 통해 동반성장을 촉진하고 무역불균형을 개
선하며, 3) 한국과 아세안 자유무역협정(FTA) 추가자유화를 통해 교역을
확대하고 아세안 진출기업과 상호 네트워크를 강화하는 동시에 금융 분야
에서도 협력을 강화하기로 하였다.

셋째, 역내 평화와 안정(Peace)을 증진하기 위해 1) 한국과 아세안 정상
간 상호방문을 추진하고 2019년 아세안 특별정상회의를 개최하여 역내 평
화증진방안, 특히 북한 핵문제를 포함하여 한반도의 평화와 안정, 나아가
평화통일을 위한 역내 협력을 협의하고, 2) 60억 달러에 달하는 방산 수출
달성을 위해 방산 분야 협력을 증진하는 동시에 테러, 사이버 안보, 재난
대응 분야 등 비전통 안보 분야에서 협력을 강화하고 아세안과의 의원외
교와 외교안보 학술 분야 교류를 증진하기로 하였다.

2017년 문재인 대통령이 인도네시아를 방문하여 '사람 중심의 평화와
번영의 공동체'를 만들자는 신남방정책을 천명한 후에 2017년 11월 필리
핀, 2018년 3월 베트남, 2018년 7월 인도와 싱가포르, 2019년 3월 말레이
시아, 캄보디아, 브루나이를 방문한 데 이어 2019년 9월 태국, 미얀마, 라
오스를 방문하여 2년 내 아세안 10개국을 모두 방문하였다.

3. 신남방정책을 통한 한국과 아세안 상생번영의 미래를 꿈꾸다

1) 2019년 한국과 아세안 외교장관회의 결과

강경화 외교부장관은 2019년 8월 1일 태국 방콕에서 개최된 제22차 한-아세안 외교장관회의에 공동의장 자격으로 참석하여 한-아세안 협력 현황을 점검하고, 신남방정책 추진 현황과 전략을 공유하였으며, 한반도 정세를 포함한 지역·국제 정세에 대해 심도 있게 의견을 교환하였다. 한-아세안 외교장관회의는 한국 및 아세안 10개국 참석, 1997년 출범 이래 연례 개최해 오고 있다.

강 장관은 1989년 한-아세안 대화관계가 수립된 이래 30년간 지속되어 온 한-아세안 협력을 보다 확대 및 심화하고자 우리 정부가 적극 추진 중인 신남방정책의 진행 현황과 향후 비전에 대하여 설명하였다. 아세안 측 참석 장관들은 우리 정부가 한-아세안 관계를 격상하고 협력의 범위와 깊이를 획기적으로 증대하고자 노력하고 있는 점을 높이 평가하고, 신남방정책의 원활한 이행을 위해 적극 협력하겠다고 언급하였다.

양측은 한국과 아세안 모두 '사람' 중심의 공동체를 지향하고 있는 점을 재확인하고, 한-아세안 국민들 간 마음과 마음이 이어질 수 있도록 인적 교류 확대와 미래 세대 역량 강화에 함께 힘쓰기로 하였다. 아세안 측 장관들은 우리 정부가 △인적 교류 확대를 위한 비자제도 개선, △미래 세대 역량 강화를 위한 장학 프로그램 확대 등을 추진하고 있는 점을 높이 평가하였다.

양측은 진정한 상생 번영의 공동체 구축을 위해서는 아세안의 개발격차 완화 및 연계성 강화가 필수적이라는 데 공감하고, 이를 위한 우리 정부의 △대 아세안 개발협력 확대, △아세안 연계성 마스터플랜 2025(MPAC

2025) 지원, △아세안 스마트시티 네트워크(ASCN) 참여, △한-아세안 항공협정 체결 추진, △아세안 내 중소기업 지원 등 분야별 실질 협력 사업을 높이 평가하였다.

아울러, 한-아세안 양측은 상생 번영을 위해서는 자유무역이 필수적이라는 공동의 인식 아래, 역내 포괄적 경제동반자협정(RCEP) 연내 타결 및 한-아세안 자유무역협정(FTA) 추가자유화 추진 등 자유무역체제 강화를 위한 협력을 지속해 나가기로 합의하였다. 이와 관련, 강 장관이 최근 우리나라에 대한 보복적 성격의 수출규제 조치가 세계무역질서는 물론 한국과 아세안 양측의 공동번영에 도전이 된다는 점을 강조한 데 대해, 아세안측 장관들은 최근 상황에 대한 우려와 함께 자유무역질서의 중요성에 대해 공감을 표했다.

강 장관은 2019년 6월 30일 판문점 회동 이후 한반도 문제 관련 대화의 모멘텀이 조성되었음을 상기하고, 한반도의 완전한 비핵화와 항구적 평화체제 정착을 향한 대화의 실질적 진전이 이루어지도록 아세안 차원에서도 지지와 협조를 계속해 줄 것을 당부하였다. 아세안측 장관들은 한반도 비핵화와 평화를 위한 우리 정부 및 관련국들의 노력에 대해 지지를 표명하고, 앞으로도 이와 관련한 기여를 적극 지속할 것이라고 언급하였다.

한편, 강 장관은 한-아세안 관계 격상 노력의 일환으로 2019년 11월 부산에서 2019 한-아세안 특별정상회의 및 제1차 한-메콩 정상회의를 개최할 계획임을 상기하고, 아세안 국가들의 지속적인 관심과 협조를 요청하였다. 아세안 측 장관들은 한-아세안 특별정상회의 및 한-메콩 정상회의가 성공적으로 개최될 수 있도록 적극 협력해 나갈 것이라고 언급하였다.

아울러, 강 장관은 동 특별정상회의 계기에 양측 간 실질 협력을 획기적으로 격상할 수 있도록 지속가능한 협력 메커니즘 설립과 함께 실질적인 성과 도출을 모색하고 있다고 하고, 이러한 내용을 담을 결과문서인 △한

-아세안 공동비전성명, △한-아세안 공동의장성명이 아세안과의 긴밀한 협의하에 11월 타결·채택되기를 기대하였다.[16]

2) 한국-아세안 특별정상회의 개최

문재인 대통령은 한-아세안 대화관계 수립 30주년을 맞아 아세안 10개 국 정상을 초청해 오는 11월 부산에서 '2019 한-아세안 특별정상회의'를 개최한다. 또 이와 연계해 메콩국가와 정상회의를 여는 등 신남방정책을 가속화한다. 주형철 청와대 경제보좌관은 2019년 8월 18일 이같이 밝히며 이번 특별정상회의는 현 정부 들어 국내에서 개최되는 최대 규모의 국제 회의라고 설명했다.

한-아세안 특별정상회의는 2019년 11월 25일~26일 부산에서 열리며, 27 일에는 베트남, 라오스, 캄보디아, 미얀마, 태국 등 메콩 5개국과의 정상회 담이 이어진다. 주형철 보좌관은 이번 행사 규모에 대해서는 아세안 각국 정상, 대표단과 정상회의 전후 개최되는 각종 부대행사에 참여하는 양측 국민과 기업인들까지 포함하면 약 1만 명 이상의 인원이 예상된다며 지난 2009년과 2014년의 약 5천명 수준과 비교해도 역대급이라고 강조했다.

이번 정상회의를 계기로 정부의 신남방정책도 가속화할 것으로 전망했 다. 2018년 8월 출범한 신남방정책특별위원회는 2019년 들어 사람(People), 상생번영(Prosperity), 평화(Peace) 등 3P 분야에서 총 16개의 추진과제와 57개의 중점사업을 기획하고 추진 중이다. 특별정상회의와 연계해서는 사 람 분야와 관련해 아세안국가 학생 대상 장학사업 대폭 확대, 비자제도 간 소화를 준비 중이며, 상생번영 분야에서는 아세안 국가와의 양자 FTA 확 대, 기업지원 플랫폼 구축, 금융협력센터 구축 추진 등 우리 기업의 아세 안 진출 지원을 준비 중이다.

아세안 내 한국형 스마트시티 건설을 포함한 교통, 수자원 관리 등 각종 인프라 사업에 대한 논의도 활발하게 진행할 것으로 예상한다. 평화 분야에 있어서는 한반도 평화 프로세스에 대해 아세안과 심도 있게 협의하고, 평화 경제와 우리의 한반도 정책에 대한 아세안의 지지와 협조를 당부할 것으로 전망한다.

'한-아세안 특별정상회의' 준비 위원장을 맡은 강경화 외교부 장관은 2019년 9월 17일 "한국 및 아세안 10개국 국민에게 실질적인 혜택을 줄 수 있는 성과를 도출하는데 주력 하겠다"며 신남방정책의 중요성을 강조했다. 강 장관은 2019년 8월 한-아세안 특별정상회의 준비 위원회 제2차 회의를 주재하며 "이번 정상회의는 신남방정책이 한 단계 도약할 수 있는 지속 가능한 협력기반을 마련하는 계기가 될 것"이라고 말했다.

2019년 11월 25일부터 3일 동안 부산에서 개최되는 특별정상회의 준비 상황을 점검하는 회의에는 외교부를 비롯한 35개 관계부처 및 기관 관계자가 참석했다. 회의에 참석한 교육부와 산업통상자원부, 법무부 등 관계부처 위원들은 비자 간소화와 한-아세안 FTA 네트워크 확대, 금융권 진출지원 플랫폼 구축, 아세안 스마트시티 네트워크 구축 등 분야별 실질성과 준비 현황을 공유하며 한국과 아세안 양측에 실질적 도움이 될 수 있는 성과사업을 마련하고 있다고 설명했다.

서정인 한-아세안 특별정상회의 준비기획단장은 "이번 부대행사 수가 지난 2014년 한-아세안 특별정상회의의 6개에서 2019년에는 30개로 과거 대비 5배 증가했다"며 "회의에 참석하는 정상뿐 아니라 우리 국민과 아세안 국민이 함께 참여할 수 있는 행사를 다수 준비하고 있다"고 덧붙였다.

4. 신남방정책의 전략적 추진방향

신남방정책은 작지 않은 성공을 거두었다. 숫자로 보이는 증가, 성장, 심화 등의 지표들은 많다. 그러나 가장 큰 성공이라고 할 수 있는 것은 무엇보다 정책이 꾸준히 추진되었다는 점이다. 특히 한반도 상황의 급진전, 미·중 무역전쟁, 한·일 갈등 등 아세안에 대한 관심과 정책 자원을 빼앗아 갈 수 있는 변수들에도 불구하고 정책이 꾸준히 추진되었다.

신남방정책의 지속적인 성공을 위해서 많은 학자들이 정책제언을 하였다. 특히 외교부 산하 국립외교원 아세안-인도센터의 최원기 교수는 다음과 같이 제안하였다.

첫째, 한국은 신남방정책의 본격적 추진을 통해 향후 미국과 중국 간 상호 배제적, 배타적인 경쟁을 완화하고, 인도-태평양 지역에서 미국과 중국이 모두 참여할 수 있는 포용적 지역구도 구축을 위한 제도적인 장치와 규범 형성에 기여하도록 노력할 필요가 있다. 한국은 중국의 '일대일로 구상'과 미국의 '인도-태평양 구상'을 대립적인 개념으로 접근하기 보다는 지역 구도의 개방성과 포용성의 관점에서 양 구상 간의 연계성과 접점을 적극 모색, 확대하는 역할을 강구하면서 신남방정책의 구체적 실천전략을 정립해야 할 것이다.

즉, 미국, 중국 그 어느 일방의 지역 전략에 참여하여 편승하는 것이 아니라 양 진영 간의 공통분모를 확대하고, '포용적'이고 '공존 지향적'인 지역 공동체 구축에 기여하는 신남방정책의 전략적 방향을 설정하고 그 실천적 방안들을 모색할 필요가 있다.

둘째, 신남방정책을 통해 새로운 지역 협력 구도형성에 대한 한국의 가치, 규범과 역할을 제시할 수 있어야 한다. 즉, 자유주의 지역 질서에 대한 지지를 기본적으로 유지하면서 포용적인 지역 공동체 구축에 기여해 나가는 것이다.

특히, 미국이 제시하는 '인도-태평양 구상' 논의에 우리 입장을 적극적으로 제시하여 동 구상이 강조하는 해양안보와 국제법의 중요성 등에 더하여 역내 비전통 및 연성 안보 문제와 경제, 통상 협력의 중요성 등을 제기함으로써 동 개념이 과도하게 군사안보 의제화하지 않도록 노력할 필요가 있다. 이러한 점을 고려하여 신남방정책을 이행해 나감에 있어 역내 지역구도 재편과정에서 우리의 전략적 역할을 선제적으로 설정하고 제시하는 것이 바람직하다.

셋째, 아세안과 인도와의 관계를 내실화하고 양자관계를 획기적으로 강화하기 위한 외교적 발판으로서 신남방정책을 추진할 필요가 있다. 또한 신남방정책의 구체화를 통해 지난 20여 년 간 동아시아 지역협력의 구심점 역할을 해 온 아세안과의 지역통합 과정에서 전략적 협력을 강화할 필요가 있다. 아세안은 그동안 '아세안+알파' 협력 체제를 통해 동아시아 지역통합의 촉매제 역할을 해왔다.

즉, 아세안 10개국과 한국, 중국, 일본이 참여하는 아세안+3 협력체제, 아세안과 한국, 중국, 일본, 인도, 호주, 뉴질랜드 그리고 미국과 러시아가 참여하는 동아시아 정상회의(East Asia Summit), 또한 지역안보의제를 논의하는 아세안지역안보포럼(ASEAN Regional Forum)과 아세안국방장관 확대회의(ASEAN Defense Ministers' Meeting+) 등 아세안을 매개로 한 다양한 지역협력제도들이 발전해 왔다.

하지만 중국의 일대일로 구상 본격화, 남중국해에 대한 중국의 공세와 이에 대한 아세안의 분열 등 동아시아 지역협력에서 '아세안 중심성(ASEAN centrality)'이 심각하게 약화되었다는 평가를 받고 있다. 이러한 점을 고려하여 한국은 신남방정책을 통해 아세안 중심성을 적극 지지하고 아세안과의 전략적 협력을 통해 역내 지역통합에서 건설적인 노력을 강화

해 나가야 할 것이다.17)

　신남방정책이 어느 정도 결실을 맺기 위해서는 한국이 아세안의 대화상대국이 된지 30주년을 맞는 2019년에 한국과 아세안 정상 간 특별정상회의를 통해 많은 성과사업을 발굴해야 한다. 성과사업으로는 아세안회원국 국민들의 한국입국을 확대하여 한국과 아세안 간 인적교류를 늘리기 위해 일본과 같이 합법적인 자격을 가진 아세안 국민들에게는 과감히 10년 복수비자를 허용해야 하며 미래 신세대인 청년교류를 확대하는 차원에서 아세안 회원국 대학생들에 대한 장학 사업을 확대하고 한국과 아세안 간 청년교류 프로그램을 확대하는 등 공공외교를 강화해야 한다.

　아울러 수십만 명에 이르는 한국 내 취업 또는 결혼하여 거주하고 있는 아세안 국민들이 홈커밍을 할 수 있도록 제도적으로 도와주고, 한국 내에서 결혼 등으로 합법적인 거주 자격을 가지고 있는 동남아시아 출신 국민들에 대한 상담과 지원, 다문화 학교도 확대해야 한다.

　2019년 한국-아세안 특별정상회의와 한국과 메콩 국가 간 정상회의를 통해 아세안에 대한 대외원조도 2017년 현재 5,826억 원(양자원조 총액 1조 9,280억 원의 30.2%)보다 규모를 획기적으로 늘려야 한다. 특히 5,826억 원 중에 무상원조가 2,376억 원, 유상원조가 3,450억 원인데 개발도상국이 대부분인 아세안 회원국의 특성상 무상원조를 더욱 확대해야 하고 일본과 같이 무상원조와 유상원조를 통폐합하고 각 지방자치단체와 부처가 별도로 지원하는 원조의 분절화를 막아야 한다.

　신남방정책의 핵심 이념인 '더불어 잘 사는 사람 중심의 평화공동체'를 만들기 위해서는 2022년까지 아세안에 대한 원조를 최소한 2배 이상 증가해야 한다. 또한 단순히 원조금액만 증액하는 것이 아니라 아세안 회원국과 파트너십 확대를 통한 포용적이고 다각적이며 수평적인 협력을 추진하고, 민간 기업이나 종교단체의 무상원조의 시너지 효과를 고려해야 한다.

5. 아세안이 바라는 신남방정책을 고려해야

2018년 11월 국립외교원 아세안-인도 연구센터에서 태국 명문대인 탐마삿 대학의 끼티 쁘라시르쪽 교수는 특별 세미나에서 한국의 아세안 정책인 신남방정책에 대해 '3C'제안을 제시하였다. 첫 번째 C는 '구체성(concrete)'이다. 한국 정부가 제시한 사람, 상생번영, 평화와 관련, 신남방정책은 거대담론이 아니라 구체적인 프로젝트로 이어져야 아세안의 마음을 얻을 수 있다는 이야기이다.

두 번째로 '일관성(consistency)'을 주문했다. 이명박 정부는 '신아시아 구상'을, 박근혜 정부는 '동북아 협력구상'을 주장했는데 한국이 정권에 상관없이 아세안에 대한 정책을 지속적으로 이루어지길 희망한다는 것이다. 세 번째로 '종합적인 협력(comprehensive cooperation)'이다. 아세안은 한국과의 교역에 있어서 무역적자인 상태이다. 이런 상황에서 한국이 '포스트 차이나'로 뜨는 아세안을 생산기지나 소비시장에 치우쳐 공략할 경우 반감을 살 수 있다.

그러나 끼키 교수의 주장도 일리도 있지만 신남방정책이 과거 정부 정책과 달리, 우선 아세안을 4강 수준으로 관계를 격상시키고 '사람중심의 평화와 번영의 공동체'를 지향한다는 차원에서 이전 정부의 정책과 차별화되고 있다는 것이 일반적인 정설이다.

동남아시아의 가장 중요한 특징은 다양성(diversity)이다. 이 다양성은 이 지역의 지리적 환경과 역사적 경험을 통해 형성되었으며, 그것은 문화적, 민족적 다양성으로 나타난다. 따라서 동남아시아를 이해하기 위해서는 지리적 환경과 역사적, 문화적 특징을 중시해야 한다. 문화적 특징으로는 동남아시아 문화의 중층성과 종교의 강력한 역할을 들 수 있다. 역사적 특징으로는 무엇보다도 식민주의와 그 유산으로서 정치·문화적 통합의 문제가 중시되어야 한다.

지리적 환경, 문화적 중층성과 다양성, 종교의 역할, 식민주의, 국민통합의 문제 등이 오늘날 동남아시아를 이해하는 중요한 역사와 문화의 바탕이 된다. 이에 대한 올바른 이해를 기초로 동남아시아에 대한 한국의 전략적 접근을 모색해야 할 것이다. 동남아시아에 대한 더욱 깊은 이해를 위해서는 동남아시아의 정치, 경제, 역사, 문화 기반에 대한 연구와 인식의 확대가 중요하다.

우리나라와 아세안의 관계가 나날이 발전하면서 동남아시아에 대한 관심이 커지고 있지만 정규교육과정에서 아세안을 배울 기회는 매우 적다. 2018년 10월 15일 한-아세안 센터의 「한-아세안 협력의 약한 고리: 한국의 동남아시아 교육」이라는 보고서에 따르면 현재 우리나라의 중등교육과정에서 동남아를 다루는 수업은 극히 일부이다.

중등교육과정의 경우 역사교과서에서 동남아지역을 다룬 페이지는 매우 적으며 이마저도 동남아의 고대왕국, 문화, 독립운동 등 다수의 내용이 압축적으로 소개되어 있을 뿐, 해당지역의 흥미를 끌어올릴 수 있는 설명은 부족하다. 고등학교에 진학하면 역사교육과 제2외국어교육을 통해 아세안을 배울 수 있다. 대학교육도 2018년 기준 동남아시아와 관련한 학과전공이 설치된 대학은 7개교로 전국 430개 대학교의 1.6%에 불과하다.

부산외국어대학교에 동남아창의융합학부와 한-베 무역통상전공, 베트남 교육전공학부가 있고, 청운대학교에 베트남어학과, 그리고 한국외국어대학교에 태국어과, 베트남어과, 인도네시아과, 인도 및 아세안학과 그리고 서울대에 동남아시아 언어문명전공, 서강대학교에 동남아시아 학업협동과정, 영산대학교에 아세안지역전공이 있을 뿐이다.

보고서를 작성한 한-아세안 센터 하채균 대리는 "이런 상황에서도 아세안 대학으로 유학을 가는 한국인은 2015년 3천 723명에서 2017년 1만

6,367명으로 많이 증가하였다. 다문화사회에 접어들어 우리 사회의 내부적 변화를 고려하여 동남아 교육이 필요하며 동남아 문화에 뿌리를 둔 우리 사회의 많은 다문화가정을 포용하려면 화합과 관용만을 주창할 것이 아니라 해당 지역과 문화에 대한 보편적인 이해가 필요하다"고 말했다.[18]

6. 아세안 인재 유치에도 힘써야

2017년 한국 동남아연구소와 한-아세안 센터가 펴낸 「한국과 아세안 청년의 상호인식」을 통해 교육협력의 중요성과 과제를 가늠할 수 있다. 한국 유학 중인 대학생과 대학원생 320명을 대상으로 설문조사한 결과에 따르면 한국 유학을 결정한 이유 중 장학금 혜택 등 경제적 이유를 꼽은 이가 46%에 달했다. 일자리를 얻는데 도움이 되기 때문이라는 응답은 28%에 그쳤다.

이는 정부의 장학금 지원이 아세안 인재들이 한국으로 유학을 오는 절대적인 동기임을 의미한다. 앞으로 한국과 아세안 관계 발전을 위해 필요한 것으로 교육과 보건 분야협력을 지목한 응답은 19.6%에 달해 경제협력에 이어 2위를 기록하였다.

한국과 아세안 교육협력을 위한 재정적 기여는 환영할 일이다. 다만, 경제적 지원만으로는 충분하지 않다. 다수의 학생이 한국정부와 유치대학으로부터 장학금 혜택을 받고 한국에 왔지만 정작 유학과정에서 한국에 대한 인상이 이전보다 나빠졌다고 응답한 비율은 20%에 달한다. 특히 인도네시아와 태국 유학생의 경우 나빠졌다는 비율이 각각 30.9%, 27.8%나 된다.

아세안 유학생들이 일상에서 겪는 차별은 이주노동자나 결혼이주여성에 대한 차별의 연장선상에 있다. 이슬람 등 종교적 편견과 배려부족도 이들이 일상에서 느끼는 부당함이다. 이러한 사회적 편견과 차별은 비단 아세안 유학생에만 국한되지는 않을 것이다.

한국의 교육시스템과 향후 직업적 전망은 아세안 유학생이 한국을 선택하는데 있어 상대적으로 낮게 평가된다. 미국이나 유럽, 일본 등과 비교할 때 상대적으로 덜 선호되는 한국의 교육지원체계 향상도 함께 추진되어야 할 것이다. 동남아시아를 대표하는 주요 대학들은 이미 국제화 수준이 매우 높고 매 학기 500~1,000여 명의 외국학생들을 교환학생으로 받고 있다. 미국, 호주, 유럽, 일본 등과 다양한 형태의 쌍방향 교류가 이루어지고 있다. 교류형태도 공동수업 진행이나 사회문제 해결형의 팀 프로젝트 수행 등으로 실질적인 이해를 도모한다.

한국과 아세안 교육교류는 아세안 학생의 한국 유학이 절대적 비중을 차지하는 일방적인 양상을 띤다. 반면 한국 학생의 아세안 경험은 소수의 선택된 학생들이 참여하는 일회성 봉사캠프나 공모전의 형태가 주를 이룬다. 그나마 베트남 등 몇몇 국가에 편중된다. 이러한 일방성과 편중현상은 동남아시아에 대한 우위적 관점 또는 교육을 경제협력과 외교를 위한 개발협력의 수단으로 간주하는 것에 기인한다.

한국과 아세안 간 불균형적인 교육교류를 개선하기 위해서는 아세안 대학과의 교환학생 프로그램 확대도 고려할 필요가 있다. 현재 아세안 주요 대학과 교환학생 프로그램을 지원하는 교육부의 '캠퍼스 아시아 AIMS 사업'은 이런 점에서 의미가 있다. 동남아시아 주요대학과 상호교환학생을 교류함으로써 지역에 대한 관심과 이해를 도모할 것으로 기대된다. 또 학기 중에 공동 교과목을 운영하고 한국과 아세안, 나아가 지역협력에 대한 학습과 고민을 담는 프로그램도 고려할 수 있다. 학부과정에서 동남아시아와 아세안 관련 전공확대도 절실하다.

교육부는 현재 한국 내 전체 유학생 중 23%에 달하는 3만여 명의 아세안 유학생 비중을 약 40%로 확대하여 동남아시아 지역 출신 인재유입에 적극 나서겠다는 계획을 가지고 있다. 신남방정책의 교육협력은 개인에 대한 장학금 제공에 그칠 것이 아니라 우리 안의 동남아시아에 대한 인식 개선에 기여해야 한다. 인식전환을 위해서는 이에 적합한 수준의 지식이 뒷받침 되어야 할 것이다. 동등한 협력적 관계를 바탕으로 서로 이해할 수 있을 때 진정한 협력이 가능하다.[19]

필자는 2018년 1월 필리핀 주재 한국대사로 부임한 이래 2019년 10월말까지 약 35회에 걸쳐 필리핀 국립대학을 비롯하여 지방우수대학과 연구소에서 '한반도 정책과 한국과 필리핀 관계'에 대해 특강을 하고 교수와 학생들과 대화의 시간을 가졌다. 필리핀 국립대학과 아테네오 대학 등 몇 군데 대학은 한국에서 유학을 하고 박사학위를 받은 필리핀인 교수들이 한국학 센터를 운영하고 있지만 필리핀의 대부분 대학, 특히 지방대학에서는 한국학이나 한국어를 배울 수 있는 문이 사실상 닫혀있다.

또한, 필리핀의 많은 대학들이 한국의 많은 대학들과 자매결연을 맺은 상태이지만 정작 한국 대학생들은 방학기간 중 1~2개월 동안 어학연수를 하거나 단기 봉사활동을 오는 경우가 많은 반면, 필리핀 대학생들은 1~2년 한국 대학으로 유학을 가는 경우가 많아서 극명한 대조를 보이고 있다.

1) Rene L Pattiradjawane 인도네시아 중국연구센터 의장, 〈아세안, 그리고 동남아시아에서의 역외 경대국들의 세력다툼〉, 인도네시아 하비비센터 뉴스레터 2017년 9월 호.
2) 강대창 외 지음, 〈아세안의 의사결정구조와 방식〉, 대외경제정책연구원, 2011년 12월, 16~17쪽.
3) 김영수 외 지음, 〈동남아 종교화 사회〉, 오름, 2001년 2월, 5~6쪽.
4) 임홍재 외 지음, 〈대사들, 아시아 전략을 말하다〉, 늘품플러스, 2013년 3월, 132~134쪽.
5) 배긍찬, 미국 트럼프 행정부의 대아시아 정책과 아세안, 국립외교원 외교안보연구소, 정책연구 시리즈 2017-06, 19쪽.
6) ASEAN Statistical Yearbook 2016/2017. 3~6쪽, 19쪽.
7) ASEAN Statistical Yearbook 2016/2017. 21쪽.
8) 박홍규 지음, 「ARF의 발전방향 평가: CSCE의 경험비교」, 주요 국제문제 분석, 2000년 10월, 1~2쪽.
9) 한동만 외 지음, 〈외교관이 보는 다자안보정책의 이론과 실제〉, 서문당, 2003년 2월, 215~216쪽.
10) 《 정유신의 차이나 스토리: 아세인과 중국시장 통합 활용하자》, 2018년 4월 3일자 머니투데이.
11) 강선주 지음, 「지경학으로서의 미국의 인도-태평양 구상」, 국립외교원 주요 국제문제 분석, 2018년 12월, 5-20쪽.
12) 강선주 지음, 앞의 글, 22쪽.
13) 조흥국·윤진표·이한우·최경희·김동엽 지음, 〈동남아시아의 최근 정치, 외교에 대한 전략적 평가: 태국, 베트남, 인도네시아, 필리핀을 중심으로〉, 대외경제정책연구원, 2011년 12월, 26~27쪽.
14) 2018년 기준 국가별 국내총생산 규모는 다음과 같다. 1위: 미국(20조 4941억 달러), 2위: 중국(13조 6천억 달러), 3위: 일본(4조 9,709억 달러), 4위: 독일(3조 9,996억 달러), 5위: 영국(2조 8,252억 달러), 6위: 프랑스(2조 7,775억 달러), 7위: 인도(2조 7,263억 달러), 8위: 이태리(2조 739억 달러), 9위: 브라질(1조 8,686억 달러), 10위: 캐나다(1조 7,093억 달러), 11위: 러시아(1조 6575억 달러), 12위: 한국(1조 6,194억 달러), 13위: 호주(1조 4,321억 달러), 14위: 멕시코(1조 2,238억 달러), 15위: 인도네시아(1조 421억 달러). 아세안의 국내총생산 2조 7,615억 달러는 전체 7위에 해당된다.
15) 임홍재 외 지음, 위의 책, 112~113쪽.
16) 2019년 8월 1일 정책브리핑.
17) 최원기 지음, 「신남방정책의 전략적 환경과 추진방향」, IFANS Focus, 2018년 6월 29일자.
18) 2018년 10월 20일자 연합뉴스.
19) 김현종 연세대 국제관계학과 교수, 《 차별과 편견 넘어 아세안인재 유치 힘써야》, 2019년 7월 17일자 서울경제신문 A 37면.

제5장

동남아 시장에
어떻게 진출할 것인가?
한류로 다져진 한국과 동남아시아 관계 강화

"If the Southeast Asian peoples are to embrace ASEAN as their community,

they must see it as a pervading, beneficial influence on their daily lives.

They, as stake holders, must regard the ASEAN vision as their own."

- Fidel V. Ramos, former President of the Philippines.

제1절

동남아시아의 유망시장 분야

1. 아세안의 전자상거래, 지속적으로 성장

아세안 온라인 직접 판매(역직구: 해외소비자가 국내 인터넷 쇼핑몰에서 상품을 구입하는 형태) 시장이 지속적으로 성장하고 있다. 태국과 싱가포르, 인도네시아 등 아세안 주요국의 유선, 무선 온라인 인프라가 확대되면서 전자상거래 시장도 덩달아 커지는 것이다.

2018년 10월 16일 시장조사기관인 이마케터(emarketer)에 따르면 2017년 아세안 주요국의 전자상거래 총액은 186억 4천만 달러(약 21조원)로 집계되었다. 전자상거래 거래액 기준으로 보면 인도네시아가 82억 천만 달러로 가장 컸다. 이어 태국 34억 5천만 달러, 싱가포르 24억 3천만 달러, 말레이시아 24억 천만 달러, 베트남 20억 8천만 달러, 필리핀 6천만 달러 순이다.

아세안 시장은 한국 상품에 대한 수요와 신뢰가 높고, 한류 선호층이 두터워 역직구 가능성이 높은 곳이다. 특히 성공가능성이 가장 높은 상품군은 패션, 뷰티이다. 2017년 아세안 온라인 직판거래액의 66%가 패션, 뷰티 상품에서 발생했다. 패션과 뷰티 기반의 아이템이 아세안 시장 안착에 유리할 수 있다는 이야기이다.

아세안 시장은 유망시장이지만 국가별로 문화와 경제력, 전자상거래 인프라 등의 비즈니스 환경은 천차만별이다. 이에 따라 아세안 시장 내에서도 어떤 국가를 주요 시장으로 설정할지, 해당국가의 전자상거래 특성은 무엇인지 등에 대한 고민이 우선적으로 이루어져야 한다.

우리나라 패션과 뷰티 기업이 주목해야 할 아세안 국가는 싱가포르와 태국, 인도네시아, 필리핀이다. 우선 싱가포르와 태국은 전자상거래 인프라가 다른 아세안 국가보다 잘 갖추어져 있다. 비교적 신용카드 사용률이 높고 배송 인프라도 꾸준히 성장하고 있다. 인도네시아는 아세안에서 가장 큰 전자상거래 시장을 보유하고 있고, 최근 결재와 물류환경이 빠르게 안정하는 모습을 보이고 있다.

필리핀은 필리핀인들이 세계에서 인터넷 특히 소셜네트워크를 가장 많이 하고 있어서 전자상거래 분야가 유망하다. 스마트폰 보급률 확대로 온라인 유통망 시장이 연 20% 성장세를 보이고 있는 필리핀은 온라인과 정보통신 기술에 익숙한 Y세대(15~29세)가 필리핀 인구의 주력으로 떠오르며 온라인, 모바일이 새로운 유통채널로 부상하고 있다.

필리핀의 유력기업 중 하나인 우데나 그룹의 데니스 위 회장은 2019년 5월 24일 필자를 만난 자리에서 앞으로 필리핀의 전자상거래 시장 잠재력이 큰 만큼 우리나라의 대표적인 온라인 배송업체인 쿠팡과 협력관계를 구축하기를 희망한다고 하였다. 한편, 동남아시아 최대 전자상거래 플랫폼 중 하나인 라자다는 필리핀에도 진출하였다.

2. 아세안에 대한 화장품 수출, 빠르게 증가

한국무역협회에 따르면 한국의 아세안에 대한 화장품 수출은 2010년부터 연평균 21.3%로 빠르게 증가하고 있다. 2017년에는 4억 6천 만 달러로 2016년 대비 무려 39.1% 증가하였다. 그러나 K-뷰티가 지속적인 성장세를 유지하기 위해서는 규제측면의 대비가 필요하다는 지적이 나왔다.

코트라는 2018년 5월 3일 「아세안 주요국 화장품 유통 및 인증제도」 보고서를 발간하면서 현재 아세안 화장품 유통시장은 오프라인 채널이 80%를 육박하고 있어 온라인 시장은 아직 미미한 수준이지만 향후 급성장이 예상된다고 하면서 다만, 온라인 유통의 경우 여전히 식약청 인증문제로 취급이 불가한 제품이 있으므로 각별한 주의가 필요하다고 밝혔다. 보고서는 일례로 동남아 1위 전자상거래 플랫폼인 라자다(www.lazada.com)의 경우 말레이시아, 인도네시아, 싱가포르, 필리핀, 태국에서 향수 판매가 불가능하다고 밝혔다.

보고서는 현지에 진출한 우리 유통망을 적극 활용하는 방안도 필요하다고 조언했다. 인도네시아에서는 한국인이 설립한 현지 1위 홈쇼핑인 레젤이 있으며 말레이시아, 태국, 인도네시아를 중심으로 GS 홈쇼핑, 필리핀에서는 CJ 오쇼핑이 진출해 있다. 베트남에는 롯데마트와 이마트도 진출해 있다.

보고서는 아세안 화장품 시장 진출에는 제품의 사전 등록, 할랄 인증 강제여부 등 규제관련 준비도 꼼꼼하게 해야 한다고 조언했다. 대부분의 국가가 사전등록을 강제하고 있고 등록 주체를 현지인과 현지법인으로 한정하고 있는 탓이다.

아세안 국가의 대부분이 2008년부터 아세안 통합 화장품 규제제도를 도입했지만 국가별 규정이 조금씩 다르기 때문에 나라별 규정을 확인하는 데도 주의를 기울여야 한다. 예를 들어 인도네시아는 사전등록의 경우 제품 건수를 기준으로 수수료를 산정하는데 립스틱의 경우 동일 브랜드의 동일한 형태의 제품도 다른 색상이면 다른 제품으로 간주한다. 태국은 반대로 하나의 제품에 색상이 존재하면 색상묶음을 1개 제품으로 간주한다.

따라서 아세안 시장은 빠른 경제성장을 기반으로 중산층의 증가속도가 빠르고 젊은 인구의 비중이 높아 향후 글로벌 화장품 시장의 중심지가 될 것이므로 우리 기업은 현지시장이나 제품의 특성을 고려한 유통망 진입뿐만 아니라 변화하는 현지 규제정책에 항상 주의해야 한다.[1] 한편, 미샤 (MISSHA)는 동남아시아 최대 전자상거래 플랫폼 중 하나인 '쇼피'와 '라자다'에서의 판매를 확대하기 시작하였다.

3. 동남아시아의 인프라 개발: 1,900조원 황금 시장 열린다

1) 동남아시아의 인프라 건설 현황

아세안(ASEAN: 동남아시아 국가연합) 인프라 시장이 황금기를 맞았다. 특히, 아세안 10개 회원국 가운데 베트남, 인도네시아, 필리핀 3개국은 고속 경제성장을 유지하고 도시화와 중산층 부상에 따라 인프라 수요가 폭발적으로 증가하고 있다. 아시아 개발은행(ADB)에 따르면 알파벳 첫 글자를 따 '아세안의 VIP'로 불리는 이들 3개국은 앞으로 2030년까지 인프라 건설에 총 1조 7,633억 달러(약 1,910조 원)가 필요한 것으로 조사되었다.

'아세안 연계성 마스터 플랜 2025'에 따르면 2030년까지 아세안의 교통과 전력, 통신 등 인프라 분야 수요가 3조 3천억 달러에 이를 것으로 전망된다. 아세안에 대규모 인프라 시장이 열리는 셈이다. 2018년 10월 기준 아세안지역의 인프라 수주는 98억 9천만 달러를 기록하면서 중동지역의

85억 7천만 달러를 제치고 최대 수주처로 자리매김했다.

베트남, 인도네시아, 필리핀은 도로와 철도, 항만, 공항, 발전소 등의 개발을 핵심으로 한 경제정책을 전면에 내세워 경쟁적으로 인프라 건설에 나서고 있다. 베트남은 2017~2020년 동안 4,800억 달러(약 522조 원)를 투자하여 31개 노선, 6,410km 고속도로를 건설하고 롱탄 신국제공항 등 4개 신공항을 건설하며 반풍 국제항만 등 2개 항구와 특별경제특구 인프라 건설을 목표로 하고 있다. 인도네시아는 2015~2019년 동안 4,800조 루피아(약 385조원)을 투자하여 자카르타 수방지역 신항만과 3,500만kw급 발전소를 건설하고 특별경제특구를 확대할 계획이다.

필리핀 정부는 180조 원을 투자해 2022년까지 75개의 핵심 인프라 사업을 기획하고 이 중 32개를 완성할 계획이다. 이들 국가가 대규모 인프라 투자를 진행하기 위해서는 재원마련이 필수적인 만큼 한국, 일본, 중국 등 투자 여력이 있는 국가들에 적극적으로 러브콜을 보내고 있다.

2) 동남아시아에서 일본 인프라 개발, 중국을 앞질러

아세안 기간산업(인프라스트럭처) 시장에서 일본과 중국이 치열한 경쟁을 벌이고 있다. 한국도 아세안에 대한 경제외교를 소리 높이 외치지만, 일본은 1977년 8월 후쿠다 다케오 총리가 필리핀 마닐라에서 발표한 '후쿠다 독트린' 이후 아세안 공략에 나선 결과, 이 지역이 '엔화 경제권'으로 불릴 정도로 영향력을 키워왔다.

1974년 다나카 가쿠에이 총리가 태국과 인도네시아를 방문했을 때 폭동이 일어나는 등 동남아에서 반일 감정이 커지자, 후쿠다 총리는 일본이 군사대국화를 포기하고 아세안 국가들과 마음이 통하는 신뢰관계를 구축하며 경제침략이 아닌 대등한 파트너로서 평화와 번영에 기여하겠다고 약속했다. 당시만 해도 일본과 아세안 간 경제수준이 하늘과 땅 차이였던 만큼 '평등한 관계'를 강조한 후쿠다 독트린은 파격적이었고 양측관계의 전환점이 되었다. 아세안 정상들이 인프라를 개발할 때 도움을 받기위해 가장 먼저 찾는 나라가 일본이었다. 필리핀의 두테르테 대통령은 필리핀의 최대원조국인 일본을 2016년 취임이후 4차례나 방문하였다.

일본이 동남아시아의 인프라 정비를 둘러싼 중국과의 경쟁에서 여전히 독보적인 우위를 차지하고 있는 것으로 나타났다. 미국 시장분석기관인 피치 솔루션(Fitch Solution)의 데이터는 일본이 진행 중인 프로젝트 규모가 중국의 약 1.5배에 달하는 것으로 집계되었다.

인도네시아, 말레이시아, 필리핀, 싱가포르, 태국, 베트남 등 동남아 6대국에서 일본이 지원하는 프로젝트의 총 규모는 3,670억 달러(약 435조 2천억 원)로 역대 최고치에 달한 반면, 중국은 2,550억 달러(약 295조 1,600억 원)를 기록하고 있다. 이 숫자는 동남아 지역에 대한 인프라 개발의 꾸준한 요구에 가세해 시진핑 주석의 일대일로를 통한 철도와 항만 등 인프라 투자에 주력하고 있음에도 불구하고 중국에 대한 일본의 우위가 계속되고 있음을 나타내는 것이다.

일본의 인프라 참여가 가장 눈에 띄는 것은 2,090억 달러 상당의 프로젝트를 하고 있는 베트남으로 일본의 전체 투자의 절반 이상을 차지하고 있다. 중국은 인도네시아가 최대 투자지역으로 전체의 36%에 달하는 930억 달러를 투자하고 있다.

이어 동남아 10개국을 대상으로 집계된 프로젝트건수는 일본이 240건, 중국이 210건의 프로젝트를 진행 중인 것으로 나타났다. 2018년 2월 피치 솔루션의 데이터에서는 일본이 2,300억 달러, 중국이 1,550억 달러를 각각 기록했는데 2019년에 그 차이가 두 배 가량 늘어난 셈이다.[2]

한편, 아시아 개발은행은 동남아시아 지역의 경제성장세를 현재 상태로 유지하는 것만으로도 2016년부터 2030년까지 연간 2,100억 달러(약 243조원) 정도의 인프라 투자가 필요할 것으로 추산하고 있다.[3]

3) 중국, 필리핀 인프라 개선 자금 1,700억 달러 약속

중국 시진핑 국가주석은 필리핀 로드리고 두테르테 대통령에게 양국의 우호증진 차원에서 필리핀 인프라 개선 자금 1,700억 달러의 지원을 약속했다고 미국의 소리(VOA)가 2019년 9월 8일 전했다. 시진핑 주석은 두테르테 대통령과의 회담에서 필리핀 인프라 드라이브와 중국의 일대일로 프로젝트와 맞물리도록 하는 것이 필요하다고 밝혔다.

중국과 필리핀은 그동안 남중국해와 필리핀 소도를 둘러싸고 영토분쟁이 있어 오다가 두테르테 대통령이 취임한 2016년 이후 이 문제를 해결하면서 양국 간 관계 개선이 이루어졌다. 시진핑 주석은 2016년 필리핀에 260억 달러의 원조와 대출을 약속했는데, 2019년 2월까지 47억 달러만 집행되었다.

4) 한국의 아세안 인프라 시장 진출

우리 정부는 2017년 11월 필리핀 마닐라에서 열린 '한-아세안 서밋 2017'에서 사람(People)·상생번영(Prosperity)·평화(Peace) 등 신남방정책의 비전을 제시했다. 또 상생번영의 일환으로 아세안 비전인 '국가 간 연계성(connectivity) 강화'에 기여할 수 있는 4대 중점협력 분야(교통·에너지·수자원·스마트 정보통신)를 제안한 바 있다. 국토교통부는 이를 뒷받침하기 위해 2018년부터 2022년까지 1억 달러 규모의 '아세안 글로벌 인프라 펀드'를 조성하고 운영하고 있다.

한국도 아세안 인프라 시장에 적극 진출하고 있다. 국토교통부(장관 김현미)는 아세안 10개 회원국과의 인프라 상생 협력을 위한 '제1차 한-아세안 인프라 장관회의'를 2018년 9월 17일 서울 코엑스 인터콘티넨탈호텔에서 개최하였다.

국토교통부는 신남방정책 비전을 실천하고 인프라 분야 실질 협력 추진을 위해 우리나라와 아세안 10개 회원국의 인프라 부처 장·차관들이 모여 인프라 협력 확대 방안을 논의하고 인프라 분야 3대 협력을 선언하였다고 밝혔다. 공동선언문을 통해 한-아세안 인프라 협력 의지를 확인하고 △스마트시티 △교통·수자원 등 스마트 인프라 △국토·토지·주택·도시 및 국토정보 등 인프라 분야 3대 협력을 선언했다. 이를 실현하기 위한 20개의 중점협력 의제(국가별 2건)도 선정하였다.

4. 한국-아세안 프로젝트 플라자

아시아는 2017년 기준 세계 최대의 인프라 시장(3.9조 달러, 39%)이며 아세안이 28%의 비중을 차지한다. 아세안 플랜트/인프라 시장은 산업발전과 도시화를 위한 신규 인프라 구축과 개보수 작업으로 향후 10년 간 125% 성장이 예상되나, 대부분 아세안 국가들의 재원 부족으로 인해 공공-민간 파트너십(PPP: Public Private Partnership)을 통한 투자, 외국의 해외 유상, 무상 원조나 세계은행과 아시아 개발은행 등 다자은행에 크게 의존하고 있으며, 최근 수주경쟁 격화로 인해 체계화되고 정례화된 지원체제 확립이 필요한 상황이다.

이러한 상황을 고려하여 산업부와 코트라 마닐라는 한국플랜트산업협회와 더불어 필리핀과 아세안의 발주처, 그리고 아시아개발은행 등 다자은행을 초청하여 한국-아세안 플랜트/인프라 협력 포럼과 프로젝트 수주 상담회를 개최해 오고 있다.

2018년 10월 30일 필리핀 마닐라에 소재한 페닌슐라 호텔에서 마닐라 무역관이 주최하고 산업통상자원부와 국토교통부가 후원한 가운데 한국-아세안 프로젝트 플라자(Korea-ASEAN Project Plaza)가 한국기업 28개사, 필리핀의 11개 발주처 및 필리핀 내 건설 회사 등 총 58개의 민간 기업이 참여한 가운데 성공리에 개최되었다. 이번 포럼에는 필자의 축사에 이어 디오크노(Diocno) 필리핀 예산관리부 장관(현재 필리핀 중앙은행 총재)의 환영사가 이어졌다.

필자는 축사를 통해 필리핀 두테르테 대통령이 중점적으로 추진하고 있는 인프라 투자정책, 즉 '짓자, 짓자, 짓자(Build, Build, Build)'에 부합하여 한국과 필리핀 기업이 상호 이익이 되는 상생의 발전방안이 마련되기를 기대한다고 하고, 아세안은 한국의 2번째 큰 무역상대국임을 감안하여 한국의 신남방정책에 따라 인적교류와 더불어 상생협력이 더욱 확대되기를 기대한다고 하였다.

이어진 세션에서는 필리핀, 인도네시아, 베트남, 미얀마 대표들이 자국의 재생에너지와 기간산업 투자확대 방안 등을 발표하였고 오후 세션에는 아시아개발은행이 부문별로 프로젝트를 활용한 현지시장 진출방안에 대한 설명이 이어졌으며 10월 31일에는 발주처와 우리기업 간 200여건의 일대일 비즈니스 미팅이 하루 종일 개최되었다.

2019년에도 11월 6일부터 8일까지 마닐라에서 '제2차 한-아세안 프로젝트 플라자'가 필자, 그레이스 포 상원의원 및 140명이 참석한 가운데 개최되었다. 이번 행사도 한국플랜트산업협회와 코트라 마닐라 무역관이 공동주관하여 인프라 협력 포럼을 개최하였다. 이번 제2차 한-아세안 프로젝트는 국내기업 40개 사와 발주처 100개사가 모여 해외진출 방안을 마련하는데 도움이 되었다.

특히, 인프라 분야로는 철도, 도로, 교량, 항만, 공항, 경전철 등 사회기반 시설을 그리고 에너지 분야로는 화력, LNG, 풍력과 태양광 등 재생에너지를, 환경 분야로는 수 처리와 폐기물 에너지 분야의 전문기업들이 포럼과 일대일 프로젝트 수주 상담회를 통해 많은 성과를 거두었다.

5. 한국 방산업계, '15조 원대' 동남아서 신성장동력 찾는다

내수 중심 수익구조를 탈피하기 위해 방산 업계가 수출시장 확보에 주력하고 있다. 특히, 최근 지속적인 경제성장으로 방위산업에 대한 관심이 급증한 동남아시아 시장에 업계의 관심이 쏠리고 있다. 한화 디펜스나 LIG 넥스원 등 방산 업체들은 동남아시아시장 공략에 방점을 찍고 판로를 모색 중이다.

업계는 동남아시아 방산시장을 변곡점 삼아 수출 중심형 구조의 신성장동력을 확보한다는 계획이다. 이는 그간 업계의 고질적 문제로 여겨졌던 내수중심 수익구조를 탈피하기 위함이다. 산업연구원의 「2018 방산수출 10대 유망국가」 보고서에 따르면 2016년 기준 방위사업생산(16조 4천억 원) 대비 수출비중은 13.6%에 불과하다. 방산수출은 2013~2015년 기간 동안 연간 34~36억 달러를 수출하였으나 2016년에는 전년대비 30% 감소한 것으로 나타났다.

미국, 영국, 프랑스 등 주요 선진국들의 생산대비 수출비중이 25~75%인 것과 비교하면 현저히 낮은 수치이다. 국내방산생산의 65%를 차지하는 한화, 현대 로템, LIG 넥스원 등 국내 상위 10개 방산 업체의 2018년 매출은 9조 5,827억 원으로 2017년 대비 16% 가량 줄었다.[4]

동남아시아는 최근 경제성장세에 접어들어 군사력 증강에 힘을 쏟기 시작해 시장을 선점하면 큰 폭의 수익을 견인할 수 있을 것이란 분석도 있다. 동남아시아 방산규모는 인도네시아 5조원, 말레이시아 4조원, 필리핀 2조 5천억 원 등 총 15조 원에 달할 것으로 추산된다. 국내업체들은 가장 규모가 큰 인도네시아 시장에서 점유율을 높이는 것을 1차 목표로 삼고 있다. 현재 인도네시아 시장에서 우리나라의 점유율은 러시아, 네덜란드, 미국에 이어 4위(12.9%)이다.

방위 사업청은 '2018~2022년 방위산업 육성기본계획'에서 4차 산업혁명 시대를 맞아 방위산업이 첨단 과학기술의 산실이자 신성장동력으로 도약하는 것이 그 어느 때 보다 절실하다며 향후 5년간 '첨단 무기체계 개발 능력 확보 및 글로벌 경쟁력 강화'를 핵심 목표로 잡았다.

이와 관련해 방사청은 방산수출의 '원스톱 지원'을 위해 방산수출 진흥센터를 열고 방산수출지원 전담창구 역할을 하겠다고 밝힌 바 있다. 센터는 수출유관기관을 연결하는 허브 역할을 하게 된다. 방사청은 2018년 244억 원 수준인 방산지원 예산을 2019년에는 두 배 규모인 480억 원으로 늘릴 예정이다.

왕정홍 방위사업청장은 2019년 8월 27일부터 29일까지 필리핀 마닐라를 방문하여 한국-필리핀 방산세미나에 참석하는 한편, 로렌자나 필리핀 국방부 장관과 양국 간 방산 분야 협력방안을 논의하기도 하였다.

업계에서는 그간 쌓아 온 기술력과 선진국 대비 경쟁력 있는 가격이 시장 개척에 유리하게 작용할 것으로 본다. 산업연구원의 방위산업 경쟁력 실태조사에 따르면 2017년 기준 우리나라 방위산업의 글로벌 경쟁력은 선진국대비 가격 85%, 기술 87%, 품질 90% 수준으로 나타났다. 2022년이면 분야별로 3~5% 정도 증가할 것으로 예상된다.[5]

6. 자동차 산업, 아세안에서 친환경차로 신성장동력 찾아야

1981년 미국 디트로이트에서 창업한 알릭스 파트너스(Alix Partners)사는 2026년까지 세계 자동차 시장은 1.6% 성장하는데 그칠 것이며 중국의 자동차 생산은 2018년 2,700만 대에서 2019년 2,480만 대로, 미국은 2018년 1,730만 대에서 2019년 1,690만 대로 각각 줄어들 것이나, 전기자동차가 기존 자동차를 대체할 것이며 2019년부터 2023년까지 전기자동차 시장 규모는 총 2,250억 달러가 될 것으로 전망하였다.(The Alix Partners Global Automotive Outlook 2019) 글로벌 컨설팅 업체인 알릭스 파트너스의 보고서는 세계 자동차 시장이 이익 사막(profit desert)에 직면했고, 당분간 성장 둔화 추세가 지속될 것이라고 전망했다. 중국은 2012~2018년 세계 자동차 시장 성장에서 61%를 차지하며 성장 엔진 역할을 했으나 2019~2026년에는 성장률이 이전 대비 절반 수준에 그칠 전망이다. 같은 기간 유럽은 17%에서 14%로, 미국도 26%에서 -1%로 각각 성장이 위축될 것으로 예측됐다. 반면, 동남아는 현재 9%에서 35%로 성장세가 가팔라진다는 게 보고서의 예측이다.

국내 자동차업계에서 중국과 북미 시장은 각각 16%, 17%를 차지한다. 우리 자동차업계는 기존 거대 시장의 침체와 동남아의 부상이라는 변화에 주목하고 동남아 시장 진출을 서둘러야 한다. 일본 자동차 회사들은 동남아에 분업 체제를 구축해 오랫동안 공을 들여왔고, 현재 시장을 90% 가까이 차지하고 있다. 우리 기업들이 후발 주자로 뛰어들더라도 전기차, 수소차 등 친환경차에 집중하고 현지 운전자들 눈높이에 맞춘 신차를 개발한다면 충분히 틈새시장을 파고들 수 있다.[6]

일본자동차 업체인 도요타와 그리고 현대차는 인도네시아 전기차 사업에 각각 20억 달러와 8억 8천만 달러를 투자할 예정인 것으로 알려졌다.

또한 2019년 7월 인도네시아를 방문한 손정의 소프트뱅크 회장은 차량공유서비스업체인 그랩에 20억 달러를 추가 투자하고 전기차 생태계 기반의 교통 네트워크를 조성하기로 하였다. 인도네시아는 오는 2022년 전기차를 본격적으로 생산해 2025년 자동차 생산량에서 전기차 비중을 20%까지 끌어올릴 계획이다.

필리핀의 자동차 생산은 2019년 5월까지 5개월 동안 동남아시아 국가 중에서 29.5%로 가장 많은 하락세를 보였다. 2019년 1월 16일자 필리핀 스타(Philippine Star)지가 아세안 자동차 연맹(ASEAN Automotive Federation)이 발표한 통계 자료를 근거로 보도한 바에 의하면 필리핀은 2018년 같은 기간에 생산된 36,745대보다 낮은 5월말 현재 25,892대를 생산하였다. 베트남과 인도네시아와 같은 다른 동남아시아 국가들도 낮은 비율로 자동차 생산이 저조하였다.

현재 필리핀 내 한국자동차(현대와 기아)의 시장 점유율은 거의 9%에 육박하기 때문에 한국과 필리핀 간 자유무역협정을 통해 자동차 관세 5%가 철폐되거나 하향 조정된다면 필리핀 내 한국차 시장 점유율은 더 높아 질 것이다.

필리핀 스타 지는 또한 베트남의 자동차생산은 2018년도 83,709대에서 13.9% 감소한 72,064대였으며, 인도네시아도 2018년 563,987대에서 522,938대로 7.3% 감소한 반면, 미얀마는 2018년 3,652대에서 6,128대를 생산해 67.8% 증가하였고, 말레이시아는 2018년 241,582대에서 2019년 247,951대를 생산해 2.6% 증가하였다고 보도하였다. 이러한 통계는 다시 말하면 동남아시아 국가 중 VIP 국가인 베트남, 인도네시아, 필리핀의 자동차 시장에 대한 진출 가능성이 많다는 것을 보여준다.

7. 동남아시아 외식시장을 공략하라

서울 강동구 천호대로에 위치한 한국의 대표적인 토종기업인 버거 앤 치킨 대표 브랜드인 맘스터치(www.momstouch.co.kr)가 동남아 시장을 위한 본격적인 시동을 걸었다. 맘스터치는 2019년 8월 30일 필리핀 현지법인인 맘스터치 필리핀(Mom's Touch Philippines, Inc)과 마스터 프랜차이즈 계약을 체결하고 연내 1호점 개점을 목표로 하고 있다. 이로써 동남아시아 최대 외식시장인 필리핀에 투자부담 없이 진출해 이 지역 시장 공략을 위한 발판을 마련하게 되었으며, 향후 더 다양한 동남아 국가로 시장공략을 본격화할 계획이다.

이번 계약으로 맘스터치 필리핀 법인에 10년 간 필리핀 전역의 마스터 프랜차이즈 권한을 부여하고 브랜드 사용에 대한 수수료 100만 달러와 매출액의 일정비율을 로열티로 받는다. 맘스터치 필리핀 법인은 맘스터치 현지사업에만 500만 달러를 투자한다는 조건이다.

1억 명이 넘는 인구를 가진 필리핀은 비교적 인정된 내수시장 덕에 동남아시아의 다른 국가보다 높은 경제성장을 보이고 있다. 특히, 외식산업이 급격한 성장을 이루며 체인점 형태의 브랜드들이 외식시장에서 각광을 받고 있다. 또한 필리핀 현지인들의 외식선호도가 높아 최근 3년 간 연평균 8%의 성장률을 기록하는 등 꾸준한 성장세를 보이고 있어 한국외식기업들의 진출이 활발한 곳이다.

또한, K Pop등 현지의 한류 열풍으로 한국 음식에 대한 관심이 크게 늘어나고 K 푸드에 대한 수요가 증가하는 등 대외적인 환경도 맘스터치의 필리핀 시장 진출에 성공적인 요인으로 작용한 것으로 보인다. 맘스터치 관계자는 "믿을 수 있는 품질과 최고의 맛으로 필리핀 고객에게 즐거운 경험을 제공할 것이며 이번 계약을 토대로 아시아 전역에 한국의 토종 브랜드인 맘스터치를 널리 알리고 필리핀 브랜드이자 글로벌 프랜차이즈인 졸리비에 대항하는 K 푸드로 자리매김 하겠다"고 다짐을 했다.

한편, 2018년 10월 싱가포르 상장기업인 노 사인 보드 홀딩(No Signboard Holdings Ltd)와 해외 첫 마스터프랜차이즈 계약을 체결한 바 있는 맘스터치는 2019년 8월 30일 싱가포르 동부의 파야 레바르에 1호점을 오픈하였다. 이로써 맘스터치는 베트남, 대만, 싱가포르에 이어 필리핀까지 진출하게 되었다.[7]

필리핀에는 약 250개의 한국 식당이 성업 중이며 BBQ치킨, 본촌치킨이 진출해 있고 최근에는 '삽겹살라맛'이라는 필리핀 한인토종기업이 약 60개의 매장을 필리핀 전역에 개설하는 등 삽겹살과 치킨에 대한 수요가 매우 높다. 필리핀의 프랜차이즈 산업은 1995년 프랜차이즈협회가 발족되면서 본격적인 발전을 이루어 현재는 소매업 분야에서 유력한 사업모델로 인식되고 있다.

특히, 필리핀 시장에서 프랜차이즈의 성공률이 최근까지 80% 이상을 보임에 따라 프랜차이즈의 인기는 지속되고 있으며, 대형 소매업자들의 상당수가 프랜차이즈를 활용하여 사업을 확장하고 있다.

제2절

동남아시아의
한류 붐과 한국여행 선호
: 복수비자 확대

1. 동남아시아의 한류 붐 현주소와 과제

한류는 동남아시아에서 큰 붐을 일으키고 있다. 필리핀 내에서만 K pop이나 한국드라마의 높은 인기로 약 40만 명의 적극 한류 팬이 있으며 한류를 더 잘 이해하기 위해 한국어를 배우고 싶어 하는 필리핀인의 숫자는 약 300만 명에 달한다. 한류는 한국과 동남아시아를 문화로 잇는 중요한 채널이 되고 있다.

또한, 한류는 한국정부의 국가 브랜드 강화에 도움을 가져왔다. 한류는 한국에 대한 부정적인 이미지를 시정하고 한국에 대한 호의적인 분위기를 조성하고 긍정적인 이미지를 제고하는 든든한 조력자이다. 그리고 한류는 한국문화산업의 초석이며, 특히 한류의 파급효과는 관광과 투자, 무역(특히 한국 화장품과 같은 소비재)등 산업 다각도에서 펼쳐지고 있다.

한류는 근본적으로 한국과 아세안의 원활한 관계발전을 도모하는 윤활제 역할을 한다. 한국과 아세안과의 관계증진에 앞으로도 한류의 인기가 도움을 줄 것이다. 그러나 패션계에서도 그렇듯 한류에 있어 가장 중요한 과제 가운데 하나는 지속가능성이다.

한국이 한류를 통해 자국의 이익을 계속 증대시키고자 한다면 정부, 민간부문, 사회문화기관과 시민사회뿐만 아니라 한국 국민전체가 한국의 소프트 파워로서 한류문화상품을 수출하는데 협력하고 함께 노력해 나가야 한다. 그리고 한국이 한류문화상품의 품질을 유지할 경쟁력도 갖추어야 하며, 혁신적인 한류문화상품을 생산하고 아세안의 문화에 대한 이해도도 높여나갈 필요가 있다.

서울의 한-아세안 센터를 포함하여 부산의 아세안 문화원 그리고 학술기관과 연구소, 대학 부설기관들이 아세안 문화에 대한 이해도 제고를 위해 노력하고 있는 것은 고무적이다. 아세안 지역에는 문화적인 다양성이 존재하며 아세안 국민들이 자신의 문화상품을 자랑스럽게 여기고 있음을 명심해야 한다.8)

이 혁 한-아세안 센터 사무총장은 아세안 내 한류(Korean Wave) 붐을 지속가능한 방향으로 성장시킬 수 있는 방안을 모색함과 아울러 한국에서도 아세안 문화가 확산되어 '아세안류(ASEAN Wave)'를 일으켜야 한다고 주장하였다. 하지만 한국에서 뚜렷하게 아세안 문화가 뿌리내렸다고 보기는 어렵다. 그나마 베트남 쌀국수처럼 아세안 음식이 높은 관심을 받지만 이마저도 베트남과 태국 등 특정 국가를 중심으로 편중되어 있다. 보다 지속가능한 한국과 아세안 관계 유지를 위해서 그리고 한류가 아세안에서 지속적으로 큰 흐름을 행사하기 위해서도 쌍방향 문화교류가 매우 중요하다.9)

필리핀에서 한류의 인기는 정말 대단하다. 2003년 필리핀에서 한국 드라마가 방영된 이후 300여 편이 넘는 한국 드라마(코리아 텔레노벨라)가 방영되고 있다. 2018년에는 모모랜드의 곡인 뿜뿜과 BAAM이 필리핀 차트에서 각각 1, 2위를 기록할 정도이다. 이러한 한류의 인기가 한국 음식과 한국 화장품으로 이어져 한국 식당과 백화점 내 한국 화장품 매장의 인기가 매우 높다.

2. 한국관광 인지도, 선호도 높아

동남아시아 국가의 한국관광 인지도, 선호도가 높다는 조사결과가 나왔다. 한국관광공사가 전문조사업체 닐슨코리아와 공동 시행한 「2017 한국관광 광고홍보 마케팅 효과조사」는 세계 주요 20개국의 15~59세 남녀 12,000명을 대상으로 2017년 12월 26일부터 2018년 1월 19일까지 온라인 설문을 통해 조사한 결과, 동남아시아 사람 10명 중 7명 이상은 한국을 관광지로서 알고 있고, 한국 여행을 가고 싶어 하는 것으로 나타났다.

조사에 따르면 한국관광 인지도와 선호도 순위에서 10위권 내에 동남아시아, 중동지역은 총 8개국이 포함되었다. 인지도에서는 태국과 인도네시아가 1, 2위를 차지하였고, 선호도에서는 필리핀과 베트남이 1, 2위를 기록하였다. 관광 목적지로서의 한국의 인지도는 2016년 53.2% 대비 3.3% 증가한 56.5%을 기록하였고 선호도는 2016년 57.5% 대비 0.8% 증가한 58.3%를 기록하였다.

한국의 경우 2011년부터 일본인 방문객 수를 추월하기 시작하였으며, 2016년 기준으로 한국인의 아세안 국가 방문자수는 647만 명으로 일본보다 170만 명 많은 것으로 집계되었다. 지난 10년 간 한국인은 아세안 국가 중 태국을 가장 많이 방문하였고 필리핀, 베트남이 그 뒤를 잇고 있으나 2018년부터 베트남을 방문하는 한국 관광객 수가 약 300만 명으로 급증하고 태국은 약 180만 명, 필리핀은 약 160만 명으로 나타났다.

신남방국가와의 상호방문객은 2018년 처음으로 1,100만 명을 넘어섰으며, 2018년도 방한한 신남방국가 관광객 수 역시 2018년 10월말 기준 2017년 동기 대비 13.8%가 증가하였다. K Pop 등 한류의 영향으로 신남방국가 국민의 방한이 지속적으로 증가하는 가운데 신남방국가 국민의 입국편의를 위해 복수비자 발급대상을 확대하기로 했다.

3. 아세안 5개국 국민 67%, 한국 방송 콘텐츠 시청 경험

아세안 5개국(싱가포르, 베트남, 인도네시아, 말레이시아, 태국) 국민 약 3명 중 2명이 한국의 방송프로그램을 시청한 경험이 있고, 특히 드라마를 즐겨보는 것으로 나타났다. 방송통신위원회는 정보통신정책연구원과 함께 2017년 12월 아세안 5개국의 현지 시청자를 대상으로 온라인 설문을 진행한 결과 이같이 조사되었다고 밝혔다. 이 조사는 국가별 주요 대도시에 거주하는 17~59세 400명씩 총 2천명을 대상으로 실시되었다.

5개국 조사대상자의 평균 62.1%가 한국 방송프로그램을 시청한 적이 있다고 응답했다. 이를 국가별로 보면 말레이시아가 76.5%로 가장 높았고, 싱가포르 65%, 인도네시아 58.8%, 태국 57.3%, 베트남 53% 순이다. 영상물을 주로 시청하는 수단으로는 스마트폰이 63.9%로 가장 많았고, 유튜브(29%)와 넷플릭스(16.5%)를 주로 이용하였다.

한국 드라마 시청 경험률은 싱가포르 69.6%, 말레이시아 63.6%, 인도네시아 62.6%, 베트남 56.6%, 태국 44.1% 등이다. 5개국 시청자들은 한국 방송프로그램 선택 시 중요한 고려요소로 '콘텐츠의 흥미성(27.2%)'과 '콘텐츠의 참신성(24%)'을 들었다. 한국 방송의 시청 기회가 충분한지에 대한 질문에는 '그렇다(46.5%)'와 '매우 그렇다(14.5%)' 등 긍정적 답변이 61%였다.

4. 동남아시아 국가에 대한 복수비자 발급 확대

법무부는 2018년 12월 3일부터 미얀마, 캄보디아, 스리랑카, 인도네시아, 라오스, 네팔, 파키스탄, 필리핀, 베트남, 인도, 방글라데시 등 11개국에 대해 유효기간 10년의 단기방문(C-3) 복수비자발급을 확대한다고 밝혔다.

복수비자란 주어진 기간 동안 자유롭게 정해진 목적지를 방문할 수 있는 비자이다. 비자발급 대상자는 의사나 변호사, 교수 등 전문직업인과 4년제 대학 학사이상 학위소지자 또는 해외국가 석사학위 소지자이다. 법무부는 베트남에서 비교적 소득수준이 높은 하노이, 호치민, 다낭 등 대도시에 거주하는 사람들에게는 특별히 유효기간 5년 복수비자를 발급하기로 했다.

특히, 베트남에는 박항서 베트남 축구 국가대표팀 감독의 영향으로 '축구한류' 열풍이 불고 있고 화장품과 헤어스타일, 의류와 한식 등 한류 콘텐츠 선호도가 높아짐에 따라 구매력이 있는 베트남 국민의 방한 수요가 증가하고 있다. 2017년 기준 베트남 1인당 평균 연간소득은 2,300달러이나 호치민은 5,538달러, 하노이는 3,500달러이며, 대부분의 가정이 맞벌이 가정이므로 가구소득은 약 2배로 추정되고 있다.

신남방국가와의 교류확대를 위한 이번 비자제도 개선은 문재인 정부가 새로운 경제 지도를 그리기 위해 야심차게 추진하는 신남방정책의 일환이다. 2018년 10월 기준으로 한국을 방문한 신남방국가 관광객 수는 214만

3,482명으로 2017년 같은 기간보다 13.8% 증가하였다. 이 기간 신남방국가 가운데 가장 많이 한국을 찾은 국가는 무비자제도를 시행하고 있는 태국으로 46만 3,631명에 달했다. 그러나 무비자로 자격이 되지 않는 태국인들의 무분별한 입국의 영향인지 동남아시아 국가 중 한국에서 불법체류자의 비율이 가장 높은 국가도 태국이다.

법무부에 따르면, 신남방정책의 3대 기조 중 하나인 아세안 국가와의 인적교류 확대를 위해 비자 기준 완화는 필수적이지만, 국내불법체류 및 난민 문제를 고려하였을 때 전면적 무비자 시행은 사실상 불가능한 상황이다. 이를 보완하기 위하여 불법체류 가능성이 적은 여행객을 대상으로 복수비자 발급을 확대하는 것이 최선의 대안이 될 수 있다.

필리핀에서 증가하는 비자신청자의 편의를 위해 필자는 2018년 7월부터 비자 대행여행사를 지정, 운영하면서 더운 날씨에 대사관 앞에서 장시간 대기하는 불편을 없애고 비자신청서류도 간소화하고 복수비자 발급대상자도 확대하는 한편, 10년 복수비자 발급대상자의 범위도 확대한 결과 더 많은 필리핀 관광객이 한국을 방문할 수 있게 되었다.

주필리핀대사관은 아세안공관 뿐 아니라 전 재외공관 중 복수비자 발급 비율이 가장 높다. 아세안 국가 주요 공관의 비자발급건수 현황을 살펴보면 2018년 기준으로 주필리핀 대사관의 복수비자 발급건수는 21.3%에 달한다.

필리핀 대사관의 복수비자 발급비율이 높은 이유는 신청자가 단수비자를 신청하더라도 비자 영사가 복수비자 대상에 해당된다고 판단하는 경우 적극적으로 복수비자를 발급하고 있기 때문이다. 원칙적으로 단수비자 ($40)와 복수비자($90)의 수수료가 다르기 때문에 단수비자 신청자에게 복수비자 발급 시 문제가 되지만, 필리핀 국민은 59일 이하의 비자 수수료가 면제이기 때문에 이러한 조치가 가능하였다. 따라서 아세안 국가를 한정하여 복수비자 수수료를 단수비자 수수료와 동일하게 하고 복수비자 발급 비율을 높일 필요가 있다.

복수비자 발급대상도 확대하는 것이 필요하다. 우선 가족 범위를 확대하는 것이 중요하다. 현재 비자 발급 기준에 따르면 복수비자를 발급받을 경우 부모, 배우자, 미성년 자녀도 복수비자를 발급받을 수 있다.

필리핀의 예를 들어보면 필리핀은 주로 가족 단위 여행을 하는 경우가 많아 비자 신청도 가족 단위로 신청하는 경우가 많은데, 가족 중 대학교를 다니는 성년 자녀의 경우 복수비자 발급 대상에서 제외되는 경우가 많다. 일본의 경우 부모가 복수비자 발급을 받은 경우 성년 자녀에게까지 복수비자를 발급하고 있으므로 한국도 자녀의 기준을 '성년 자녀' 또는 '미혼 성년 자녀'로 확대하는 방안을 검토하는 것이 필요하다.

또한 10년 복수비자 발급 대상을 확대하는 방안이 있다. 현재 유효기간 10년의 복수비자 발급 대상은 의사, 변호사, 교수 등 전문 직종 종사자나 공·사기업 대표 등이 있으며, 한국에서 학사학위를 취득하거나 해외에서 석사학위를 취득한 사람도 대상이 된다. 여기에 국제기구의 임직원, 국회의원을 포함하고, 과거 복수비자를 발급받고 문제없이 출입국 했던 사람도 포함된다. 앞으로 불법 체류 가능성이 없는 회사의 직원이나 주요 대학 학생, 한국을 한 번 이상 방문한 경험이 있는 사람들을 대상으로 10년 복수비자를 발급한다면 한국을 방문하는 동남아시아 국민들의 숫자가 늘어날 것이다.

1) 2018년 5월 4일자 뉴시스.
2) Fitchsolutions.com : Global Market Insights.
3) 2019년 6월 29일자 마닐라 서울 B 4면.
4) 산업연구원이 2017년 12월 29일 발표한 「2018 KIET 방산수출 10대 유망국가」.
5) 2018-2022 방위산업육성 기본계획은 방위 사업청 홈페이지 공개자료.
6) 서정인 한·아세안 특별정상회의 준비기획단장, 《일 독무대 아세안 차 시장 지금 투자해야》, 2019년 8월 30일자 매일경제.
7) 2019년 9월 7일자 주간 마닐라, 28쪽.
8) 리 라이 토 태국 매파루앙대학교 아시아 국제개발연구센터 교수 겸 센터장, 「한류와 한-아세안 관계」, ASEAN Korea Journal, Vol. 1, Inaugural issue, 2019년 5월, 51~57쪽.
9) 위의 책, 전문가 대담회 「아세안 내 한류와 한국 내 아세안 류」 중 이 혁 한-아세안 센터 사무총장 모두발언, 72쪽.

제6장

동남아시아의 관문,
필리핀을 주목하라

"The most rewarding things you do in life are often

the ones that look like they cannot be done."

- Arnold Palmer

제1절

필리핀의 중요성과 잠재력

1. 필리핀의 강점과 중요성

1) 필리핀, 아시아에서 선구적 역할

필리핀인들은 두뇌가 우수하며 빠른 인지력과 좋은 기억력을 가지고 있다. 가족 간에 친밀한 유대관계를 유지하면서, 부모는 자식을 위해 희생하며 자식은 부모를 존경하고 사랑한다. 그들은 전쟁 시에는 용맹하고 평화시에는 낭만적이고 예술적 감각이 뛰어나며, 자유를 사랑하고, 또한 감사할 줄 알고 은혜를 잊지 않는다. 필리핀인들은 협동적이다. 그리고 그들은 400여년의 식민지역사를 통해 오늘날과 같은 자유민주공화국을 수립한 끈기의 민족이다.

필리핀 역사를 관심 있게 살펴보면 필리핀이 얼마나 독특한 나라인가를 알 수 있다. 필리핀은 여러 방식으로 수차례에 걸쳐 아시아에서 선구적인 역할을 했다.

- 서로 다른 4개의 나라(미국, 스페인, 멕시코, 일본)의 문화적인 특징을 이어받았다.
- 필리핀은 어느 아시아 국가보다도 기독교를 먼저 받아들였다. 필리핀은 아시아의 유일한 기독교 국가이다. 필리핀 전체인구의 85%는 천주교이고 개신교가 약 9%이다. 민다나오 섬을 중심으로 널리 퍼져있는 회교도는 5%이다.
- 필리핀은 아시아인에 의한 아시아 최초의 공화국이다. 아귀날도에 의해 필리핀 공화국이 수립되었을 때 다른 아시아 국가들은 왕국이었거나 다른 강대국의 식민지였다.
- 필리핀에는 아시아 어느 나라보다도 일찍이 공중보건 시스템, 병원, 고아원 등이 생겨났고 서구의 기술에 의한 전화가 도입되었다.
- 필리핀인들은 아시아의 어느 나라 국민들보다 영어를 유창하게 말할 수 있고 외국인에게 호의적이다.[1]

2) 필리핀 사람들의 특성, 성 평등 세계 1위

필리핀 사람들은 친절하기로 유명하다. 특히 외국인에 대해서는 그들 집에 초대하기를 좋아하며 따뜻하게 대우한다. 그들은 예의 바르며 가족 구성원의 연합이 잘 되어 있다. 중국문화의 영향으로 연장자를 존중하는 가운데 직장에서도 서열을 중시한다.

필리핀 사람들은 낭만적이고 정열적이다. 그들의 낭만적인 품성은 아름다운 자연의 영향을 받은 것 같다. 음악과 시를 좋아하며 서사시와 사랑의 노래, 시골의 아름다운 풍경을 좋아한다. 조그마한 일에 감사하며 선조 때부터 협동하여 남을 도와주는 것을 미덕으로 생각하고 있다. 동역자를 도와주며 의견에 불일치할 경우 다투지 않고 피한다.

그들은 자부심이 강하고 친구에게 온유하고 친절하고 사랑스럽게 교제를 나누다가 그들이 어떤 모욕과 중상모략을 당하면 체면을 중시하는 '히야' 문화로 매우 화를 내며 공격적이다. 자존심이 강해 자신의 잘못을 쉽게 인정하지 않으며, 자신이 옳다고 생각하는 일을 하기 보다는 타인의 평가를 우선시하는 경향이 있다.

그들은 정당성과 명예를 위하여 죽음을 무릅쓰고 싸운다. 인내하며 극복할 수 있는 적응능력이 뛰어난 민족이다. 수세기를 통하여 많은 침략을 당하고 반란, 혁명, 전쟁, 지진, 태풍, 화산 폭발 등 수많은 고통을 당하면서도 결코 좌절하지 않고 잘 적응하고 있다. 그들은 영적으로 믿음이 깊은 민족이며 신앙적인 일은 무슨 일이든 열성적으로 헌신한다. 필리핀 사람들은 어려서부터 가족이 인생의 전부라고 생각하고 있다. 그들은 비록 가난하더라도 위엄과 자부를 가지고 있다.

한편, 한국갤럽이 2019년 3월 18일 성 평등과 관련한 전 세계 40개국과 비교조사를 한 결과, 필리핀은 '남녀가 동등한 분위기'라는 응답이 많은 국가는 필리핀(61%), 태국(59%), 인도네시아(57%), 베트남(48%)순으로 주로 동남아시아 국가였다. 한국은 베트남, 라트비아에 이어 6위로 나타났다.

필리핀은 여성이 정치권에도 많이 진출하고 있는데 아퀴노, 아로요 2명의 여성 대통령을 배출한 데 이어 2019년 5월 13일 선거에서 상원 득표수 1, 2위가 신시아 빌리아, 그레이스 포 등 모두 여성이었다. 24명의 상원의원중 절반인 12명을 뽑는 상원의원 선거에서 여성이 5명을 차지할 정도로 여성계의 약진이 돋보였다. 2019년 9월 현재 필리핀 하원의원 299명 중 여성의원은 89명에 달하고 있다.

3) 필리핀인들의 행복도

필리핀인들은 인구의 85%이상이 가톨릭이라서 종교에 의존하면서 현재는 생활이 어려워도 천국과 내세에 대한 희망을 갖고 살고 있다. 이러한 환경으로 대체로 필리핀인들은 행복지수가 상대적으로 높다. 필리핀 사회 기상관측소(SWS)에서 2017년 12월 8일부터 16일까지 실시한 전국적인 조사에 따르면 필리핀인 대부분은 자신들이 행복하다고 말했다. 설문조사에 따르면 필리핀 성인의 94%는 '매우/상당히 행복하다'라고 답했으며, 92%는 '매우/상당히 만족했다'고 답했다.

민다나오는 행복하다고 답한 사람이 96%로 가장 많았으며, 루존은 95%, 비사야스는 94%, 메트로 마닐라는 90%를 기록했다. 행복과 만족은 또한 공식 교육을 받은 필리핀인 중 가장 뚜렷했다.

필리핀 서민층은 가톨릭 국가로서 종교적 유토피아를 상상하고 삶을 숙명적으로 받아들이게 함으로써 삶의 고통을 잊게 해주고 삶을 편안하고 온화하게 해준다. 필리핀의 서민들은 대부분의 한국인들보다 교리에 충실하고 믿음이 강하다.

4) 필리핀의 잠재력

필리핀 경제는 1억 명이 넘는 인구와 다양하고 풍부한 천연자원 등으로 인해 다원화된 경제구조를 가지고 있다. 또한, 매년 해외거주 필리핀인이 보내오는 송금이 국민총소득의 9%인 322억 달러(2018년 말 기준)에 해당하며 2015년 이후 연평균 6% 이상의 높고 지속적인 경제성장률을 보이고 있다.

필리핀은 서비스산업이 50% 이상을 보이는 소비중심 구조를 가지고 있고, 국민들도 소득에 비해 소비활동이 왕성한 편이다. 필리핀의 프랜차이즈 산업은 비즈니스 모델로서 인기가 지속되고 있으며, 시장 규모 확대에 따라 향후 안정적인 산업성장이 가능할 것으로 전망된다. 또한, 필리핀은 영어구사자가 많아서 콜센터 등 BPO(Business Process Outsourcing) 산업이 전체 산업의 10%에 달할 정도로 급성장 추세에 있다.

그리고, 필리핀은 대외 에너지 의존도를 낮추고 친환경 에너지 기반 확충을 위해 2006년부터 바이오 연료산업 육성을 본격적으로 추진하고 있다. 필리핀은 바이오연료의 원자재인 코코넛, 사탕수수 등의 생산이 풍부하고 인건비가 저렴하기 때문에 바이오 연료 생산조건이 양호한 편이다. 또한 정부에서는 바이오 연료 사용을 의무화하는 정책수단을 활용하여 내수시장을 형성하고 있으며, 바이오 연료산업에 대한 인센티브를 부여하여 산업을 적극적으로 지원하고 있다.

한편, 필리핀 정부는 중기발전계획에 따라 정보통신 분야와 정보통신 서비스, 자동차, 전자산업, 관광업 등 필리핀이 비교우위를 부여하고 투자 확대를 독려하고 있다. 특히, 820만 명의 해외관광객을 유치할 목적으로 노력중인데 관광수입은 전체 국내총생산의 약 12%에 달한다.

2. 필리핀 국가비전 2040

두테르테 행정부는 10개 사회경제 개발전략(10 points Socioeconomic Agenda)에 기초하여 경제성장을 위한 제도 개혁을 추진 중이다. 주요 전략으로는 거시경제와 무역정책을 지속 유지하고 조세개혁과 기업환경을 개선하여 외국인 투자지분 제한을 완화하며 인프라 투자를 확대하고 농업 개발과 토지개혁을 추진하고 인적개발 투자와 과학기술 분야를 증진하는 것을 주목표로 하고 있다.

그동안 조세개혁과 중소기업 법인세 인하 등의 조치로 국가 신용평가기관인 S&P는 2019년 4월 30일 필리핀 장기 국가 신용등급을 BBB+로 부여하였는데 이는 역대 필리핀 국가 신용 등급 중 최고이다. 필리핀 경제의 고성장은 당분간 지속될 것으로 보이나, 중장기적으로 필리핀 경제의 지속 가능 성장을 위해서는 지나친 정부지출과 내수 소비, 아웃소싱(BPO) 산업에 의존하는 경제구조를 극복할 필요가 있다.

두테르테 정부는 '국가비전 2040'을 설정하여 2040년까지 빈곤퇴치와 중고소득 국가 진입을 목표로 설정하였다. 이를 위해 2040년까지 1인당 국민소득을 9,350 달러를 달성하는 것을 목표로 하고 있다.

한편, 세계은행은 필리핀의 경제성장률을 2019년 5.8%로 예상하고 있는 가운데 필리핀의 국내총생산은 해외근로자들의 해외송금과 정보통신에 기반을 둔 콜센터(BPO) 산업 발전, 대대적인 인프라 프로그램 등에 힘입어 중장기적으로 지속적으로 성장할 것이며 2022년에는 1인당 국민소득이 4천 달러를 넘을 것으로 내다보았다.

세계은행은 특히, 필리핀의 공공 인프라 투자와 개인 투자, 신용 팽창, 해외 근로자들의 송금 증가 등이 성장에 긍정적으로 기여하고 있다고 평가했다. 필리핀의 인플레이션이 상대적으로 낮고 부채가 적은 것도 지속 가능성장을 유지할 수 있는 배경이다.

또한, 필리핀 경제규모는 2018년에서 2026년 사이에 2배로 증가하여 2018년 국민총소득 규모는 3,300억 달러에서 2026년에는 6,720억 달러가 될 것으로 예측하였다. 이에 힘입어 2032년에는 1인당 국민소득이 8,200달러가 되어 아시아에서 가장 빠른 경제 성장 국가의 하나로 자리매김할 것이라고 보았다.[2]

세계은행은 이러한 목표를 달성하기 위해서는 아시아 호랑이(홍콩, 싱가폴, 한국, 대만)의 경제발전상과 같이 향후 22년 간 경제성장률이 6.5%

이상을 유지(필리핀은 2000년 이후 평균 5.3% 경제성장율 달성) 하여야 하며, 이를 위해 통신, 전기, 교통 등 분야의 규제개혁을 통한 시장 경쟁력을 강화하고 또한 외국인 투자제한 완화와 비관세 장벽 완화 등 투자무역환경을 개선해야 하며 노동시장의 경직성을 완화해야 한다고 주장하였다.

세계은행은 2018년 9월 23일 발표한 「미래 필리핀 경제의 성장과 생산성(Growth and productivity in the Philippines: Winning the future)」 보고서를 통해 생산성 증대는 장기적 성장에 필요한 요소로 1998년부터 필리핀 경제성장의 주요 동력으로 작용해 왔으며 투자유치와 자본 확대에 유리한데 필리핀은 산업별 생산성이 다른 것이 특징이라고 분석하였다.

이 보고서는 제조업은 1998~2009년 간 평균 생산성이 1.7%이었고 서비스 분야 생산성도 금융업 성장에 따라 크게 개선되었으나 농업 분야는 지난 20년간 2.1% 수준을 유지해 왔다고 분석하고 자본축적을 위해서는 총 국민소득 대비 투자성장률을 현재 수준의 2배 이상으로 확대할 필요가 있다고 주장하였다.

세계은행은 고성장을 위한 정책 개혁 필요 분야로 시장경쟁력을 높이고 무역환경을 개선해야 하며 투자환경, 혁신, 노동 분야에서도 개선이 필요하다고 보았다.

3. 필리핀의 빠른 경제성장세와 향후 전망

필리핀은 2012년부터 5년 연속 6~7%의 높은 경제성장률을 나타내며 주요 신흥국 중 인도, 베트남과 더불어 빠른 성장세를 보이고 있다. 필리핀의 경제성장률은 2017년에 6.7%를 기록한데 이어 2018년에는 6.2%를 기록하여 인도(7.1%), 베트남(7.1%), 중국(6.5%)에 이은 4위의 성장률을 보였다.

1. 통신, 전기, 교통 분야의 경쟁력 확대

2. 교통, 에너지, 수자원 등 분야 책임부처의 독립성과 권한 강화

3. 기업설립과 납세관련 행정절차 간소화

4. 외국인 투자제한 완화

5. 정부의 시장가격 개입 최소화

6. 항구와 물류 인프라 개선을 통한 무역 시 발생되는 지출 축소

7. 복잡한 행정절차 등 비관세장벽 완화

8. 고용과 해고 절차 간소화

9. 노동자의 생산성에 준하는 최저임금 책정

10. 엄격한 정규고용 기준 완화

2016년부터 6% 이상의 높은 경제성장률로 베트남을 제외하고는 동남 아시아에서 가장 높은 경제성장률을 지속하고 있어서 HSBC(홍콩상하이 은행)가 발표한 보고서에 의하면 필리핀이 2050년에는 16번째 경제 강대 국이 될 것이다.[3] 미국투자은행인 골드만삭스도 필리핀 경제가 향후 2050 년까지 지속적으로 고도성장할 것이라고 발표하였다.

GS Global ECS Research에 따르면 2050년 한국은 세계에서 7위, 필리핀 은 베트남(16위), 인도네시아(17위)에 이어 세계에서 18번째로 부유한 국 가가 될 것으로 보았다. 2017년 2월 7일 세계적인 회계법인인 프라이스워 터하우스 쿠퍼스(PwC)는 필리핀이 2050년에는 19번째로 잘 사는 나라가 될 것이라고 전망하였다.

2017년 4월 3~10일자 경제주간지인 BizNews Asia는 「2016년 구매력 기준 으로 2050년 50개 국가의 국민총생산: 필리핀 19위가 될 것(The 2050 largest economies in GDP PPP(in constant 2016 billion dollars): PH is 19th」 제하의 세계국내총생산(GDP)의 변화 순위 추이를 아래와 같이 보도하였다.

<세계 국내총생산의 변화 추이>

	2016년	2030년	2050년
1	중국	중국	중국
2	미국	미국	인도
3	인도	인도	미국
4	일본	일본	인도네시아
5	독일	인도네시아	브라질
6	러시아	러시아	러시아
7	브라질	독일	멕시코
8	인도네시아	브라질	일본
9	영국	멕시코	독일
10	프랑스	영국	영국
11	멕시코	프랑스	터키
12	이태리	터키	프랑스
13	한국	사우디아라비아	사우디아라비아
14	터키	한국	나이지리아
15	이란	캐나다	한국
16	호주	이집트	필리핀
17	태국	파키스탄	베트남
18	나이지리아	태국	캐나다
19	파키스탄	필리핀	말레이시아
20	아르헨티나	말레이시아	태국
21	말레이시아	아르헨티나	남아공
22	필리핀	방글라데시	호주
23	남아공	베트남	아르헨티나
24	베트남	네델란드	네델란드

이 자료는 유엔 인구추이를 반영하여 프라이시워터하우스가 2016년 국제통화기금에 제출한 내용을 기반으로 작성한 것이다. 인구 대국인 인도네시아, 브라질, 러시아가 2030년 이후에는 약진할 것으로 예상되며, 필리핀은 2016년 28위에서 2030년 24위, 2050년 19위로 상승하는 반면, 한국은 2016년 13위에서 2030년 14위로 약간 떨어지나 저출산으로 인한 인구의 급격한 감소로 인해 2050년에는 18위로 하락함을 보여주고 있다.

현재, 약 9,500만 명의 인구를 가진 베트남은 2016년 32위에서 2030년

29위, 2050년에는 필리핀에 이어 20위를 기록할 것으로 나타났으며, 말레이시아는 2016년 27위에서 2030년 25위, 2050년 24위로 큰 변동이 없음을 보여주고 있다.

다만, 이 통계는 실제 국내총생산이나 1인당 국민총생산을 반영한 것은 아니다. 따라서 2018년 현재 국민총생산 1위인 미국이 어떻게 변할지는 알 수 없으나 중국이 국민총생산이나 구매력을 기준으로 한 국내총생산이나 모두 2030년 이후에는 미국을 앞지를 것이라는 것은 대체로 공통된 의견이다.

한편, 2018년 3월 유에스 뉴스 앤 월드 리포트(US News & World Report)는 80개국의 6천명의 기업인들을 대상으로 설문조사한 결과, 2018년 필리핀을 가장 투자 선호국(best country to invest in)으로 선정했다고 발표했는데 이 신문은 부패정도, 역동성, 경제적인 안정, 기업가 정신, 우호적인 조세제도, 혁신, 숙련된 노동자, 기술전문성을 고려할 때 필리핀이 가장 높은 점수를 받았다고 보도하였다.

카를로스 도밍게즈(Carlos Dominguez) 필리핀 재무장관은 젊고 열심히 일하는 노동력, 훌륭한 경제성장 모멘텀, 중산층 확대, 정치적인 안정, 강력한 지도력, 건전한 재무구조, 안정적인 통화정책, 달성 가능한 인프라 계획, 강력한 반부패 노력, 개선된 조세구조 덕택에 필리핀이 투자 적격국에서 1위를 차지하였다고 평가하였으며 페르니아(Pernia) 국가경제개발청 장관은 2018년에 이어 2019년에도 필리핀이 인도 다음으로 가장 높은 경제성장률을 기록할 것으로 예측했다.[4]

현 두테르테 정부는 2022년에 상위 중소득 국가(3,896~1만 2,055달러), 2040년에 고소득 국가(1만 2,56달러 이상) 진입을 목표로 해왔다. 필리핀은 2018년 국내총생산(GDP) 성장률 6.2%를 기록했는데, 페르니아 장관은 "2019년 GDP 성장률이 4.4% 이상만 되어도 1인당 국민소득(GNI)이 4천 달러를 넘을 것"이라고 전망하고 있다.

필리핀의 경제를 뒷받침하는 것은 지출증가라고 블룸버그는 분석했다. 필리핀 경제의 70%를 차지하는 소비지출은 2017년 4분기에 2016년 대비 6.1% 증가했다. 정부지출 역시 같은 기간 14.3% 증가했고 투자도 8.2% 증가했다.

인구가 1억 명이 넘어서 내수시장이 탄탄하다. 특히, 전체 인구 중에서 24세 이하 청년층 비율이 절반을 훌쩍 넘는다. 빠르게 증가하는 청년층 인구는 필리핀 경제의 60%를 차지하는 서비스업의 성장배경이 되고 있다. 청년인구 증가율이 탄탄한 만큼 국내총생산(GDP)의 70%를 차지하는 내수를 기반으로 한 필리핀의 고성장세는 계속 될 것으로 보인다.

4. 인프라 건설의 황금시대를 맞은 필리핀

1) 두테르테 노믹스 "Build, Build, Build"

필리핀 수도 마닐라는 요즘 곳곳이 공사판이다. 두테르테 필리핀 대통령이 자신의 임기기간(2016~2022년)은 "인프라 건설의 황금기가 될 것"이라고 선언하며 인프라 건설을 골자로 한 "두테르테 노믹스"를 발표하면서 주말에도 건설현장 인부들이 일하는 진풍경이 펼쳐지고 있다.

이러한 인프라 건설이 지속적으로 이루어지는 배경에는 과거 필리핀 정부가 인프라 건설에 투자를 하지 않아 지속적이고 정기적인 경제발전을 이루지 못한데 대한 자각에 따른 것이며, 한편 지난 5~6년 동안 평균 6.3~6.7% 경제성장률을 기록한 것도 중장기적인 경제발전을 위해서는 인프라를 통한 경제기반을 공고히 하는 것이 필요한 데 대한 인식에서 출발하였다.

두테르테 노믹스의 캐치 프레이즈는 고도 경제 성장기에 들을 법한 '짓자, 짓자, 짓자!'(Build, Build, Build!)이다. 마닐라 수도권 지하철과 남북 철도, 주요 도시공항 확장, 민다나오 섬 철도 등 인프라 사업에 향후 6년간 8조 페소(약 182조원)를 투입한다. 2017년 5.4%인 GDP 대비 인프라 투자 비중을 7.4%까지 끌어올릴 계획이다. 두테르테 대통령은 "노후화한 인프라가 경제성장의 가장 큰 걸림돌"이라며 "인프라를 획기적으로 개선해 연간 7~8%의 경제성장률을 달성할 것"이라고 말했다.

두테르테 대통령은 철도, 도로, 공항 등을 비롯한 인프라(기간) 시설에 2022년까지 총 1,800억 달러를 투자하는 대규모 프로젝트를 추진하면서 '인프라 황금시대'를 열었다. 고도성장을 유지하고 2022년까지 필리핀을 중간소득 국가로 끌어 올리겠다는 약속을 지키기 위해서는 공공투자를 통한 인프라 구축이 필수라는 인식 때문이다.

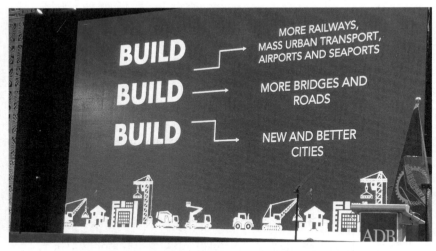

2018년 아시아개발은행 연차총회 시 도밍게즈 재무장관 발표문

2) 필리핀, "인프라의 황금시대" 목표 설정

2017년 11월 28일자 블룸버그(Bloomberg)는 수십년 간 동남아시아 이웃 국가들에 비해 성장속도가 뒤쳐졌던 필리핀에서 공공투자가 급격히 증가하고 있다고 보도하였다. 세계은행에 따르면 지난 2016년까지 5년 동안 필리핀의 순자산은 평균적으로 14.4% 증가해 동남아 지역에서 가장 빠른 증가세를 기록했다. 말레이시아에 비해서는 약 2배 정도 빠른 성장세이다. 2017년 들어 필리핀의 순자산은 2016년 대비 10.4% 증가했다. 통계청의 자료에 따르면 말레이시아(6.9%)와 인도네시아(5.8%)의 증가율에 비해 매우 빠른 성장세를 보였다.

기업들도 대형 투자계획을 내놓고 있다. 필리핀 투자회사 매크로 퍼시픽 인베스트먼트(MPIC)는 2022년까지 수자원과 도로, 전력 등 인프라 구축에 160억 달러를 투자할 예정이다. 필리핀 최대 개발업체인 아얄라 랜드(AYALA LAND INC)도 2018년에 20억 달러 규모를 투자하였다.

3) 필리핀 건설 인프라 시장 기회 열린다

코트라(KOTRA) 마닐라 무역관에 따르면 필리핀 국가경제개발청(NEDA)은 수량기준으로 공장생산이 2016년도 마이너스 1.7% 성장에서 2017년도 8.5%의 플러스 성장으로 전환했으며, 금액 기준으로 마이너스 7.9%에서 4.7%의 플러스 성장으로 전환했다고 발표했다. 또한 정부와 민간 부문에서 추진되는 인프라 프로젝트로 인해 건설관련 제품 중 기초금속, 운송장비 및 기계 산업이 높은 성장률을 기록 중이다.

현재 의회에서 논의되고 있는 건설법 개정으로 외국 기업의 건설면허 취득이 용이해지면 우리기업은 하청이 아닌 원청업체로 사업에 참여할 수 있는 만큼 수주 개선이 기대된다. 또한 건설 기계, 자재, 장비 및 시설 등 관련 분야 협력기업의 동반 진출 기회도 증가하는 등 필리핀 건설시장 진출에 긍정적인 전망이 예상된다.

4) 아시아개발은행(ADB), 필리핀에 71억 달러지원

아시아개발은행은 2019~2021년 필리핀 정부에 총 71억 달러(약 7조 9,215억 원)를 융자하는 프로그램에 대해 필리핀 국가경제개발청(NEDA) 및 재무부와 양해각서를 체결하였다고 발표하였다. 두테르테 정부의 인프라 정비계획인 '짓자, 짓자, 짓자'에는 전체자금의 60%인 약 45억 달러(약 5조 211억 원)가 투입될 예정이다. 특히 이번 지원은 경제성장과 빈곤율 감축, 소득격차 해소를 지원하게 된다.

이 프로그램 대출 중 3분의 2는 지역 간 연결성 향상과 도시화를 촉진하는 철도, 교량, 도로, 홍수관리 사업에 충당된다. 나머지 3분의 1은 정책 지원이나 모든 사람이 금융서비스에 접근할 수 있도록 하는 금융 및 자본 시장 개발 등 사회제도의 정비를 위해 투입될 예정이다. 아시아개발은행은 2019~21년 필리핀을 위한 국가별 업무계획에서 인프라 정비 및 지방 경제개발을 촉진시키는 한편, 빈곤율을 현재 21.6%에서 14%로 낮추는 것에 대한 지원을 우선하고 있다고 밝혔다.[5]

5. 두테르테 대통령의 치안안정과 부패척결 노력성과

1) 두테르테 대통령의 마약과의 전쟁을 국민 82%가 지지

두테르테 대통령은 범죄와의 전쟁을 선포하면서 경찰에게 범죄자 즉결처형권을 부여하여 마약거래상을 살해할 수 있도록 허용하는 한편, 정부기관과 군, 경찰의 부패를 척결하겠다는 공약을 내세웠다. 부정부패 척결대상은 공무원, 군, 경찰뿐만 아니라 전기와 통신등 주요 기간산업을 독점하는 대기업도 해당되어 빈곤층이 혜택을 볼 수 있도록 통신·방송·에너지시장을 개방하겠다는 계획을 세우고 해외투자를 제한하는 법률 개정도 추진하고 있다.

2019년 9월 23일 자 필리핀 일간지인 필리핀 스타(Philippine Star)지 보도에 따르면 필리핀 여론조사기관인 사회기상관측소가 2019년 6월 22일부터 26일까지 18세 이상 1,200명을 대상으로 여론조사결과 응답자의 82%가 두테르테 대통령의 마약과의 전쟁을 지지하는 것으로 나타났다.

마닐라 수도권 경찰청은 메트로 마닐라에서 범죄 발생률이 21% 감소했으며, 메트로 마닐라의 범죄율 감소는 적극적인 마약단속과 범죄가 빈번한 지역에 대한 순찰 강화 덕분이라고 발표했다. 2017년 18,524건의 범죄가 발생했으나, 2018년에는 14,633건의 범죄가 발생하여 21% 감소하였다.

필리핀 주요 언론보도에 따르면 두테르테 대통령이 2016년 취임한 이후 필리핀 전체 범죄율은 무려 62% 감소한 것으로 나타났으나 마약과의 전쟁으로 피살사건은 오히려 증대한 것으로 나타났다.

2) 부정부패 해소 노력

필리핀은 국제투명성기구가 발표한 2017년 부패인식지수에서 34점을 획득해 180개국 중 111위를 차지했다. 필리핀은 2016년 176개국 중 101위를 차지했으며, 2015년에는 168개국 중 95위를 차지했으나 2017년에는 10계단 하락한 111위를 차지했다. 두테르테 대통령의 부정부패 근절 노력으로 2018년에는 99위를 기록하여 12단계 상승하였고 태국과 같은 수준이다.

필리핀 현지일간지인 마닐라 블르튼(Manila Bulletin)지는 2018년 3월 3일 필리핀 경찰총국의 발표를 인용해 2016년부터 2018년 1월까지 경찰관 398명이 파면조치를 받았고 1,614명이 감봉, 강등, 정직 등 징계처분을 받았다고 보도했다. 파면된 경찰관 398명 중 167명은 범죄조직과 결탁, 마약류 범죄 등 강력범죄에 연루된 것으로 드러났다.

이에 두테르테 대통령은 "범죄를 소탕해야 하는 경찰조직이 범죄의 온상으로 변질되었다. 특히 마약사범과의 결탁은 결코 용납할 수 없다"고 강조하였다. 두테르테 대통령은 낮은 임금으로 범죄조직과 쉽게 결탁하는 것을 막기 위해 군인과 경찰의 월급을 2배 인상하였다.

살바도르 파넬로(Salvador Panelo) 대통령실 대변인은 2018년 12월 16일부터 19일까지 여론조사결과 응답자의 74%가 두테르테 대통령의 업무수행에 만족을 표명한 사실을 거론하면서 두테르테 대통령은 앞으로도 반부패 운동을 적극 전개해 나갈 것이라고 하였다.[6]

필리핀 국민들이 두테르테 대통령을 선택한 것은 기존의 엘리트 정치인들과 다른 모습을 보여주었기 때문이다. 필리핀 정치의 가장 큰 특징은 정당정치의 기반이 취약하다는 것이다. 정치권은 경제적 부와 사회적 지위를 확보한 소수의 엘리트가 정권변화와 상관없이 자신의 영향력을 지속적으로 행사할 수 있기 때문에 '인물중심'의 정당체계가 작동하여 정책중심의 '정책정당'을 찾아볼 수 없다.

가문정치, 즉 유명정치가가 정치적 이력이나 정책 등에 대한 것과 관계 없이 정계에 계속 몸담고, 실제 선거에서도 당선되는 일이 부지기수이다. 일종의 지방귀족인 이들은 경제권은 물론이고 주요 공직도 차지하며, 대 대손손 세습된 권력 덕분에 부패나 비리를 저질러도 정계에 복귀하는 일 이 다반사다. 이러한 상황에서 두테르테 대통령이 과연 완전히 부패를 척 결할 수 있을지 관심사이다.

〈역사의 종말〉이라는 책을 저술한 스텐포드 대학의 프란시스 후쿠야마 교 수는 '사회적 신뢰'가 현대의 자유국가에서 성공적인 국가발전에 가장 핵심 적인 요소가 된다고 정의하였다. 정부의 투명성, 독립적인 법 체제, 성숙한 시민사회, 이것들이 결합할 때 사회적 신뢰는 높아진다. 그럴 때 시민들은 정부와 지역사회를 믿고, 기업가 정신을 발휘하며, 위험을 감수하게 된다.[7]

6. 경쟁력 있는 인적자원: 1억 명의 인구대국, 젊은층이 많은 필리핀

필리핀은 2014년에 1억 명 이상의 인구를 자랑하는 '인구대국'에 이름 을 올렸다. 이로써 필리핀은 중국, 인도, 인도네시아, 브라질, 파키스탄, 나 이지리아, 방글라데시, 러시아, 일본, 멕시코에 이어 13번째로 '1억 클럽' 에 가입한 것이다. 이외에도 천만 명 이상이 해외에 거주하고 있다. 필리 핀 인구위원회는 2019년 12월말까지 필리핀 인구가 1억 888만 명에 도달 할 것으로 예상했다. 그리고 필리핀 노동력 인구는 2019년 말까지 7천만 명에 이를 것으로 나타났다.

필리핀은 고학력 노동력이 풍부하며, 대부분 영어구사능력이 뛰어나다. 유네스코 통계연구소에 의하면 필리핀 15세 이상 인구의 성인식자율이

96.62%를 기록하였다. 한편 유엔 인구부(UN Population Division)에 따르면 필리핀의 중위연령은 24.2세이다. 필리핀의 노동시장은 2016년 국제경영개발원 세계경쟁력 보고서에서 조사대상 61개국 중 4위에 오르는 등 세계에서 가장 경쟁력 있는 나라 중의 하나이다.

또한, 국제경영개발원이 발표한 세계인재보고서(World Talent Report)에 따르면 3가지 요소를 통해 국가의 인재육성, 유치, 유지 역량을 분석한 결과, 필리핀은 준비상태(readiness) 부문에서 23위를 기록하였다. 모든 항목에서 필리핀은 높은 점수를 받았으며, 숙련인력의 가용도(4위), 유능한 선임 관리직 인력의 가용도(14위), 언어능력(18위), 선임관리직의 국제경험(21위)에서 비교적 높은 평가를 받았다. 또한 필리핀은 도제기회의 충분함(23위), 사내 직원교육에 대한 중요도(25위)등의 매력도(appeal) 항목에서 상위 50%에 포함되었다.

세계경제포럼의 2016~2017년 글로벌 경쟁력지수(Global Competitiveness Index) 조사대상 138개국 중 필리핀은 직원교육(31위), 교육시스템 수준(44위), 국내특수훈련 서비스 가용도(48위) 등 고등교육 및 연수 부문에서 높은 평가를 받았다. 또한, 필리핀은 고등교육자, 직업훈련학교 졸업자수가 지속적으로 증가함에 따라 노동자의 지식 및 기술 향상과 관련한 필리핀 개발계획(Philippine Development Plan) 목표 달성에 다가서고 있다.[8]

필자는 2018년 11월 19일 필리핀에 주재하고 있는 유엔인구기금(UNFPA: United Nations Population Fund)의 이오리 카토(Iori Kato) 대표와 만났다. 2010년 유엔인구기금이 필리핀 인구를 측정했을 때 당시 1억 명이였으나 2030년에는 1억 2,500만 명에 이를 것으로 추정하였다. 카토 대표는 필리핀의 평균연령이 24세로 아주 낮고 청년인구는 매년 증가추세에 있으나 청년 실업률이 심각한 사회적 문제가 되고 있으므로 특히, 민다나오 같은 낙후지역의 실업률 감소를 위해 한국국제협력단(코이카)과 협력해 나가기를 희망하였다.

7. 필리핀 이주노동자 송금액 322억 달러

2018년 필리핀 해외이주 노동자들의 송금액이 322억 달러(약 34조 원)로 사상 최대 기록을 남겼다. 2010년만 해도 전체 필리핀 해외 취업자 수는 147만 명이며 송금액은 188억 달러였으나 8년 만에 해외 취업자 수나 송금액은 크게 증가하였다. 필리핀의 해외취업 노동자들은 아프리카 대륙 전체의 해외취업 노동자들과 맘먹을 정도로 중요한 역할을 담당하고 있다.

한국에서도 1960년대부터 1980년대까지 해외취업 노동자들이 국가 경제에 큰 보탬이 되었었지만, 그 당시의 한국인들보다 요즘의 필리핀 해외취업 노동자들이 필리핀 경제에 이바지하는 비중은 훨씬 크다.[9]

2018년 1월 21일 필리핀 중앙은행은 2017년 필리핀 해외이주 노동자들이 본국으로 송금한 현금이 2016년 보다 4.3% 증가한 281억 달러를 기록했다고 밝혔다. 송금액 증가율은 필리핀 중앙은행이 당초 예상되었던 4%를 넘겼지만, 2016년 증가율 5.04%에는 못 미쳤다. 그 이유는 2016년 유가 하락으로 중동지역에 있던 많은 이주 노동자들이 해고되거나 임금이 더 낮은 직장으로 옮겼기 때문이다.

지역별로는 250만 명의 필리핀 이주노동자들이 있는 중동지역 송금액이 3.4% 늘어나는데 그친 반면, 350만 명의 필리핀 노동자들이 있는 미국에서는 송금액이 5.5% 증가하였다.

1,000만 명이 넘는 필리핀의 해외이주 노동자들이 본국으로 송금하는 현금은 총 3,350억 달러 규모의 필리핀 경제에 주춧돌 역할을 한다. 총국민소득의 약 9.6%를 차지하는 322억 달러의 송금액은 인도(794억 달러),

중국(674억 달러)에 이어 3위를 기록한다. 이 때문에 무역적자 확대 압박을 받고 있는 필리핀 정부는 경제를 떠받치기 위해서라도 해외이주 노동자들의 송금액이 지속적으로 증가하는 게 절실한 상황이다.10)

제2절

필리핀의 투자정책과
비즈니스 환경 개선

1. 필리핀 투자요인과 투자정책

1) 필리핀 투자요인

2017년 세계은행이 발표한 국제금융공사(IFC) 기업환경 평가보고서 (International Finance Corporation Doing Business Report)에 따르면 필리핀은 피치, 무디스, S&P 등 신용등급평가기관으로부터 2013년 이후 지속적으로 신용등급이 상향되어 왔다.

피치(Fitch)사는 2017년 12월 필리핀의 국가신용등급을 BBB-에서 BBB 로 상향조정한 후 2019년 9월 현재까지 같은 등급을 유지하고 있다. 무디스 사는 2014년 12월 Baa3에서 Baa2로 상향조정한 후 현재까지 등급을 유지하고 있으며, S&P사는 2019년 4월 필리핀 신용등급을 BBB에서 BBB+로 한 단계 상향조정하였다.

필리핀은 2016년 6.8%의 경제성장률을 기록한데 이어 2017년 6.5%, 2018년 6.2%의 성장률을 기록하였는데 이러한 성장은 코코넛 오일(146.5%), 광물(104.5%), 금속부품(66.4%), 화학(42.15%) 및 기타제조(35.8%) 등 5개의 주요상품이 주도하였다. 취업자 수는 4,100만 명으로 취업률은 95.3%, 실업률은 4.7%를 기록하였고 향후 노동 가능인구는 6,870만 명으로 나타났다.

필리핀은 사업비용이 낮고 영어가 가능하며 적응력이 뛰어난 대졸자 인력풀 덕분에 다국적 기업이 아웃소싱 국가로 선호하고 있다. 필리핀의 콜센터인 BPO(Business Process Outsourcing) 규모는 2011년부터 2015년까지 19% 성장하였고 2022년에는 매출액 400억 달러, 글로벌 시장 점유율 15%가 예상된다.

제조업은 2016년 14.4% 성장한데 이어 제조업을 발전시키기 위한 3단계를 추진하고 있다. 로드맵 1단계(2014~2017년)는 자동차 및 우주항공부품, 전자기기, 의류, 식품, 자원기반 산업, 화학, 가구, 조선 등에 집중하는 것이고 2단계(2018~2021년)는 화학, 철강, 제약, 금속가공, 융합산업, 중소기업 및 대기업 혁신생태계 등 후방산업 내 고부가가치 기업 활동 및 투자로 확대하는 것을 포함하고 있다. 3단계(2022~2025년)는 첨단기술, 교통, 전자, 화학 등의 산업으로 발전하고 자동차나 전자, 기계, 의류, 식품 분야에서 역내 및 글로벌 제조 허브로서의 역할 확대를 목표로 하고 있다.

2) 필리핀 투자정책과 인센티브

필리핀의 법률과 규제는 모든 투자자와 기업에 다음과 같은 기본적인 권리를 보장한다. 즉, 적절한 보상이 없는 재산수용으로부터 보호를 받고,

수익이나 자본이득, 배당소득을 필리핀 중앙은행의 가이드라인에 따라 송금할 수 있는 권리를 보유하고 또한 투자회수금을 본국으로 송금할 수 있는 권리를 가지고 있다.

1991년 외국인 투자법에 따라 외국기업들은 일반적으로 필리핀 정부가 정기적으로 업데이트하는 외국인 투자 네거티브 목록에 따라 필리핀에서 사업을 영위할 수 있다. 투자청이 집행하는 1987년 옴니버스 투자규칙은 필리핀 정부가 국가적 발전을 위해 우선순위를 부여하는 활동을 영위하는 국내 및 외국기업들을 위한 인센티브를 종합적으로 제공한다. 1995년 특별경제구역법은 특별경제구역에 위치한 적격기업들에 인센티브를 제공한다.

모든 국세 및 지방세를 대신하여, 법인세 감면과 면제, 면세수입품(장비, 원자재), 기타 공제 등 차감 후 조정총소득(modified gross income)에 대하여 특별세율 5%가 적용된다. 다만, 새로운 세법인 종합조세개혁안(TRAIN II)에 따르면 특별세율을 5%에서 20%로 상향조정될 것으로 보인다. 그러나 필리핀 국내기업과 거주자 외국기업에 대한 법인세율은 현재 30%에서 2029년까지 20%로 하향 조정될 예정이다.

필리핀에 투자하는 외국인 투자자는 투자자 임대법에 따라 민간 토지를 최초 임대계약기간은 50년으로 하며, 1회에 한하여 25년을 연장할 수 있으나, 임대부지는 투자목적으로만 사용할 수 있다.

3) 필리핀 투자우선 순위계획

두테르테 대통령은 2017년 2월 28일 투자 우선순위계획(Investment Priorities Plan: IPP)을 승인하였다. 이번 투자우선순위계획은 소상공인과 중소기업이나 중견기업과 관련한 혁신과 메트로 마닐라 이외의 지역에 투자를 유치하는 것을 골자로 하고 있다.

우선순위 활동 목록으로는 산업재와 농식품 가공과 같은 제조업에 대한 투자를 우선시하고 전략적 품목으로는 통신업과 최첨단 EPC(설계, 구매, 시공)를 포함하고 있다. 건설 부문은 가격상한선이 300만 페소에서 200만 페소로 낮아지고 보건시설에 대한 우선순위 부문으로 마약치료센터가 포함되었다.

또한, 에너지 분야에서는 오일 및 가스관련 파이프라인 프로젝트와 전통적인 연료와 기타 폐기물을 활용한 전력생산 프로젝트, 그리고 배터리 에너지 저장체계 설립이 인프라 우선순위에 포함되었다.

지방정부 민관 협력사업 분야로는 공항 및 항만, 항공과 육상 교통, LNG 저장시설 확충, 대규모 수 처리 및 물 공급시설, 국내공업단지 조성 등이 포함되었고, 혁신동력분야로는 연구개발 지출을 늘리고 우수연구센터를 확충하고 신규 및 차세대 기술과 제품을 상용화하는데 중점을 둘 것이며, 환경과 기후변화 관련 프로젝트로는 에너지 효율 시설을 확대하고 국제기준에 기초한 그린 선박을 재활용하는 방안을 추진하기로 하였다.[11]

2. 필리핀 비즈니스 환경개선법과 외국인 투자완화 조치

1) 필리핀 비즈니스 환경개선법 제정

필리핀은 세계은행이 발표한 2019년 비즈니스 환경보고서(Ease of Doing Business ranking)에서 95위를 기록하였다. 상위권국가로는 1위가 뉴질랜드, 2위는 싱가포르, 3위는 덴마크, 4위는 홍콩, 5위는 한국, 8위는 미국, 영국은 9위, 일본은 39위, 중국은 46위를 기록하였다. 아세안 국가로는 말레이시아가 15위, 태국이 27위, 베트남이 69위, 인도네시아가 73위, 캄

보디아가 138위, 라오스가 154위, 미얀마가 171위를 각각 기록하였다.[12]

필리핀 재정부와 산업통상자원부는 공동 성명서를 통해 창업, 건축인허가, 전기 공급, 소액투자자보호, 세금납부, 통관행정 등 필리핀의 비즈니스 환경이 실제로 개선되었음에도 불구하고 세계은행 보고서가 이를 반영하지 않았다고 설명하였다. 두테르테 행정부는 경쟁력강화와 비즈니스 환경개선을 10대 사회경제 과제의 하나로 정하고 정부행정절차의 간소화와 개혁을 추진해 왔다.

2019년 10월 4일 세계은행 필리핀 사무소 대표인 마라 워익(Mara Wawick) 박사는 필자와의 면담에서 필리핀의 기업환경 지수가 다른 아세안 국가에 비해 현저히 낮은 이유는 베트남이나 말레이시아와 비교하면 아직도 법인세가 높고 외국인 투자 제한법으로 외국인 투자와 기업 활동에 장애가 있기 때문이라고 분석하고 두테르테 정부가 현재 추진 중인 공공서비스 법과 외국인 투자법, 소매자유화법이 개정되면 기업 활동 지표가 상승할 것으로 내다보았다.

필리핀 의회는 2007년 제정된 행정절차 간소화법을 개정한 비즈니스 환경개선과 효율적인 정부서비스법(Easing of Doing Business and Efficient Government Service Delivery Act of 2018, RA 11032)을 발의하여 2018년 5월 통과시키고 두테르테 대통령이 2018년 5월 28일 최종 서명함에 따라 효력이 발생하였다.

개정법의 주요내용은 행정절차 간소화를 위한 시행기관을 설립하고 민원인과의 접촉금지정책을 도입하며 행정서류 접수에 대한 고유번호를 부여하고 민원인에 대한 담당공무원 정보를 제공하는 것이다. 또한 시의회 승인이 필요한 민원에 대한 처리기한을 45일로 설정하고 최대 20일까지 추가연장을 할 수 있도록 기한을 설정하였으며 허가나 라이센스, 통신과 방송관련 시설설치 및 운영 신고서 발급기한을 7일로 설정하였다. 그리고 사업허가와 경신에 대한 신청절차를 하나로 통합하는 원스톱 서비스 시스템(BOSS: Business One Stop Shop)을 도입하기로 하였다.

문제는 이 법의 시행령이 조속히 마련되고 공무원들이 이 법안을 준수하는 것이다. 실제로 필리핀 주재 유럽 상공회의소는 관세청 등에서는 법에 명시된 3일의 처리기한을 넘겨 보름이상 걸리는 경우도 있다고 주장하니 새로운 법안이 잘 준수되어 필리핀 정부의 경쟁력이 높아지길 기대해 본다.

2) 필리핀 인터넷 비즈니스 전면개방 등 외국인 투자완화 조치

두테르테 대통령은 행정명령(Executive Order: EO) 65호 서명을 통해 11차 외국인 투자 제한 리스트를 2018년 10월 29일 최종 승인하였다. 이번에 발표된 조치는 우선 인터넷 비즈니스 전면개방, 정부의 공공사업 건설과 보수에 대한 외국인 투자지분 확대(25%에서 40%), 외국인 거주자의 교육기관 투자 최초 허용(40%), 약사 등 전문직 활동 확대 등을 주요 내용으로 하고 있다.

좀 더 주요 투자제한 완화 분야를 살펴보면 우선 대중매체에 대한 외국인 투자가 전면 금지되었으나, 인터넷 비즈니스에 한하여 전면 개방하기로 하였고, 국내 자금으로 추진되는 공공사업(인프라와 국제경쟁 입찰로 진행되는 사업은 제외)의 건설과 보수에 대한 외국인 참여지분을 25%에서 40%로 확대하였다. 대출사(lending company), 금융사(financing company), 투자신탁사(investment house)에 대한 투자도 완전 개방된다.

그리고 법인 또는 협회에만 최대 40%까지 교육기관 투자가 허용되었던 것을 외국인 거주자에게도 40% 지분 투자를 허용하였다. 또한 전면 금지되었던 사설경비에 대한 외국인 투자를 완전 개방하였고 사설 라디오 네트워크에 대한 외국인 지분을 25%에서 40%로 확대하였다.

필리핀 국가경제개발청(NEDA)은 이번 발표로 필리핀의 경쟁력이 신장될 것이며, 여타 아세안 국가와 마찬가지로 신기술, 혁신 촉진 등 분야에 대한 외국인 투자유치에 기여할 것이라고 발표하였다. 주필리핀 미국상공회의소는 역대정부의 조치 중 이번 조치가 외국인에 대한 투자제한을 가장 많이 완화하였다고 평가하였다.

3) 2019년 상반기 외국인 직접투자 증가

2019년 10월 1일, 필리핀 재무부와 통계청의 발표 자료에 따르면 2019년 상반기 필리핀에 대한 외국인 직접투자는 2018년 상반기 451억 페소(약 9천억 원) 대비 505억 페소가 늘어난 956억 페소(약 2조 원)를 기록하였다. 투자 상위 국가는 싱가포르(393억 페소, 약 8천억 원), 일본(134억 7천만 페소), 네덜란드(114억 페소), 태국(84억 7,200만 페소), 미국(56억 7,800만 페소), 대만(19억 4,500만 페소), 한국(11억 6,800만 페소), 중국(11억 1,900만 페소), 인도(9억 8천만 페소), 호주(9억 2천만 페소)이다.

대략 현재 환율 기준인 1페소 21원, 1 달러 51페소로 환산하면 한국의 필리핀 투자는 11억 6,800만 페소(약 230억 원, 약 2천만 달러)에 불과하다. 당초 중국의 투자가 많을 것으로 기대했으나 중국의 투자는 한국 투자보다 적은 11억 2천만 페소(약 225억 원)에 불과하였다.

업종별로는 제조업(411억 페소)과 전기, 가스, 에어콘 공급부문(366억 페소)에 투자가 집중되었다. 앞으로 법인세를 현 30%에서 단계적으로 2029년까지 20%로 낮아질 경우 외국인 투자가 점차 늘어날 것으로 보고 있다.

3. 필리핀, 2020~2030년 건설예산 2,760조 원 지출계획

필리핀 무역산업부는 2019년 3월 28일 필리핀 건설산업청을 통해 2020 ~2030년의 건설 산업 일정표(로드맵)를 발표했다. 향후 10년 간 건설 지출을 130조 페소(한화 약 2,760조 원)로, 2018년 한해 지출 2조 페소에 비해 대폭 확대할 방침이다.

로페즈 무역산업부 장관은 "건설 지출액은 로드맵 작성 전의 전망치인 43조 페소의 3배 규모로서 로드맵 이행으로 건설업계의 고용이 2018년 기준 400만 명에서 2030년까지 300만 명이 추가로 증가해 700만 명이 될 것"이라고 밝혔다.

로드맵에는 건설업계 전반에 걸쳐 인공지능(AI) 분야의 활용을 촉진해 나간다는 방침이 포함되었다. 기계학습(머신러닝)을 통해 납기 관리와 설계 오류의 수정을 용이하게 하는 등 업계 전반의 효율성을 높일 예정이다.

또한 로드맵에는 국가예산의 5%이상을 인프라 건설에 투입한다는 정부방침에 따라, 향후 30년간의 인프라 기본계획(마스터플랜)을 포함한 장기적인 인프라 개발을 법제화 한다는 방침도 포함되었으며, 필리핀 내에 3만~4만 5천개로 추정되는 무허가 건설업체를 양성화하여 안전성과 인재 육성에 관한 법률을 준수하도록 한다는 목표도 포함되어 있다.[13]

4. 필리핀, 창조산업을 아세안 최고수준으로 육성, 마스터플랜 확정

필리핀 무역산업부는 2019년 4월 3일 필리핀 창조경제평의회가 무역산업부에 창조경제 로드맵을 제출하였다고 밝혔다. 광고, 영화, 애니메이션, 게임 개발, 그래픽 디자인과 디지털 디자인 등 5개 분야를 최우선 분야로 설정하고 행동계획을 마련하였다. 무역산업부와 산하의 투자위원회, 창조경제평의회가 2018년 12월에 국가문화예술위원회와 영국정부의 국제문화교류기관, 영국문화원과 체결한 양해각서의 일환이다. 무역산업부와 투자진흥청은 로드맵을 승인, 실행하기 전에 내용을 보완할 예정이며, 영국 문화원이 로드맵의 시행에 적극 협력을 제공할 계획이다.

창조경제평의회의 메르카드 대표에 의하면 로드맵은 2030년까지 5대 우선 분야를 중심으로 필리핀 창조경제의 규모와 생산액을 아세안 최대로 성장시키고, 인재와 콘텐츠를 세계 시장에서도 경쟁력 있는 수준으로 끌어 올리는 것을 목표로 한다. 무역산업부는 향후 관광부, 교육부, 고등교육위원회, 기술교육기능개발청(TESDA)등과 기술 분야 워킹그룹을 설치하고 로드맵에 따른 행동계획을 책정할 계획이다.

한편, 로페즈 필리핀 무역산업부 장관은 2019년 9월 23일 스타트업 기업을 위한 경제특구를 신설할 계획임을 밝혔다. 혁신적인 기술을 지닌 신흥기업에 대해 재정을 포함해 전면적인 지원을 해 나갈 방침이라고 2019년 9월 24일자 마닐라 블러튼(Manila Bulletin) 지가 보도하였다.

로페즈 장관은 스타트업을 위한 경제특구는 수출기업을 위한 필리핀 경제자유구역청과는 분리되어 운영할 것이며 지원대상은 필리핀 기업에 한정할 것을 검토하고 있으며, 이 지원에는 세제지원 외에도 공유 오피스와 정보통신 인프라 장비를 제공하며 경제특구 설치에 10억 페소(약 210억 원)를 상정하고 있다고 밝혔다.

5. '세계에서 가장 큰 공항' 블라칸에 건설계획

세계에서 가장 큰 공항으로 불리는 블라칸의 국제공항건설은 2019년에 시작될 예정이라고 프로젝트 제안자인 산 미구엘 그룹이 밝혔다. 산 미구엘 그룹의 라몬 앙 회장은 2019년 2월 8일 성명서를 통해 공항건설은 2019년에 시작하여 6년 만에 완공될 것이라고 밝혔다.

블라칸 공항은 New Manila International Airport로 명명될 예정인데 이 사업은 고용과 관광을 향상시키는데 도움이 될 것이다. 건설 단계에서만 필리핀인들에게 100만 명이상의 일자리를 제공될 것이며 블라칸 공항은 6개의 평행 활주로를 갖춘 공항으로 400만개의 일자리를 창출하고 연간 2천만 명의 외국인 관광객을 유치할 수 있을 것으로 전망되고 있다.

산 미구엘 그룹(San Miguel Corporation)은 마닐라 북부 블라칸에서 공항을 건설하여 운영과 유지를 위한 제안서를 제출하였으며, 1,168 헥타르의 공항은 연간 1~2억 명의 승객을 수용하여, 현재 마닐라 공항인 니노이 아퀴노 공항보다 3배 이상 더 많은 승객을 수용할 수 있다. 블라칸이 위치한 마닐라 만을 따라 2,500 헥타르의 지역에 도시 단지가 건설될 예정이다.

2019년 8월 12일 필자는 산 미구엘 그룹의 라몬 앙 회장을 만났는데 라몬 앙 회장은 이번 신공항사업은 필리핀 정부의 지원 없이 순수하게 산 미구엘 회사가 추진하는 것으로 재원은 본인 재산과 산 미구엘 자산으로도 충분하지만 기존의 산 미구엘 회사의 운영도 필요한 만큼 필리핀 국내뿐만 아니라 외국에서 회사채를 발행하여 재원을 마련할 것이라며 자신감을 표출하였다.

6. 세계에서 가장 많이 인터넷을 사용하는 국가, 필리핀

세계에서 가장 많이 인터넷을 사용하는 나라는 필리핀, 가장 적은 인터넷 보급률의 국가는 북한으로 집계되었다. 2019년 2월 1일 영국 가디언 지에 따르면 SNS 관리 플랫폼 회사인 '훗 스위트'와 '위아 소셜'이 발표한 보고서에서 필리핀 사람들은 하루 평균 10시간 2분 동안 인터넷을 사용하여 세계에서 가장 높은 수준인 것으로 나타났다. 2위는 브라질, 3위는 태국, 4위는 콜롬비아 등이 뒤를 이었으며, 한국은 10위권 안에 없었다. 전 세계인들의 전체 평균 인터넷 접속시간은 하루 6시간 42분으로 집계되었다.

인터넷 보급률이 가장 높은 국가는 카타르, 아랍에미리트, 아이슬란드 등으로 99%에 달하는 것으로 나타났다. 반면 북한은 0.08%로 가장 낮은 수준이었다. 전 세계 인터넷 사용 인구는 43억 명을 돌파했으며 이중 80% 이상인 34억 8,400만 명이 소셜 미디어를 사용하고 있는 것으로 확인되었다.

소셜 미디어 보급률은 북미와 동아시아가 가장 높았으며, 중앙아프리카가 7%로 가장 낮았다. 나라별로 보면 1위는 카타르와 아랍에미리트이었으며, 한국은 85%로 8위를 차지하였다. 북한은 0.06%로 최하위를 기록하였다. 소셜 미디어 이용자들의 하루 평균 이용시간은 2시간 16분이었다. 한편, 우리나라는 모바일 인터넷 접속 속도가 가장 빠른 9위에 올랐다. 1위는 아이슬란드였으며, 노르웨이와 캐나다, 싱가포르, 카타르, 호주 등이 그 뒤를 이었다.

7. 빠르게 성장하는 두테르테 대통령 고향, 다바오 시를 주목하라

필리핀 지방정부 중에서 최초로 투자유치 조직인 '다바오 투자증진 센터(Davao Investment Promotion Center)'를 설치한 두테르테 대통령 고향, 다바오 시가 교통의 허브이며 항만과 산업단지, 상업빌딩, 경제구역을 갖춘 투자최적지로 떠오르고 있다. 2017년과 2018년 필리핀 전체 평균 성장률이 6.7%, 6.2%인 반면, 다바오 시의 경제성장률은 각각 10.7%, 8.6%를 기록하여 필리핀 전체 평균 성장률을 훨씬 상회하였다.

다바오 시는 과거 20여년 이상을 두테르테 대통령이 시장으로 재임하면서 외국인 투자 유치확대와 범죄율 감소를 위해 힘을 써 온 덕택에 아시아 주요도시 중 가장 안전한 도시 5위에 뽑혔다. 이러한 연유로 한국정부는 민다나오 섬 전체가 이슬람 테러단체가 가끔씩 준동하여 계엄령 하에 있지만 다바오 시의 안전이 문제가 없다고 생각하고 다바오 시와 민다나오 섬 북부의 카가얀 데오로를 여행금지 지역에서 해제하였다. 사실 다바오 시가 안전하고 투자의 매력적인 장소로 떠오르면서 중국과 일본은 이 도시에 총영사관을 설치하였다. 한국은 명예영사(에드가 앙)와 영사협력원을 두고 있다.

현재는 두테르테 대통령의 딸인 사라 두테르테가 다바오 시장을 맡으면서 경제개발에 박차를 가하고 있다. 다바오 시는 기업 활동 지원과 공공서비스 효율화법에 따라 정부 시스템과 절차의 재설계, 처리 소요기간의 표준화, 자동화를 적극 추진하고 있다.

2019년 6월 20일 다바오 시의 컨벤션 센터에서 개최된 '다바오 투자포럼'에서 다바오 투자청은 다바오 지역의 주요 투자 분야로 우선 농업 비즈니스를 들었다. 그 이유는 다바오 시가 필리핀 카카오 생산의 80%를 차지하고 있고 그 외에도 2017년 기준 코코넛 2,558억 톤, 두리안 357억 톤,

망고 62억 톤, 바나나 2,681억 톤, 파인애플 254억 톤, 커피 22억 톤 등 주요 농산물의 산지이기 때문이다. 한국에서 소비하는 바나나의 80%가 필리핀에서 수입하는데 대부분 민다나오 섬에서 수입하고 있다. 다바오 시는 농업 산업 분야에서 신기술을 도입하여 유기농업을 도입한 농산물 생산에 주력하고 있다.

2018년 6월 한국을 방문한 후에 두테르테 대통령은 다바오에서 나오는 두리안을 필자에게 보내주었는데 '과일의 왕'인 두리안을 한국이 수입하기 위해 수입검역단계에 있다. 또한, 다바오를 포함한 민다나오 섬의 바나나를 더 수입하기 위해 한국과 필리핀 간 자유무역협정을 체결하여 바나나에 대한 30%의 관세를 인하할 방침이다.

농업 비즈니스(Agri-business) 이외에도 2017년 기준 관광객 수가 200만 명(외국인 12.6만 명, 내국인 183.8만 명)에 달할 정도로 관광 산업이 발달해 있고 부동산 개발도 가장 빠르게 성장하는 분야이며 정보통신 기술 분야도 투자대상으로 주목 받고 있다. 이외에도 건강, 교육, 스포츠시설에 대한 투자와 교통과 인프라, 환경보호 및 그린 프로젝트, 신재생에너지 발전 등이 주요 투자분야로 부상하고 있다. 투자 외국기업에 대해서는 3년간 기업세를 면제하고 2년간 부동산세를 면제해주고 있다.

필리핀 국가경제개발청의 자료에 따르면 다바오 시의 주요 인프라 프로젝트로는 따금시에서 디고스 시까지 100km를 연결하는 '민다나오 철도 사업(소요비용 973억 페소, 한화 약 2조 원 규모로 중국의 공적원조자금으로 충당)'과 45.2km의 4차선 고속도로 건설사업인 '다바오 시 우회도로 건설 프로젝트(소요비용 258억 페소, 한화 약 5천억 원 규모로 일본 공적원조자금으로 충당)', 110km 구간의 시내버스 중심 대중교통확충사업인 '다바오 대중교통 현대화 프로젝트(800억 페소, 한화 약 6천억 원 규모로 아시아 개발은행 지원)', '다바오 국제공항 개발 프로젝트(405억 페소, 한화 약 8천억 원)', '사말 섬과 다바오 시를 연결하는 프로젝트(100억 페소, 한화 약 2천억 원)', '다바오 해안 우회도로 건설 프로젝트(29억 페소, 한화 약 600억원)' 등이 있다.

제3절

필리핀이 해결해야 할 과제

1. 정부경쟁력을 높여야

스위스 국제경영개발대학원(IMD)이 매년 평가하는 국가경쟁력 순위에서 2017년 필리핀은 평가대상 63개국 중 50위를 차지하였다. IMD 국제경쟁력 평가는 경제성, 정부효율성, 기업 효율성, 인프라 등 4개 분야로 나누어 이루어진다.

정부경쟁력 연구에서 거버넌스는 다양한 이해당사자가 주체적으로 협의와 합의를 통하여 정책과정 및 정책집행에 참여한다는 일반론적 관점을 근간으로 민주주의적 행정·정치체제와 시민참여와 시민의 자유에 대한 내용을 포함하고 있다. 이런 차원에서 거버넌스는 민주주의와 개인의 삶, 그리고 외국투자에 미치는 영향이 크다고 하겠다.

세계은행에 따르면 필리핀의 GDP 대비 부채비중은 약 71%로 다른 국가에 비해 적은 편에 속하며 재정의 균형성과 건전한 재정수치를 평가하는 재정건전성에서 상위권의 점수를 기록하였다. 그러나 재정건전성이 양호해도 재정의 효율성이 떨어진다면 실질적으로 어떠한 정책을 실현시키는데 있어서 적재적소에 자금이 투입되기 어려우므로 재정적 역량을 강화하는 것이 필요하다.

필리핀의 정부 내부의 업무수행능력은 46위에 해당하여 개발도상국 89개국 중 중간 정도에 위치해 있다. 세계경제포럼 조사에 의하면 필리핀 정부의 정책결정 투명성 지수는 3.8로 전체 144개국 중 85위를 기록하였다. 국제투명성기구의 세계부패 바로미터의 결과에 의하면 응답자의 64%가 관료들이, 그리고 69%가 경찰들이 부패한 것으로 인지하고 있는 것으로 나타났다.[14]

2. 극심한 교통체증 해소 필요

일본 국제협력기구(JICA) 필리핀 사무소는 필리핀 메트로 마닐라의 교통체증 악화로 인해 하루 35억 페소(약 80억 원)의 기회손실 비용이 발생함에 따라 혼잡을 완화하기 위한 새롭고 현대적인 인프라의 필요성을 강조했다.

메트로 마닐라의 인구는 약 1,300만 명인데 주변지역인 블라칸, 리잘, 라구나, 카비테의 인구 1,100만 명을 합치면 총 2,400만 명으로 2025년에 가면 메트로 마닐라 인구는 1,600만 명이고 주변지역까지 합치면 3,800만 명이 되어 세계에서 가장 큰 도시 중의 하나가 될 것이다.

특별한 대처가 없으면 교통체증비용은 2035년에는 하루에 54억 페소(약 120억 원)가 될 것이므로 메트로 마닐라 지하철 프로젝트가 속히 이루어져야 한다. 일본정부가 지원하는 필리핀 최초의 지하철은 2025년 완공될 예정이며 쾌존 시티의 민다나오 애비뉴와 따권시티의 푸드 터미널을 연결하는 25.3km로 아퀴노 국제공항과 연결된다. 두테르테 대통령의 야심작인 7조 6천억 원 규모의 필리핀 1호 메트로 마닐라 지하철 사업이 일본정부의 5조 5천억 원 규모의 차관지원으로 건설되어 2022년 부분운영에 들어가고 2025년에 완전한 상업운영에 들어갈 전망이다.

일본국제협력기구(JICA)의 수스므 이토(Susumu Ito) 필리핀 사무소 소장은 두테르테 대통령이 추진하는 도로, 지하철 등 필리핀 총 국민소득(GDP)의 5.3%가 투자하고 2022년 말까지 총 7.3%까지 투자(총 8조 4천억 페소)가 이루어지는 등 인프라 프로젝트가 수월하게 이루어지면 도로체증으로 인한 손실액이 24억 페소(약 50억 원)까지 줄어들 수 있다고 밝혔다.[15]

2018년 4월 5일 필자가 만난 필리핀 공공사업 도로부(Department of Public Works and Highways)의 마크 빌라(Mark Villar) 장관은 고속도로 연결망을 385km 확충할 계획이라고 하면서 1970년대 한진중공업이 민다나오 섬 북부 카가얀데로를 잇는 고속도로를 건설하여 아직도 잘 유지하고 있는 좋은 기억이 있다고 하면서 한국기업이 필리핀 도로건설에 많이 참여해 주기를 기대하였다.

3. 인구증가 억제와 생산성을 높여야

2011년 유엔 통계에 따르면 필리핀은 아세안 국가 중에서 출산율이 가장 높은 국가이다. 아세안 10개국의 출산율 통계(source: http://data.un.org)에 따르면 싱가포르가 1.3명, 태국이 1.6명, 베트남이 1.8명, 부르나이와 미얀마가 2.0명, 인도네시아 2.1명, 캄보디아 2.5명, 말레이시아 2.6명, 라오스 2.7명인데 반해 필리핀의 출산율은 3명에 달하였다.

필리핀 국립대학 인구연구소(UP Population Institute)의 그레이스 크루즈(Grace T. Cruz) 박사에 의하면 필리핀 전체 인구의 약 14~15%가 한 부모 가정(solo parent)이며 필리핀 가정의 18%가 여성 가장으로 꾸려나가고 있는 것으로 나타났다.

유엔 인구기금은 필리핀 인구가 2010년에서 2019년 사이에 매년 1.6%씩 증가했다고 발표했다. 유엔 인구기금 필리핀 사무실은 2019년 4월「2019년 인구보고서」를 발표하였는데 이 보고서는 필리핀의 2018년 현재 인구는 1억 811만 명으로 1994년 인구 6,820만 명보다 4천만 명 늘었다고 밝혔다. 2019년 인구구성을 살펴보면 64%가 15~64세의 생산가능 연령이고 31%는 0~14세, 5%만이 만 65세 이상이며 평균 수명은 70세라고 밝혔다.

필리핀 인구위원회(The Commission on Population)는 2019년 필리핀 인구는 1억 천만이 넘을 것이며 그중 15세에서 65세까지 생산 가능 노동력은 약 7천만 명이 될 것이나 18%의 인구는 정규직 고용상태가 되지 못할 것이라고 발표하였다. 한편, 노동고용부는 관광업, 농업비즈니스, 정보통신 분야에서 고용이 더 늘어날 것이라고 밝혔다.[16]

필리핀 인구는 15년마다 약 3천만 명이 증가하고 있다. 1977년에 4,100만 명, 1995년에 6,862만 명, 1999년에 7,597만 명, 2007년에 8,855만 명, 2010년도에 9,401만 명이었다. 가톨릭의 반대로 가족계획을 실현하지 않는 이러한 인구증가 추세가 계속되면 앞으로 10년 후에는 남한인구가 맞먹는 5천만 명 정도가 늘어나, 총인구가 1억 5천만 명 정도가 될 것으로 예상된다. 세계 인구조사(The World Population Review)에 의하면 2018년 8월 현재 필리핀 인구는 1억 6,810,164명으로 세계에서 13번째로 인구가 많은 국가이며 2030년에는 125,372,282명이 될 것으로 예측하였다.

그러나 인구급증이 결국 1인당 국민소득을 저해할 수도 있으므로 빈곤율을 낮추기 위해서도 적절한 인구증가가 필요하다는 지적이 나오고 있다. 이러한 차원에서 2017년 필리핀 정부가 신년가족정책으로 '무상피임약' 배급을 들고 나왔다. 두테르테 대통령은 가족계획을 본인의 10대 공약 중 하나로 설정하였으며 인구성장을 막기 위해 3자녀 제한정책을 시행하기 위해 빈곤층에 콘돔과 피임약을 무료로 배포하겠다는 계획에 따른 것이다.

필리핀은 현재 420만 빈곤가구(전체 인구의 약 19%)에게 가구당 월 최대 1,400페소(약 3만 원)를 지급하고 있는데, 자녀가 4명 이상일 경우 이 정책에서 제외한다는 계획이다. 특히, 필리핀 도시지역 가구들은 평균 3.5명의 자녀를 두고 있어 정책의 여파가 상당할 전망이다. 이 정책의 목표는 인구를 줄이는 것 보다는 빈곤율을 낮추는 것으로 보인다.

무턱대고 출산율을 낮추라는 요구가 아닌, 빈곤가정의 출산율을 억제해 전체적인 빈곤율을 낮추는 정책을 시행해 강도 높은 인구 제한 정책이지만 경제적인 정책과 함께 감으로써 현실성이 있는 정책으로 필리핀의 높은 빈곤율이 개선될 여지를 보이고 있기 때문에 의미가 있다.

두테르테 대통령은 경찰과 군이 산아 제한에 앞장서 줄 것을 당부했다. 두테르테 대통령은 많은 군, 경찰들이 6명의 자녀를 부양하고 있어 기존 임무 외에 야간이나 휴일에 별도의 직업을 찾아야하기 때문에 기존 업무를 등한히 할 수 있다는 것을 우려하면서 2~3명의 자녀이면 충분할 것이라고 말했다. 실제로 두테르테 대통령은 2016년 대통령으로 당선된 후에 인구증가를 억제하기 위해 3자녀 정책을 천명한 바 있다.[17]

두테르테 대통령은 2017년 1월에 행정명령 12호를 발표하면서 각 지방정부가 산아 제한을 포함한 가족계획을 세우는데 협조할 것을 지시한 바 있다. 2018년 7월에는 가족계획을 세우는데 산아 제한과 피임을 반대하는 천주교에 대해 강하게 비판을 한 바 있다. 두테르테 대통령은 2018년 9월 초 요르단을 방문한 자리에서 필리핀이 세계에서 3번째로 가장 많은 출산

국가이며 국민들의 생활수준을 높이고 보건, 교육문제를 해결하기 위해서라도 가족계획이 절실한 만큼 교회가 앞장서서 협조해 줄 것을 당부하기도 하였다.[18]

4. 빈곤퇴치와 빈부격차를 해소하여야

필리핀은 전체 국민 중 서민층이 약 90%(9천만 명) 정도인데 대체로 절대빈곤층이 30%(약 3천만 명), 일반 서민층은 40%(약 4천만 명), 다소 여유 있는 서민층은 20%(2천만 명) 정도일 것으로 보인다. 필리핀 국민의 약 2% 또는 200만 명 정도가 지배층에 속한다.

지배층 한 가정의 월 평균소득은 5천만 원 이상으로 중산층보다 10배 이상, 서민층보다는 100배 이상 높은 생활수준이다. 이들은 스페인과 미국의 지배층 후손들이다. 국민의 약 8% 또는 800만 명이 중산층이다. 이들은 전문직종(변호사, 의사, 회계사 등)에 종사하는 사람들이다. 나머지는 서민층으로 그 중 공식적으로 대략 40%가 빈곤층이고 그중 30%는 절대빈곤층이다.

두테르테 대통령은 사회경제 개발 10원칙(10 point Socioeconomic Agenda)[19]을 제시하면서 빈곤율을 2015년 21.6%에서 2022년 14%로 줄이겠다고 발표하였다. 빈곤퇴치를 위한 과제로 경제성장, 고용창출, 생활수준 향상을 위해 기간산업과 제조업 분야에 투자를 확대해 나가겠다고 밝힌 바 있다. 2019년 7월 22일 국정연설에서 두테르테 대통령은 빈곤퇴치를 위해 계속 노력해 나가겠다는 의지를 재천명하였다.

2017~2022년간 5개년 경제개발 계획에 따르면 국내총소득을 7~8% 성장하고 실업율은 5.5%에서 2022년 3~5%로 줄이겠다고 하였다. 인프라 분야 투자지출은 2017년부터 2022년까지 8~9조 페소를 지출하여 연간 2백

만 명의 일자리를 창출하겠다는 목표이다.

한편, 세계은행 필리핀 사무소 대표인 워익(Warwick) 박사는 2019년 10월 4일 필자와의 면담에서 필리핀의 최극빈층(420만 가정, 870만 명의 아동) 보조 프로그램을 통해 기초생활을 보장하고 아동의 진학률을 높이기 위한 사업을 지원해 왔는데 이러한 지원을 통해 12~17세 아동 진학률은 약 5% 상승하였고 빈곤층을 위한 모자보건 서비스도 개선되었다고 평가하였다.

5. 자연재해로 인한 피해를 줄여야

기후와 개발에 관한 연구를 하는 저먼 워치(German watch)는 1991년부터 2010년까지 기후변화로 인해 세계에서 가장 극심한 피해를 입는 나라가 필리핀이라고 발표했다. 지난 20년 동안 기후변화(홍수, 태풍, 가뭄 등)와 관련한 사망자수는 연평균 800명이 넘고, 7천개가 넘는 섬에 거주하는 인구의 74%가 피해를 입고 있고, 피해액도 매년 6억 6천만 달러에 이른다고 한다.

2016년 세계위험보고서(World Risk Report)에 따르면 필리핀은 세계에서 171개국 중 3번째로 자연재해위험이 높은 나라이며 기후변화 위험지수(Climate Change Vulnerability Index)로는 13위이므로 자연재해에 적극 대응하여야 한다.

2018년 2월엔 해발 2,452미터 높이의 활화산인 마욘화산(Mount Mayon)이 분출하여 많은 이재민이 발생하였다. 이를 돕기 위해 대한민국 정부는 20만 달러를 긴급 지원하기로 하여 필자는 2018년 2월 중순 필리핀 적십자사 총재이며 상원의원인 리챠드 고든(Richard Gordon) 의원을 만나서 20만 달러의 성금을 전달한 바 있다. '마욘'은 현지어인 타갈로그어로 '아름답다'는 뜻이라고 한다. 마욘화산은 1993년 2월에도 분출하여 2만여 명이 피난을 가기도 했다.

소위 '불의 고리'에 위치한 필리핀은 지진도 잦은 편이다. 2018년 5월 5일에 필리핀 동부 태평양 해역에서 규모 6.1도의 지진이 발생하였고, 2018년 12월 29일 민다나오 남부 해역에서 7.1도의 지진이 발생하였으나 진원지가 깊어 별 피해가 없었다. 2019년 4월 22일 발생한 진도 6.1의 지진으로 팜팡가 지역에서 18명이 사망하였고 174명이 부상을 입었으며, 클락 공항이 48시간 폐쇄되었고 슈퍼마켓이 붕괴되는 등 334건의 피해로 약 5억 5천만 페소(약 110억 원)의 손실이 발생하였다.

두테르테 대통령은 자연재해에 대응하기 위해 자연재해 위험감소 및 관리위원회(The National Disaster Risk Reduction and Management Council)를 운영하고 있지만 별도의 정부부서를 설치할 필요성에 동감하고 재난대응부(Department of Disaster Resilience)를 설치하기로 하였다.[20]

한편, 세계은행 필리핀 사무소는 필리핀의 자연재해 대응능력을 돕고 필요한 기자재 구입 등을 위해 2019년에 약 4억 달러의 예산을 책정하였다.

6. 농업 부문을 개발하여 식량안보를 높여야

필리핀은 국토면적의 18.1%인 534만ha가 농경지이며, 전체인구의 33.5%인 3,125만여 명이 농촌에 거주하고 있다. 또 농업에 종사하는 노동력이 1,340만여 명에 달하지만 젊은 노동력이 감소하는 추세이며, 대부분의 농작이 2ha 미만이다. 주요 작물생산량은 쌀이 1,762만 톤, 옥수수 721만 9천 톤, 코코넛 1,382만 7천 톤 등이다. 그럼에도 불구하고 쌀의 경우,

소비수요가 생산수요를 증가하기 때문에 연간 1,900톤 가량의 쌀을 수입하고 있다. 뿐만 아니라 기계화율이 낮기 때문에 쌀 생산량의 16% 가량이 추수 및 가공, 유통과정에서 손실되는 상황이다.

이정택 농촌연구소(KOPIA) 필리핀 센터 전 소장은 필리핀 농기계시장과 관련하여 "필리핀 소비자는 신용과 자금이 부족하나 잠재소비자가 많으며, 제조업체간 경쟁이 심하지 않고 신규사업자 진입이 쉽다"면서 "젊은 세대는 공장과 서비스업에 종사하는 경우가 많고 농기계 잠재구매자의 대부분이 쌀과 옥수수 재배에 집중해 있는 것이 특징"이라고 말했다.

필리핀은 농수산 근대화법과 농수산 기계화법을 바탕으로 식량안보, 생산성과 소득 수익성, 그리고 지속가능한 개발 등을 위한 정책을 지원해오고 있다. 또한, 쌀 생산성을 높이기 위해서는 높은 생산품질의 종자사용, 충분한 관개시설, 적절한 비료, 현대장비와 기계, 신용과 자금지원 등이 필요하다고 판단하고 있다.

피뇰(Pinol) 전 농업부장관(현 민다나오 개발청 장관)은 필리핀이 넓은 땅과 자원이 있음에도 불구하고 쌀 생산이 부족한 것은 좋은 씨앗이 없고 관개시설이 잘 되어 있지 않은 것과 더불어 기계화 보급률이 낮은 것을 그 이유로 들고 있다. 필리핀 농업부는 2019년부터 2020년까지 농업현대화 프로그램을 위한 예산으로 100억 페소(약 2,093억 원)를 책정하고 연 2%대의 신용대출을 통해 농기계 구입을 장려할 계획이다.[21]

7. 미래인재를 육성하기 위해 과학기술을 강화해야

필리핀 국립대학(University of the Philippines)은 아시아에서 유명한 대학이다. 이외에도 1661년 설립되어 하버드 대학보다 오래된 산토 토마스

대학(University of Santo Tomas)이 있는가 하면 1859년 말 예수회에 의해 설립된 아테네오 데 마닐라 대학(Ateneo de Manila University)과 1911년 설립된 들라 살 대학(De La Salle University), 아시아 태평양 대학(University of Asia Pacific)등 유명사립대학이 있다.

그러나 전체적으로 문맹율도 높은 형편이다. 7천개가 넘는 섬으로 구성되어 일부 섬에 거주하고 있는 주민들은 학교교육을 제대로 받지 못하고 있다. 전반적으로 제조업이 부족하여 공업고등학교나 공업대학도 턱없이 부족하다. 한국정부가 무상원조로 지어준 직업훈련학교(Vocational Training Center)가 있지만 전체적으로 고등교육이 부족한 형편이다. 이런 연유로 4차 산업혁명에 대비한 인재를 육성하는데 어려움이 있다.

2018년 3월 필자가 만난 콘셉시온(Conception) 필리핀 국립대학 총장은 한국의 원자력 산업이 많이 발전한 것을 감안하여 앞으로 유능한 원자력 기술인재를 육성하기 위해 한국 우수대학 대학원에 핵공학과 석사과정을 이수할 수 있도록 지원해 줄 것을 요청하였다. 레이문도 슈플리도(Br. Raymundo B. Suplido) 라살 대학 총장은 필자에게 라구나 지역에 소재한 라살 대학 공과대학에서 4차 산업혁명 인재를 육성하기 위해 삼성 등 우수한 한국기업과의 산학협력을 희망한 적이 있다. 이처럼 우수 대학은 미래인재를 육성하는 데 관심을 가지고 있다.

2018년 7월 21일 필자는 미래학자로서 세이핑 투머로우(Shaping Tomorrow)를 운영하고 있는 마이클 잭슨 박사(영국인)를 만났다. 잭슨 박사는 미국의 유명가수인 마이클 잭슨과 동명이인이어서 많은 사람들이 관심을 보이고 있다고 하면서 필리핀이 1인당 국민소득을 최소 6천 달러 등 현재 소득을 2배로 늘리고 장기적으로 중견 강국으로 경제적으로 발전하고 미래에 대비하기 위해서는 인프라 강화를 통한 산업발전도 중요하지만 전체적으로 교육시스템을 더욱 강화하여 미래인재를 육성해야 된다고 강조하였다.

잭슨박사는 많은 섬으로 구성된 필리핀의 특성 상 인터넷 산업을 육성하고 나아가 정보통신기술을 활용한 원격교육(E Learning)이 필요하다고 주장하였다.

마이클 잭슨 박사는 2017년 11월 16일 유엔미래포럼과 함께 숙명여대에서 미래예측 방법론과 인공지능 블록체인, 가상화폐에 대한 세미나에서 자신이 운영하는 '세이핑 투모로'라는 웹사이트에서 실제로 인공지능에게 미래예측을 시키면 즉시 인공지능이 미래를 예측한다고 설명했다고 한다.

전 미국은행(Bank of America) 부회장이었던 잭슨 대표는 기업과 정부에 혁신전략과 위험감소기법을 조언하는 인공지능 기반의 컨설팅 기업을 운영하고 있다. 그는 홈페이지에 최초로 인공지능을 적용하여 각 국가의 미래인구수 예측 등 다양한 질문에 인공지능이 답변해 주는 인공지능을 개발하였다.

잭슨 대표는 필리핀의 미래성장을 위한 가장 시급한 과제로 1) 제조업 육성을 통한 기술인력 확보, 2) 강력한 인구증가율 억제정책과 교육기회 확대, 3) 정치 및 경제계의 부정부패 근절 및 정부의 거버넌스 개선, 4) 미래 산업에 대비한 교육 강화 및 인재 육성, 5) 전기자동차 등 시범사업을 통해 4차 산업혁명에 대비, 6) 산업 인프라뿐만 아니라 인터넷 인프라 확대 및 미래 성장산업 육성을 그 예로 들었다.

제4절

필리핀의 주요 유망산업을 주목하라

1. 필리핀의 자원개발: 가스 산업 개발

　필리핀은 글로벌 광물시장에서 광물 5위, 금 3위, 구리 4위, 니켈 5위를 점유하고 있다. 필리핀의 니켈 생산량은 34만 톤을 기록하여 인도네시아 (56만 톤)에 이어 아시아에서는 두 번째이다. 인도네시아가 2020년부터 니켈 수출을 중단하겠다고 발표하면서 대체 공급처로 필리핀이 주목을 받고 있다. 필리핀은 서 필리핀해(남중국해) 팔라완 섬으로부터 북서쪽으로 약 80km로 떨어진 말람파야 가스전 개발에 성공하여 2001년부터 약 2,700MW 규모의 가스발전소에 천연가스를 공급중이다.

　가스매장량은 약 2.7조 입방피트이며 일일 생산량도 3억 8천만 입방피트로 약 23년 동안 생산이 가능하며 2024년경에 고갈될 예정이다. 한국전력이 바탕가스 지역에서 건설하여 운영 중인 1,200MW 일리한 가스복합

발전소는 2022년 6월까지 20년 간 한전이 운영한 후에 현지기업인 산 미구엘 글로벌 파워로 자산을 인도할 예정이다.

필리핀 국영석유공사(PNOC)는 2024년 말람파야 운영계약이 종료하기 이전에 필리핀 에너지부로부터 양도받은 잔여가스(banked gas)를 활용하여 필리핀 내에 LNG 터미널 구축을 추진 중이다. 이 LNG 터미널을 구축하여 필리핀의 에너지원을 다각화하고 에너지 안보를 확보하면서 동남아시아에서 LNG의 허브역할을 수행할 계획이다.

당초 필리핀 에너지부의 'LNG 인프라 개발계획'에 따라 2017년 국영석유공사의 주도하에 6개국(한국은 한전과 SK E&S, 중국, 일본, 싱가포르, UAE, 인도네시아) 컨소시움을 정부 대 정부(G2G) 협상대상자로 검토하였으나 정부와 민간 협력(PPP: Public Private Partnership) 사업 형태 등 다양한 방안을 함께 고려중에 있다.

그러나 경쟁시장 체제하에서 투자가가 가스와 전력을 판매해야 하는 위험성을 전부 다 부담해야 하는 문제가 있다. 즉, 판매보증 없이 가격경쟁력 없는 발전소 건설은 리스크가 높아서 추진하기 어려우며, LNG 판매가 보장되지 않은 상태에서의 LNG 터미널 건설 또한 불가하여 LNG 인프라 구축사업이 난항 중에 있다.

따라서 사업이 성공하기 위해서는 LNG 공급(민간), LNG 터미널 건설 및 운영(가스공사), 발전소 건설과 운영(한전) 등 각 분야의 성공기록을 가진 다수의 한국기업이 참여하는 컨소시움이 필요하며, 정부지원이 없는 상황에서 장기 전력판매 계약확보를 위한 현지의 배전회사 또는 신규 LNG 소비기업과의 파트너십을 형성하는 것이 중요하다.

필리핀 정부의 제도적인 한계와 전력시장의 자유경쟁 원칙 하에서 LNG 인프라 구축계획의 출발점인 장기 전력판매 계약 확보를 위해 석탄 발전원 대비 LNG 발전이 가격경쟁력을 갖추어야 한다.

이를 위해 저렴한 가스공급은 물론 필리핀 전력판매기업(배전회사, 소매회사), 신규 LNG 소비기업(제3국 판매포함), 그리고 현재 운영되고 있는 2,700MW 규모의 가스발전사와의 파트너십 또는 컨소시업 참여가 필요하며, 국내 가스 산업 관련 주요기업의 경험과 노하우, 그리고 정부차원의 적극적인 지원을 바탕으로 가격 경쟁력이 있는 LNG 허브구축과 가스공급이 이루어져야 한다.

2. 필리핀 블랙박스 시장, 동남아의 블루오션

필리핀은 최근 3년간 매년 자동차 판매 증가율이 25%나 될 만큼 자동차 보급이 빠르게 이루어지고 있다. 자동차 판매증가는 부품수입 증가로 이어져 2016년에 약 20%를 기록했다. 그러나 늘어나는 자동차 대수는 사고증가로 이어진다. 필리핀 통계청에 따르면 필리핀에서는 매년 약 8,500명이 교통사고로 사망하며, 특히 만 18세 미만 유아 및 청소년의 사인 1, 2위가 교통사고이다.

필리핀은 도로사정이 열악해 장마 때는 침수가 많고 대중교통도 미흡하여 무단횡단을 하는 사람이나 신호가 떨어지지 않아도 중앙선을 넘어 유턴하는 차량이 많다. 필리핀의 대중교통수단인 지프니와 트라이씨클은 도로 아무 곳에서나 정차하기 때문에 접촉사고도 많다. 블랙박스의 도입의 필요성이 커지는 이유이다.

현재 필리핀의 블랙박스 보급률에 관한 공식 기록은 없고 그랩(Grab) 같은 차량공유 시스템을 중심으로 보급되고 있다. 블랙박스 시장은 초입단계로 볼 수 있으며, 따라서 지배적인 업체도 존재하지 않는다. 그런데도 필리핀은 2016년 기준 1억 달러 이상의 블랙박스를 수입하였으며, 최근 3

년간 지속적으로 금액이 증가하고 있다. 저렴한 중국산을 중심으로 유통되고 있으며 한국산 제품은 주로 한국 동포들을 중심으로 유통되고 있다.

필리핀 정부는 블랙박스의 유입이나 유통을 제한하지는 않고 2017년 6월 관련법을 제정해 고속도로나 공공도로에서 운전하는 동안 휴대전화와 기타 전자장치의 사용을 제한하고 있다. 최근에는 대중교통 차량 현대화 프로그램을 추진하면서 오는 2020년까지 모든 지프니 차량과 버스 등 대중교통 수단은 폐쇄회로(CCTV) 카메라와 위성항법장치, 자동요금 징수시스템, 무선인터넷, 속도제한장치, 블랙박스를 장착하도록 했다. 이를 위해 교통부와 필리핀 개발은행은 세부계획을 마련 중이다.

한편, 최근에 사법제도 개선차원에서 경찰차량의 블랙박스 의무장착을 논의 중이다. 코트라 마닐라 무역관은 "필리핀 블랙박스 시장을 진출하기 원하는 우리기업은 현지 보험사와 필리핀 정부와 파트너십을 구축해야 하며 필리핀의 더운 날씨를 감안하여 내구성을 지닌 제품과 전국적인 애프터서비스를 위한 협력업체 확보도 관건"이라고 밝혔다.

3. 전망 밝은 재생에너지 시장

약 7천여 개의 섬으로 이루어진 필리핀은 지형적인 특성 탓에 전기 공급이 어렵다. 최종 에너지 소비량 중 전력이 차지하는 비율을 나타내는 것이 전력화율인데 필리핀의 전력화율은 88.3%로 약 1억 명의 인구 중 1,200만 명의 인구가 전기를 사용할 수 없어 에너지부족 문제에 직면하고 있다.

필리핀 에너지부의 쿠시(Cusi) 장관은 필자에게 전력 100% 공급을 목표로 화력발전소와 원자력 발전소를 도입할 계획이지만 한국정부와 기업들이 전기가 없는 소규모 섬에 미니 그리드나 마이크로 그리드를 통해 전력을 공급해 주기를 희망하였다.

전력산업 인프라 개선이 절실한 필리핀은 재생에너지 전력공급 활성화를 목표로 하고 있으며, 필리핀 정부의 2017~2040년 에너지 계획 추진 자료에 따르면 2040년까지 최소 2만 MW까지 재생에너지 용량을 확대할 계획이다.

2017년 기준 필리핀 전력발전량 중 지열과 수자력, 바이오매스, 태양광과 풍력 등 신재생에너지가 차지하는 비율은 약 30%이며, 그 중에서도 수력발전이 16%로 신재생에너지 중 가장 큰 비중을 차지하고 있다. 필리핀 신재생에너지 산업은 매년 성장을 거듭하고 있으며, 신재생에너지 중에서도 지열발전과 태양광발전 자원잠재력이 높은 상황이다.

필리핀은 정부차원에서 재생에너지 활성화를 추진하고 지방 전력화율 100% 달성을 목표로 하고 있기 때문에 추후 신재생에너지는 물론 전력관련 산업수요가 증가하고 지열, 풍력, 태양광 부문에서 자원 잠재량이 높아 관련 산업이 유망할 것으로 예상된다.

필리핀 정부의 2012~2030년 에너지 계획에 따르면 저탄소 시나리오 하에서 신재생에너지의 필리핀 전체 전력공헌도는 연평균 3.2% 성장하여 37.1% 수준에 달할 것으로 추산된다. 필리핀은 이미 세계 2위의 지력 발전(geothemal power station) 국가이며 2,600MW 규모의 잠재적 여력을 보유하고 있다. 풍력발전과 수력발전의 경우 잠재적 개발여력은 각각 7만 MW와 13,097MW 수준이다.

또한, 필리핀은 바이오 원료 부문에서 고수익 잠재성을 보유하고 있으며, 주 바이오 연료인 코코넛 및 사탕수수의 주요생산국이다. 이처럼 필리핀 정부는 재생에너지 비중을 높여서 궁극적으로 환경공해문제를 해결하려고 노력하고 있다.

필리핀 부동산 개발업체인 MRC(MRC Allied Inc)에 따르면 쇼핑몰 지붕에 태양광 패널을 설치하기 위해 2억 페소(약 44억 원)규모 계약을 체결했다. 전국적으로 소유하고 있는 모든 쇼핑몰 지붕에 6개월 이내에 태양광 패널을 설치할 계획이다. 유지보수를 위해 계약기간은 20년으로 결정했다. 현재 대상이 되는 쇼핑몰의 위치는 메트로 마닐라, 리잘, 바탕가스, 불라칸, 카가얀, 민도르, 카비떼 등이다. 현재 추가로 개발되는 4개 쇼핑몰도 포함된다. 계약업체는 태양광 발전 전문업체인 USI(IUni Solar Inc)이다. 전국적으로 쇼핑몰 지붕에 태양광 발전용 패널을 설치하는 붐이 일고 있다.

2018년 10월 한전은 동남아 최대 태양광회사로 필리핀 태양광 업체인 솔라 필리핀(Solar Philippines) 지분인수에 나섰다. 솔라 필리핀이 건설하고 운영 중인 발전사 규모는 총 300MW에 이른다. 그중 루손 섬의 바탕가스에 63.3MW 급 태양광 발전소를 지었는데 한전이 이 회사의 지분 38%에 해당하는 약 4천만 달러를 투자하기로 하였다. 이 태양광 회사는 전 상원 외교위원장 겸 기후변화 위원장인 르가르다(Legarda) 상원의원(현 하원의원)의 아들이 예일대를 졸업한 후 25세의 나이에 창업한 회사이다.

필자는 2018년 10월 4일 바탕가스에 소재한 솔라 필리핀을 방문하여 한전 관계자, 현장 감독자와 이야기를 나누었다. 솔라 필리핀은 필리핀 정부가 제공하는 발전차액지원제도(Feed in Tariff)의 혜택을 받게 되어 유리한 입장이다.

필리핀 유력기업은 태양광 발전소 건설을 위해 해외로도 진출하고 있다. 필리핀 에너지 개발업체인 AC 에너지(필리핀 대기업인 아얄라 그룹의 에너지 관련 자회사)에 따르면 베트남에서 3억 달러 규모의 태양광 발전소를 건설할 계획이다. 베트남 협력업체인 BIM 그룹과 공동으로 300MW 태양광 발전소를 건설하기로 합의했다.

4. 유망산업으로 부상하는 관광산업

1) 청정국가 필리핀, 동남아에서 초미세먼지 오염도 가장 낮아

따사로운 햇살이 비추는 날이면 미세먼지가 극성이다. 미세먼지가 없는 곳에서 여유로운 여행을 즐기고 싶다면 동남아시아에서 가장 미세먼지가 적은 필리핀이 적격이다. 국제환경단체 그린피스가 발표한 「2018년 세계 대질 보고서」에서 필리핀은 초미세먼지(PM25) 수치 14.6ug/m3를 기록했다. 이는 인접국인 태국(18.5), 캄보디아(20.1), 베트남(32.9), 인도네시아 (42)와 비교해 월등히 낮다. 또한 동남아시아 각국의 도시를 분석한 자료에서도 필리핀 11개 도시가 청정지역도시 TOP 15에 선정되었다.

특히, 필리핀의 라구나 주의 칼람바는 초미세먼지 수치 9.3ug/m3으로 동남아시아에서 가장 공기가 깨끗한 도시로 선정되었으며, 발렌수엘라 시티(9.3), 카르모나 시티(10.9), 파라나케(12.2), 다바오(12.2), 마카티(13.7), 마닐라(14.3), 만달라용(14.5), 발랑가(16.1), 퀘존(17.5), 라스 피나스(17.9)가 차례로 순위권에 이름을 올렸다.

필리핀 관광부는 2019년을 '지속가능한 관광'에 초점을 맞추고 있는 만큼 이번 결과를 환영하였다. 특히, 필리핀은 정부차원에서 환경개선을 위한 다양한 활동을 시행하고 있는데 2018년에는 가장 큰 관광지인 보라카이를 자연파괴 문제로 과감히 폐쇄하고 6개월 간 관광객을 받지 않아 전세계적으로 큰 주목을 받은 바 있다. 또한 필리핀 정부는 환경오염의 주범으로 지목받는 서민의 발인 지프니를 점진적으로 친환경 전기 지프니로 대체하겠다고 발표하여 눈길을 끌고 있다.[22]

2) 한국, 필리핀을 방문하는 외국인 관광객 중 지난 8년 간 1위 유지

필리핀 정부는 2018년에 712만 명의 외국인 관광객이 필리핀을 방문하여, 2017년 662만 명에 비해 7.68% 증가하였다고 밝혔다. 필리핀 관광부의 베그나드 푸앗 장관은 "관광객이 712만 명을 달성한 것은 필리핀 역사상 가장 높은 기록이며, 필리핀 국민들의 삶을 지원하고 변화시킬 수 있는 경제활동의 원인이다"라고 언급하였다.

외국인 관광객중 한국 관광객이 1,587,959명으로 가장 많았으며 중국이 1,255,258명으로 뒤를 이었고, 미국이 1,034,396명 순이었다. 한편, 일본은 631,801명, 호주는 279,821명으로 상위 5개국에 포함되었다. 대만은 240,842명, 영국 201,039명, 인도 121,124명, 홍콩 117,984명이었다. 보라카이는 매년 약 200만 명의 관광객이 방문하였으나 6개월 간 폐쇄로 인해 48만 명의 관광객이 감소했다.

필리핀은 아름다운 천혜의 자연환경을 자랑하고 있다. 그러나 2017년 662만 명, 2018년 712만 명의 외국관광객 중 200만 명이 보라카이에 몰릴 정도로 일부지역에 한정되어 있다. 이러한 이유로 필리핀 관광부는 관광산업 인프라를 확대하기 위해 2018년 3월 말에 리타 히메네즈(Alma Rita Jimenez) 관광부 차관과 컨설팅 회사인 프라이스워터하우스 쿠퍼즈(Price Waterhouse Coopers)의 알렉산더 카브레라(Alexander Cabrera)와 양해각서를 체결하여 관광산업 진흥을 위한 구체적인 협력방안에 대한 자문을 구하기로 했다.

필리핀 여행과 관광산업은 2018년에 필리핀 경제에 82억 달러의 수익을 가져온 것으로 조사되었다. 2018년 필리핀에서 관광부분이 필리핀 경제에 기여한 비중은 12.7%에 달하며 관광산업에 종사하는 사람은 540만 명에 달한다. 이는 전체 필리핀 고용인력의 12.8%에 해당된다. 관광산업을 발전시키면 두테르테 대통령의 임기가 끝나는 2022년에는 650만 명이 관광산업에 종사할 것으로 예상된다.

사실 필리핀의 관광산업은 다른 국가에 비해 미흡한 실정이다. 2017년 세계경제포럼이 「여행과 관광경쟁력(2017 Travel and Tourism Competitiveness)」 보고서에 따르면 79위에 불과하다. 이는 조사대상 136개국과 비교하면 하위 50%에 불과하다. 그만큼 관광 인프라만 개발하면 풍부한 관광자원에 힘입어 관광산업이 더욱 발전할 잠재력이 크다는 이야기이다.[23]

관광은 '굴뚝 없는 공장'이라고 한다. 즉 관광은 제품을 생산하는 공장이 없어도 고용창출의 효과를 낼 수 있는 고부가가치 산업이다. 또한 관광은 '보이지 않는 무역'이라고 하여 외화획득의 효율적인 방안이며 국제친선, 문화교류, 국위선양 등의 역할을 하고 있다.

외국관광객 1명의 방문은 텔레비전 약 16대, 소형 승용차 0.2대를 판매한 것과 같은 경제적 효과를 갖는다고 한다. 관광객의 증가는 숙박, 음식, 상업, 교통 등의 관련 서비스산업을 성장시키고 이를 통해 지역 또는 국가의 경제가 활성화되며, 고용기회가 증대되어 소득증가로 이어진다. 특히 관광산업은 외국인을 대상으로 할 경우 외화가득률이 높아 국제수지 개선 효과가 크다. 관광은 이러한 중요성 때문에 선진국뿐만 아니라 자원이 빈약한 국가의 경우 전략산업으로 육성하고 있다.

2019년 8월 19일 필리핀 경제매체 비즈니스 미러(Business Mirror)에 따르면 필리핀 관광부는 2019년 상반기 94만 6,025명의 한국 관광객이 필리핀을 찾았는데 한국 관광객의 1인당 평균 지출액은 1,304달러(약 157만 원)였고, 전체 지출액은 12억 3천만 달러(약 1조 4,878억 원)로 미국, 유럽, 중국, 일본 등과 비교해 가장 많았다. 필리핀 관광청에 따르면 2018년 외국인 관광객이 필리핀에서 소비한 지출액은 4,414억 페소(한화 약 10조 3,155억 원)에 달했다.

천혜의 자연환경을 가진 필리핀의 관광산업은 최근 수년간 급격한 성장을 거듭하며 경제성장을 견인하고 있다. 필리핀은 천혜의 자연환경에 의존하는 관광객 유치전략 이외에도 의료서비스와의 관계, 관광명소건립, 중요 국제회의 유치, 어학연수 프로그램 활성화 등 다양한 관광소재 개발을 추진 중이다.

필리핀은 이미 1976년 4천 명을 수용하는 국제회의센터를 동남아 최초로 건립한 바 있으며, 여타 경쟁력 있는 국제행사센터 후보지도 다수 보유하고 있는 등 잠재력을 보유하였다. 그러나 공항과 항만, 도로, 호텔 등 관광 인프라 부족으로 인해 필리핀 관광산업은 공급이 수요를 따라가지 못하는 상황이다.

필리핀 정부는 세계적으로 가장 아름다운 해변을 가진 팔라완에 아만풀로 관광특구(Amanpulo Tourism Enterprise Zone) 개발을 위해 7억 6천만 페소(한화 약 145억 원)를 투자해 28개 빌라촌을 건설하였으며 수도권인 메트로 마닐라에서는 레전드 국제공원을 신규 오픈하였다.

필리핀 정부는 관광산업이 고용창출과 투자유치에 크게 기여하고 있고 산업비중이 높다는 점을 감안하여 관광산업 활성화에 노력하고 있으며 공항 확장 등 관광산업 육성을 위한 기반조성에 많은 자원을 배분하고 있다. 왜냐하면 향후 필리핀 관광산업의 양적, 질적 성장을 위해서는 기존 공항시설 확충 및 낙후 시설의 개선, 유지 보수에 중점을 둘 필요가 있기 때문이다.

필리핀 정부는 2009년 필리핀 관광청의 조직과 업무를 확대하면서 관광 인프라까지 담당하는 관광인프라 휴양지역청(TIEZA: Tourism Infrastructure and Enterprise Zone Authority)을 신설하면서 관광 인프라에 더욱 신경을 쓰고 있다. 관광인프라 개선을 위해 필리핀 정부가 발주하는 프로젝트는 우선 국제공항 개선 프로젝트, 유명 관광지로 연결되는 도로 건설 또는 개선사업, 지방 유명관광지역에 용수공급 프로젝트사업을 추진하고 있다.

2019년 10월 3일자 비즈니스 미러 지 보도에 의하면 필리핀 정부는 2016~2022년 간 국가관광 발전계획에 따라 2022년에 1,200만 관광객을 유치하여 9,220억 페소(약 20조 원)의 관광수입과 더불어 650만 명의 관광 분야에 종사하는 새로운 일자리를 창출함으로써 전체 고용의 14%를 차지할 수 있도록 노력할 것이며 세계은행과 보홀, 시아르가오, 시키호르, 다바오 시티, 사말 섬에 대한 3억 달러의 관광 투자를 하기로 합의했다고 밝혔다. 이와 별도로 아시아개발은행도 1억 달러를 필리핀 관광 인프라 개선에 투자할 계획으로 알려졌다.

필리핀 관광부는 "필리핀에서 더 재미있다(More fun in the Philippines)"라는 관광 캠페인을 통해 베르나드 로물로 푸야트 관광부 장관이 2018년에 710만 명에 달했던 외국인 관광객을 2019년에는 15% 증가한 820만 명을 유치하기 위해 주력하고 있다고 밝혔다.

필리핀의 방문 선호지역은 외국인들의 경우 세부가 1위, 보라카이, 다바오, 케마리네스 서, 장발레스, 보홀 순으로 나타났다. 관광부 자료에 따르면 한국인 방문객은 2018년 1,587,950명으로 필리핀을 방문한 외국인 중 22.28%로 가장 많았으며, 2017년 1,607, 821명의 24.28%에 비해서는 1.24% 감소하였는데 이는 연간 35만 명의 한국인들이 즐겨 찾는 보라카이 섬이 6개월 간 폐쇄되었기 때문으로 분석된다.

3) 환경보호와 관광개발

로드리고 두테르테 필리핀 대통령은 필리핀의 유명한 휴양지인 보라카이 섬의 환경오염문제를 들어 2018년 4월 26일부터 6개월간 폐쇄를 명했다. 환경이 오염되기 전에는 새하얀 모래, 화이트 샌드가 맑고 푸르른 바다와 잘 조화를 이루고 있고 산호 종류가 많아서 세계 각국으로부터 다이버가 몰려오는 곳이었다.

보라카이의 하수와 쓰레기 문제는 그 섬의 생태계를 파괴하고, 수많은 관광객의 건강도 위협한다고 지적했다. 이에 환경부는 지방 정부에 처리되지 않은 폐수의 바다유입을 막기 위해 가정과 공공시설의 하수도가 섬의 하수처리 시설에 연결하도록 지시하였다.

4) 아름다운 천혜의 관광지: 보라카이, 팔라완, 보홀, 세부

이 세상 마지막 휴식처, 휴양의 파라다이스 보라카이

세계 3대 비치인 '화이트 비치'를 간직한 보라카이는 바다색이 너무 맑고 투명하여 방문하는 여행객마다 감탄하기 바쁘다. 모래는 융단을 밟는 것처럼 부드럽고, 파도는 옥구슬처럼 맑다. 수심에 따라 토파즈 색에서 짙은 사파이어 색으로 변하는 투명하고 맑은 물, 그리고 그 위로 펼쳐지는 아름다운 일몰은 마땅히 비교할 게 없는 절대적 아름다움을 자랑한다.

보라카이는 이러한 환상적인 풍경으로 인해 천혜의 휴양지로 각광을 받고 있다. 바다를 보기만 해도 환상에 접어드는 이 세상 마지막 휴식처 보라카이 섬은 물이 아름다운 데다 산호종류가 많아 세계 각국으로부터 다이버가 몰려온다. 물결이 잔잔하고 라이센스 취득에 드는 비용도 싸서 다이빙을 시작하는 사람에게는 절호의 장소이다. 이 밖에 수상스키나 제트 스키 등 각종 해양 스포츠를 즐길 수 있다.

보라카이 비치 리조트의 거점은 이 섬의 서쪽 해안인 화이트 샌드비치로서, 이름 그대로 보드랍기 그지없는 새하얀 모래가 4.5km 이어져 있는데, 맑고 푸르른 바다와 잘 조화를 이루어 그림과 같은 아름다운 풍경을 빚어내고 있다. 모래사장에서 조금 떨어져 있는 곳에 많은 카티지는 야자

수 숲으로 둘러싸여 있어 작은 길을 따라 걸으면서 이곳 사람들의 삶을 엿볼 수 있는 것도 인상적이다.

보라카이가 국제적인 명성을 얻게 된 것은 1969년 할리우드 영화 〈Too late the hero〉가 보라카이에서 처음 촬영된 것부터이다. 보라카이에는 화이트 비치 말고도 작은 해변이 몇 개 더 있다. 푸카 셀 비치는 금빛 모래를 자랑하는데 해변의 이름은 작은 푸카 조개에서 시작되었다고 한다. 이 조개껍데기로 만든 장식구와 목걸이는 1970년대 초 할리우드를 중심으로 미국을 강타한 적이 있다. 엘리자베스 테일러와 같은 유명 배우들도 푸카 조개껍데기로 만든 귀고리나 팔찌를 차고 다녔다고 한다.[24]

또한, 보라카이의 아름다운 석양을 감상할 수 있는 세일링 보트투어를 통해 세계인의 사랑을 받고 있는 아름다운 섬 보라카이의 앞바다를 돌며 황홀한 노을과 바다가 조화를 이루는 전경을 감상해 보는 것도 큰 추억이 될 것이다. 아울러 보라카이의 젊음을 만끽할 수 있는 디 몰(D-Mall)은 작은 상점들이 모여 하나의 대형 몰 형태를 이룬 곳인데 다양한 상점과 맛집들이 즐비해 있으며 화이트 비치 앞에 있어 환상적인 전망을 제공하여 항상 여행객들도 붐빈다.

환상적인 보라카이 섬을 방문하는 여행객은 해가 갈수록 증가하여 2017년에는 200만 명이 다녀갔는데 2016년보다 16% 증가하였으며 관광객 증가에는 중국여행객들의 급증이 한몫을 하였다. 2017년에 보라카이를 방문한 중국관광객은 37만 5,284명으로 10년 전과 비교하면 거의 30배 가까이 늘어난 셈이다. 한국관광객이 항상 1위를 차지하였으나 2017년 기준으로 한국관광객 수가 35만 명에 달해 2위를 기록하였다. 보라카이가 연간 벌어들이는 관광수입만 560억 페소(약 1조 1,500억 원)로, 필리핀 경제성장에 있어서 큰 부분을 차지하고 있다.

필리핀의 숨은 보석, 팔라완

필리핀 남서부에 있는 섬, 팔라완은 필리핀의 숨은 보석이라고 불릴 만큼 아름다운 섬이다. 총 1,780개의 섬으로 이루어진 팔라완은 필리핀의 유명 관광지 세부나 보라카이에 비해 상대적으로 덜 알려진 편이다. 흔히 팔라완을 필리핀에 남은 마지막 비경이라고 하는데 그만큼 때 묻지 않은 원시 자연과 사람들을 만날 수 있기 때문이다. 팔라완의 주도인 푸에르토 프린세사는 우리 정부(EDCF)의 지원으로 금호산업이 공항을 재정비한 곳이다.

그래서 주도인 푸에르토 프린세사와 고급 리조트로 유명한 엘 니도, 다이버들의 천국으로 불리는 코론을 찾아오는 발걸음이 점점 늘어나고 있다. 엘 니도((El Nido)는 스페인어로 '제비가 있는 섬'이라는 뜻이다.

엘 니도의 빅 라군은 바람과 파도의 풍식작용에 의해 깎인 거대한 회색빛 석회암 절벽이 에메랄드 빛 바다를 둘러싸고 있는 엘 니도의 대표적인 호핑 투어 포인트이며 시크릿 라군은 성인 1명이 머리 숙여 간신히 지나갈 수 있는 아주 작은 구멍을 통과해야 만날 수 있는 숨겨진 라군으로 수심이 낮아 초보자도 수영하기 좋은 곳이다.

코론의 이색적인 풍경은 먼 곳에서 온 여행자들에게 미지의 세계에 와 있는 것 같은 느낌을 준다. 마치 아프리카에 와 있는 것 같은 야생동물 보호구역, 바다 속에 숨겨진 보석 같은 호수와 맹그로브 숲속의 소금온천, 그리고 기이한 암석들이 에메랄드 빛 바다위에 산을 이루고 있다. 코론은 신혼여행지로도 유명한데 필리핀 관광홍보대사로도 활약 중인 산다라 박이 이곳을 다녀가면서 한국관광객들과 다이버들이 많이 찾게 되었다. 코론 공항은 코이카 자금지원으로 건설되었다.

엘니도와 비슷하게 화강암 절벽 가운데 라군에서 수영과 일광욕을 즐길 수 있는 코론은 유럽과 호주관광객들이 즐겨 찾는 곳이다. 이처럼 팔라완의

푸에르토 프린세스 지하강

바다는 산호초로 둘러싸여 환상적인 풍경을 연출하고 있는데 스노클링과 다이빙을 하면서 갖가지 바다 동물과 식물로 가득한 신비한 세상을 만날 수 있다.

또한, 팔라완 여행 중 빼놓을 수 없는 것에는 '지하강 국립공원' 탐험이 있다. 지하강은 푸에르토 프린세사 지하강 국립공원에 속해 있는 강으로 다른 주변 섬과 떨어져 있기 때문에 희귀하고 이국적인 해양생물을 만날 수 있는 곳이다. 지하동굴 국립공원은 해발 1020m의 세인트 폴 산의 발치에 펼쳐져 있는 동굴로 셀 수 없을 만큼의 다양한 나무들과 새들, 그리고 원숭이와 1.5m의 도마뱀이 서식하고 있는 곳이다. 이 지하강 국립공원은 제주도와 함께 세계 7대 자연환경(7 wonders of nature)으로 선정되기도 하였다.

안경원숭이와 초코릿 힐로 유명한 보홀(Bohol)

필리핀에서 10번째로 큰 보홀 섬에는 세계에서 가장 작은 원숭이로 눈이 안경처럼 크다고 하여 안경원숭이가 있다. 통상 박쥐처럼 낮에는 잠을 자고 주로 밤에 활동하며 크기도 작아서 일반관광객들이 찾기 어렵다. 안경원숭이 외에도 수많은 초콜릿 힐로도 유명하다. 높이 40미터 정도의 원추형 작은 구릉이 1,268개가 잇따라 있어 정말 불가사의한 풍경이다.

초콜릿 힐은 평상
시에는 초록빛을 띠
다가 4월에서 6월까
지는 갈색으로 변해
그 모습이 마치 초
콜릿 모양과 빛깔을
닮았다고 해서 초콜
릿 힐이라고 불리게
되었다. 10대 불가

아름다운 보홀 비치

사의로 불리는 초콜릿 힐은 필리핀 200페소 화폐에서도 볼 수 있다.

보홀은 이외에도 아름다운 해변과 석양이 유명하다. 배를 타고 한 시간
만 나가면 돌고래 가족이 서서히 유영하는 것을 볼 수 있고 인근 섬 주변
에는 스노클링과 다이빙을 할 수 있는 천혜의 휴양지가 있다. 또한 스노클
링이나 다이빙을 하면서 큰 거북이를 볼 수 있는 곳도 있다. 보홀 시내를
가로지르는 로복 강에서 야간에 반딧불을 볼 수 있는 보트여행도 추억을
남기기에 충분하다. 보홀은 1년에 대략 20만 명의 한국 관광객이 찾는 곳
인데 2018년 11월 일본정부의 지원을 받아 새로운 공항이 건설되어 예전
보다 훨씬 쾌적하게 여행을 즐길 수 있다. 또한 보홀 인근에는 아시아에서
가장 오래된 성당이 있는데 천장 벽화 등 일부분은 지진으로 피해를 본
후에 보수를 하였다.

해상스포츠와 가톨릭 유적지로 유명한 세부(Cebu)

2018년 기준 158만 명의 필리핀 방문 한국인 중 약 70만 명이 세부를
찾고 있다. 세부는 필리핀 여행을 가는 한국 관광객들이 가장 많이 방문하

는 곳 중의 하나이다. 깨끗한 비치와 풍성한 열대림 등 자연의 아름다움은 더 말할 나위가 없지만 스페인의 첫 필리핀 거주 지역이었기 때문에 필리핀에서 가장 많은 문화유산과 명소가 있어 볼거리가 많아 해마다 많은 한국관광객들이 찾는다.

필리핀은 인구의 85%가 가톨릭 신자이고 곳곳마다 기독교 문화유산을 볼 수 있지만 세부는 그중에서도 가장 역사 깊은 기독교 문화명소들이 많고 또 기독교 문화행사들도 풍성하게 열리는 곳이다. 소위 '신앙여행'에 참여하는 한국관광객들은 마젤란의 십자가와 450년이 넘은 산토 니뇨 성당 등을 방문하며 기독교 역사를 순례할 수 있는 기회를 갖게 된다. 매년 1월에 개최되는 시눌루 축제와 같이 기독교와 관련된 화려한 문화 페스티벌을 체험할 수 있다

마제란 십자가(Magellan's Cross)는 1521년에 마젤란이 세웠다고 하는 커다란 나무 십자가와 1735년에 그것을 안치하기 위해 지은 팔각당을 말한다. 이 팔각당안의 천장에는 마젤란이 세부 섬에 상륙하여 십자가를 세우고 부

활제를 올릴 때의 광경 등이 그려져 있다. 이 십자가는 필리핀의 초기 기독교 문화의 귀중한 역사적 유산으로 신앙의 대상이 되고 있다. 이 팔각정에는 노란 옷을 입은 사람들이 약간의 돈을 받고 방문객들에게 기도를 해주고 있다.

산토 니뇨 성당(Santo Nino Church)은 1565년 레가스피에 의해 세워진 교회는 산 어거스틴 교회라고도 하는데 마젤란 십자가가 있는 팔각정

세부 산토 니뇨 성당 내부 모습

인근에 있다. 산토 니뇨란 스페인어로 '어린 예수'를 뜻하는데 이 교회 앞에서는 항상 예배를 드리는 광장이 있고 이 교회 안에서도 별도로 예배를 드리고 있다.

그리고 세부에는 1591년에 창립되어 필리핀에서 가장 오랜 역사를 자랑하는 산 카를로스 대학의 부속 박물관(University of San Carlos Museum)이 있고 세부 섬 인근 막탄 섬(Mactan Island)에는 많은 고급 리조트가 있다.

마닐라의 유명 관광지: 인트라무로스, 성 어거스틴 교회, 리잘 파크

옛 스페인 정복자들의 거주지였던 인트라무로스는 '성의 안쪽'이라는 뜻이다. 인트라무로스에서 가장 아름다운 건축물이라 불리는 마닐라 성당은 인트라무로스 내의 로마 광장에 위치해 있으며 주말에는 성당에서 결혼식을 올리는 모습도 볼 수 있다. 1581년에 지어진 이래 자연재해로 인한 수차례의 파괴와 복원을 거듭했으며 지금의 모습은 1958년에 재건한 것이

며 교황이 두 차례 방문한 곳이기도 하다. 성 어거스틴 교회는 필리핀에서 가장 오래된 교회로, 1993년에 유네스코 세계유산으로 지정되었다.

리잘 파크는 마닐라 만에 위치한 아름답고 넓은 공원으로 마닐라 자유여행을 떠났다면 꼭 들러보아야 할 명소다. 리잘 파크는 필리핀의 독립운동가인 호세 리잘(Jose Rizal)이 처형되었던 장소로 그의 유골이 안치된 기념비가 있는 곳이기도 하다.

성 어거스틴 교회 내부 모습

그의 유골이 안치된 기념비 앞에는 24시간 4교대로 정부군 의장대 경비가 서있다.

외교사절 방문 시 이곳 기념비에 헌화를 하는 것이 관례인데 필자도 2018년 1월 19일 두테르테 대통령에게 신임장을 받으러 가기 전에 이곳에 들려 헌화를 하였다. 리잘 파크는 해가 저물면 일몰 장면을 보기에 아름다운 장소이기도 하다.

마닐라 교외 관광지: 팍상한 폭포와 타알 호수, 미니 화산

소도시인 파그산한의 국유지에 위치하며 높이는 91m로 주도(州都)인 산타크루스에서 가까우며, 마닐라에서 남동쪽으로 100km 떨어져 있다. 폭포 바로 뒤쪽에 있는 악마의 얼굴 모습을 한 악마동굴(Devil's Cave)에 들어가면 쏟아져 내리는 물줄기가 바로 눈앞에 펼쳐진다.

전 세계 7대 절경중 하나로 '플래툰', '킬링필드', '여명의 눈동자'로 유명해졌고 코폴라의 전쟁영화 〈지옥의 묵시록〉이 촬영된 곳이기도 하다. 특히 우리나라에선 가수 조성모의 〈아시나요〉의 뮤직비디오 촬영장소였다. 보통 팍상한 폭포까지 카누를 타고 사공과 함께 강을 거슬러 가고 내려올 때는 급류를 타고 래프팅을 한다.

타알 화산은 필리핀 카비테(Cavite) 주 타가이타이 시에 있는 휴양지이자 화산지대로 세계에서 가장 작은 화산 중 하나이다. 높이가 해발 600m에 이르는 고지대로 특이한 화산 경관과 서늘한 기후로 이름나 필리핀 젊은이들에게는 신혼여행지로도 유명하다.

수억 년 전 화산이 폭발한 뒤 길이 25km, 폭 18km에 이르는 따알 호수(Taal Lake)가 형성되었고, 1977년 다시 화산 폭발이 일어나 화산 분화구 안에 다시 작은 분화구가 생겼다. 새로 형성된 중심 분화구를 따알 화산

(Taal Volcano)이라고 하는데, 현재도 주기적으로 폭발이 일어나 화산학자들이 화산활동을 관찰하고 있다. 중심 분화구 안에는 연기가 솟아나는 호수가 있는데, 이를 보려는 관광객들 대부분은 말을 타고 올라간다.

5. 필리핀 소매업, 지속적인 성장세로 성장잠재력 높아

필리핀은 최근 6년간 6~7% 대의 경제성장률과 더불어 소매업 역시 활기를 띄고 있으며, 2017년 기준 필리핀 소매유통시장은 2조 9,322억 필리핀 페소규모(약 532억 달러)로 전체 GDP의 21.6%를 차지하였다.

약 1억 600만 명에 달하는 인구와 더불어 중산층의 확대(2010년 3,200만 명, 2015년 3,700만 명, 2020년 4,300만 명 예상)로 점점 두꺼워지고 있는 소비자의 지갑과 콜센터 산업 등을 통한 활발한 일자리 창출 등의 요인으로 필리핀 소매시장은 앞으로의 성장잠재력이 매우 높은 시장이다.

글로벌 리서치 기관인 유로모니터에 따르면 2020년까지 필리핀 소매유통시장은 연간 6% 대의 성장을 거듭할 것으로 보이며, 2020년경에는 약 4조 3,531억 필리핀 페소(약 81조 원)의 매출을 달성할 것이라고 한다.

코트라 마닐라 무역관의 자료에 따르면 콜센터에 종사하는 사람이 늘어나면서 편의점의 매출도 크게 늘어나고 있다. 필리핀 내 최초 편의점인 세븐일레븐(미국기업)은 매출액이 2016년 11억 8천만 페소에서 2017년에는 13억 2천만 페소(약 262억 원)로 약 10.6% 증가하였고 미니스톱(일본기업)은 같은 기간 5억 7천만 페소(110억 원)에서 23억 페소(461억 원)로 무려 4배 이상 증가하였다. 이렇듯 편의점 사업은 빠르게 팽창하고 있는 사업 중의 하나이다. 현재 수도권인 메트로 마닐라에만 집중되어 있어 지방을 중심으로 더욱 많은 성장을 기대해 볼 수 있다.

여러 소매기업들이 높아지는 수요에 맞추어 매장을 늘리고 프리미엄 라인을 런칭하는 등 시장이 빠르게 커지고 있다. 하지만 아직까지는 브랜드, 대형 매장 등 위주로 수도권인 메트로 마닐라 지역에 집중적으로 분포되어 있고 소매매장이 시장의 30% 가량 밖에 차지하고 있지 않아 소매업 진출기회가 높게 평가되고 있다.

필리핀에서 한류, 특히 드라마가 크게 유행하며 소비자들이 한국식 생활양식을 가지기 시작하였다. 특히 여성들을 중심으로 한국화장품(K- Beauty)이나 한국 패션이 주목받으면서 필리핀 소매시장에서 한국화장품이나 패션이 크게 각광을 받고 있다.

아모레퍼시픽의 자연주의 화장품 브랜드 이니스프리가 2018년 11월 23일 필리핀에 첫 공식 매장을 오픈하였다. 이니스프리 필리핀 1호점은 수도 마닐라에 위치한 필리핀 최대 쇼핑몰 'SM Mall of Asia'에 총 148 평방미터(약 44평) 규모로 마련되었다. 필리핀은 동남아시아에서 영 밀레니엄 고객 비중이 높은 편으로, 특히 한류와 K 뷰티에 관심이 많은 국가이다.

또한, 아모레 퍼시픽 그룹은 2018년 12월 13일 수도 마닐라의 쇼핑 중심지인 마카티 지역의 'SM 마카티' 백화점에 라네즈 단독매장을 오픈하였다. 라네즈는 라자다 등 필리핀 내 주요 이커머스(e-commerce) 채널에도 입점했다. 필리핀은 1억 명이 넘는 성장잠재력이 풍부한 국가로 프리미엄 뷰티 시장이 최근 가파르게 성장하고 있어서 아모레 퍼시픽 그룹은 필리핀 사업을 본격적으로 확대하기로 결정하였다.

6. 필리핀 웰빙 시장, 늘어나는 소득과 함께 성장추세

정보 분석기관인 넬슨(Nielson)의 조사에 의하면 필리핀 전체응답자의 97%가 건강을 위해 더 많은 지출을 할 의사가 있다고 답할 정도로 건강에 대한 관심이 늘어나고 있다. 글로벌 자료조사기관인 유로모니터는 필리핀 웰빙 시장이 2022년까지 약 23% 성장할 것으로 예측하였다. 필리핀 소비자는 특별히 기능성 제품을 선호하는 경향을 보이는데 기능 중에서도 비타민, 칼슘, 미네랄 영양소가 함유된 제품을 많이 찾고 있다.

필리핀 웰빙 시장은 판매량을 높이기 위해 주로 가격에 민감한 중산층 소비자를 위주로 중저가 제품군을 공급해 왔으나, 최근에는 프리미엄 제품라인을 도입하고 상류층 공략에 나서며 고객층이 넓어지고 있다. 글로벌 자료조사기관인 유로모니터에 따르면 2017년 기준 필리핀 웰빙 식품 시장규모는 2,173억 504만 필리핀 페소(약 4조 3천억 원)로 과거 2012년 대비 29% 증가했으며, 2016년 대비 2017년 매출액은 4% 증가하여 꾸준한 성장세를 보이고 있다.

유로모니터에 따르면 2017년 필리핀 탄산음료 판매량은 100억 240만 리터로 소비자에게 가장 많은 사랑을 받고 있다. 특히 건강과 맛을 동시에 챙기고 싶은 소비자는 설탕이 들어가지 않은 탄산음료를 즐기고 있으며, 과일이나 채소 등 유기농 신선제품의 판매는 2017년 약 14% 증가하였다.[25]

7. 필리핀, '업무처리 아웃소싱(BPO)' 신흥강자로 떠올라

필리핀이 인도에 이어 글로벌 기업들의 업무처리 아웃소싱(BPO: Business Process Outsourcing) 거점으로 주목을 받고 있다. BPO란 기업의 인사, 총무 등 지원 분야나 콜센터, 데이터 입력, 소프트웨어 개발 등 각종 비즈니스에서 수행하는 업무의 아웃소싱 전문산업을 말한다.

필리핀 현지 언론과 업계에 따르면 현재 필리핀에는 총 851개의 BPO 업체가 등록되어 영업 중으로, 이 중 절반에 해당하는 429개 업체가 콜센터이며 400개 업체는 정보통신(IT) 관련 아웃소싱 업체인 것으로 나타났다. 시티은행, JP 모건 등 다국적 금융사들이 대표적인 BPO 고객들이다.

이에 따라 BPO 산업이 필리핀 경제에서 핵심 사업으로 떠오르고 있다. 필리핀 콜센터 협회에 따르면 전체 국내총생산에서 차지하는 비중이 17%에 달하며 관련 산업에 종사하는 인력도 57만 5,600명이다. 필리핀이 BPO 시장에서 강세를 보이고 있는 가장 큰 힘은 언어이다. 영어를 공용어로 사용하고 있다 보니 의사소통이 잘되는데다가 서구문화에 대한 거부감도 없다. 인건비 역시 낮아 잇따라 글로벌 기업들의 러브콜을 받고 있다.

BPO 산업은 주로 마닐라, 세부, 다바오 등 대도시를 중심으로 발달해왔으며, 특히 수도 마닐라의 경우 최근 인도의 뉴델리와 함께 세계 2대 BPO 거점으로 자리 잡고 있다. 현지 전문기관들은 앞으로 필리핀 BPO 산업은 빠른 성장세를 보이며, 2022년에는 시장규모가 400억 달러에 이를 것으로 예상하고 있다.

BPO 산업이 발달하면서 편의점 시장도 덩달아 특수를 누리고 있다. 시장조사기관인 닐슨에 따르면 2016년 3,139개였던 필리핀의 편의점 매장 수는 2017년에는 4,184개로 33%나 증가하였다. 야간 업무가 많은 BPO 업계 종사자들의 업무 특성 때문에 24시간 영업하는 편의점 수요가 늘어났기 때문이다.[26]

1) 장익진 지음, 〈이것이 필리핀이다〉, 청조사, 1999.년 8월, 20~23쪽.

2) 2019년 4월 27일자 마닐라 타임즈, 필리핀 스타 B 1면.

3) 2015년 11월 26일자 Business World(http://www.bworldonline.com/content).

4) 2018년 3월 6일자 The Philippine Star 3면
   2018년 3월 10일자 Manila Bulletin A 10면
   (Jobs, Jobs, Jobs to complement 'Build, Build, Build' by Anna Mae Yu Lamentillo)

5) 2018년 7월 14일자 마닐라 서울 B 8면.

6) 2018년 12월 30일자 The Philippine Star 5면.

7) 마이클 오슬린 지음, 김성윤·윤웅진 옮김, 〈아시아 세기의 종언〉, 오르마, 2017년 6월, 281쪽.

8) UNESCO Institute for Statistics, UN Population Division, IMD World Competitiveness Report and World Talent Report 2016~2017.

9) 문종구 지음, 〈필리핀 바로알기〉, 좋은땅, 2015년 11월, 424~425쪽.

10) 2018년 2월 24일자 주간 마닐라, 뉴스게이트, 23쪽.

11) 2017년 SGV 발간, 필리핀 투자가이드.

12) World Bank Group Flagship Report 「Doing Business 2019: Training for Reform」.

13) 2019년 4월 6일 비즈니스 미러(Business Mirror).

14) 「개도국 정부경쟁력 지표의 ODA 전략 적용방안: 베트남, 필리핀 사례를 중심으로」, 코이카, 2016년 11월, 74~82쪽.

15) 2018년 3월 3일자 Manila Bulletin.

16) 2018년 12월 30일자 Inquirer A 5면.

17) 2018년 3월 10일자 Manila Bulletin A 1 A 10면.

18) 2018년 9월 8일자 Manila Bulletin 4면.

19) 두테르테 대통령은 대통령이 되기 전에 아래 10대 공약을 발표하였다. 1) 범죄와의 전쟁, 2) 연방제, 3) 내전종결, 4) 가족계획, 5) 불평등 타파, 6) 미성년자 훈육, 7) 부패척결, 8) 마르코스 국립묘지 안장, 9) 해외투자 유치, 10) 중국과의 관계개선.

20) 2018년 7월 15일자 The Philippine Star 7면.

21) 2018년 7월 14일자 마닐라 서울 B 11면.

22) 2019년 3월 23일자 주간 마닐라, 30면.

23) 2018년 3월 26일자 The Philippines Star 4면.

24) 양현모 지음, 〈가장 아름다운 섬, 필리핀 100배 즐기기〉, 이지북, 2005년 1월, 200~207쪽.

25) 2018년 10월 필리핀 코트라 무역관 자료.

26) 2019년 2월 2일자 마닐라 서울 B 7면.

제7장

필리핀과 협력
동반자 관계를 강화하라

"Indeed, the Republic of Korea is a true friend of the Philippines. And President Moon Jae-in is an even closer ally. Our friendship is reaching a new maturity of even closer as deep and abiding friends, The friendship is reaching on the level of mutual respect for each other, and our relations will only grow stronger in the years to come."

- President of the Republic of the Philippines Rodrigo Duterte

on his official visit to Korea from 3 June to 5 June 2018.

제1절

한국과 필리핀 간 전통적인 우호 협력관계

1. 김대건 신부와 안창호 선생이 체류하였던 필리핀

8세기 통일신라의 장보고가 중국해역은 물론 남중국해 일대까지 영향력을 넓히면서 한국인으로서는 최초로 필리핀을 방문하였다고 알려졌다. 1821년 12월에는 문순득이라는 홍어장수가 고기잡이 중에 거센 파도를 만나 현재의 오키나와까지 표류하였으며 일주일후에 마침 오키나와에 온 청나라 사신을 만나서 귀국하려던 중 다시 풍랑을 만나서 현재의 필리핀으로 내려와 약 2개월 간 필리핀(일로코스 비간 지역)에 머문 것으로 알려져 있다. 이러한 내용은 우의도에 유배하였던 정약전 선생의 저술(표해시말)에서 발견되었다.[1]

1839년에는 마카오에 유학을 온 김대건 신부가 중국인 민란을 피하여 약 6개월 간 필리핀에 와서 피난살이를 하였다. 이를 기념하기 위해 마닐라에서 차로 1시간 걸리는 로롬보이(Lolomboy)에는 1986년에 한국의 천주교 신자들이 갓 쓴 모습의 김대건 신부의 동상과 성당을 건축하기도 하였다.

1929년에는 안창호 선생이 필리핀을 방문하여 임시정부 후보지 물색을 위해 마닐라에서 차로 4시간 걸리는 필리핀 북부 바기오(Baguio)까지 가기도 한 것으로 알려졌다. 안창호 선생이 필리핀을 방문한 목적은 만주지역에서의 이상촌 건설과 독립운동 기지 개척이 여의치 않으므로 '남방지역'에서 이를 진행시키기 위함이었다. 그는 당시 필리핀에 거주하던 52명의 한인들과 '대한인 국민회 필리핀 지부'를 만드는데 만족하고 3월 30일부터 50여일 간 체류한 후에 필리핀을 떠났다.

2. 세계에서 5번째로 수교한 오랜 우방국이며 한국전에 참전한 맹방

필리핀은 1948년 대한민국 정부수립 후 미국, 영국, 프랑스, 대만에 이어 다섯 번째로 우리나라와 수교한 오랜 우방국이다. 양국이 1949년 3월 3일 외교관계 수립 이후 1949년 3월 23일 필리핀 퀴리노 대통령은 반공적인 태평양 동맹안을 제안했고, 이 시기에 필리핀과 국교를 맺은 이승만 대통령은 이를 지지한 뒤, 7월 20일 동맹체결 협의를 위해 퀴리노 대통령과 장개석 중화민국 총통을 초청하였다.

1950년 10월 7일 호주, 칠레, 네덜란드, 필리핀, 파키스탄, 터키 등 7개국으로 조성된 신유엔 한국위원회가 발족되고 필리핀의 로물로(Romulo, Carlos Pena, 1899~1985) 의장이 피선되었다. 로물로 장관은 한국전쟁이 발발하기 3개월 전인 1950년 3월 미 국무장관 에치슨과 함께 하버드대에서 명예박사 학위를 받았는데 수상연설에서 "미군이 한국에서 전면 철수한 것은 공산주의자들에게 침략 초청장을 발부해 준 것이나 다름없다"라며 에치슨 장관을 격렬히 비난했다.

한국전쟁이 발발하자 필리핀은 1950년 9월 7,420명의 장병을 파견하였다. 필리핀 한국전 참전용사회(PEFTOK: Philippines Expeditionary Forces to Korea)는 유엔군의 일원으로 파견된 필리핀 육군부대로 7,420명의 참전용사 중 112명이 전사하고 350명이 실종되거나 부상을 입었다. 정예부대인 필리핀 제10 전투대대가 1진으로 9월 15일 마닐라 항에서 미국 수송선을 올라 나흘 뒤인 9월 19일 저녁 무렵에 부산에 도착하였다. 실제 참전국 순서로는 미국과 영국군에 이어 세 번째이다.

필리핀 군대는 대한민국에 파병한 국가 중 5번째로 숫자가 많았으며, 1951년 4월 강원도 율동전투에서 필리핀 전차부대장이 사망하면서까지 중공군 1사단을 막아낸 유명한 율동전투를 포함하여 많은 고지 전투에서 활약하였다.[2] 경기도 연천군 연천읍 상1리에는 이때의 승전을 기리기 위한 필리핀군 참전기념비가 있다.

필리핀 해외원정군은 1950년 말부터 1955년까지 대한민국에 주둔하였다. 필리핀이 한국전에 참전할 때 당시 유엔총회 의장인 카를로스 로물로 (Carlos Romulo) 전 외교장관의 역할이 컸다. 당시 필리핀 정치권에서는 한국전 참전에 대한 의견이 나누어졌었는데 유엔총회의장이었던 카를로스 로물로는 유엔의 책임 있는 국가인 필리핀이 참전 유엔 결의를 이행해야 한다고 강력히 주장하여 결국 필리핀 의회에서 참전을 결의하게 되고 파견하게 되었다.[3]

피델 라모스(Fidel V. Ramos) 전 대통령은 미국 육군사관학교(West Point)를 졸업한 후 정찰 순찰 소대장으로 한국전쟁에서 참여하였다. 그리고 필리핀 민주화의 영웅인 베니그노 아키노 전 상원의원(아키노 전 대통령의 아버지)은 마닐라 타임즈의 종군기자로 한국전에서 취재활동을 한 바 있다.

한국전에 참전한 후 40년이 지나 필리핀 육군대장에 이어 국방장관과 제12대 대통령으로 선출된 라모스 전 대통령은 지난 2013년 7월 한국전쟁 정전 60주년을 맞아 한국을 방문하였을 때 자유와 민주주의의 가치를 강조하고 전후 폐허상태의 한국이 놀라운 경제성장을 이룩한 것을 높이 평가한다고 하였다.

라모스 전 대통령은 또한 2018년 3월 필자와의 면담에서 한반도의 평화적인 통일을 기원하지만 만약 한반도에서 전쟁이 발발하면 90세의 노령에도 불구하고 자원하여 한국을 도울 것이라고 하면서 한국은 필리핀이 본받아야 할 성장모델이라는 점을 강조하였다.[4]

한국전 참전용사이기도 한 라모스 전 대통령과 함께

필자는 한국전쟁에 참가한 참전용사들의 고귀한 희생이 없었다면 대한민국이 현재 자유와 민주주의, 그리고 경제적인 번영을 누릴 수가 없었다고 생각하며 한국전 참전용사들이야말로 진정한 영웅이라고 생각한다. 따라서 우리 후손들도 한국전 참전용사의 용맹함과 희생정신을 배우는 것이 필요하다고 믿고 있다.

이러한 맥락에서 2018년 1월 14일 필리핀 주재 한국대사로 필리핀에 부임한 다음날 대사의 첫 일정으로 마닐라에 소재한 한국전 참전기념비에 헌화를 하고 한국전에 참전한 필리핀 노병들과 점심을 같이 하였다.

2018년 6월 25일 주필리핀 한국대사관, 필리핀 한인총연합회, 민주평통 동남아 북부협의회 필리핀 지회, 필리핀 한국전 참전용사회와 가족들이 참가한 가운데 6.25 발발 68주년 기념행사가 필리핀 국립묘지 한국전 참전 기념비에서 엄숙하게 진행되었다. 이 행사에는 필리핀 국가보훈처 카롤리나 처장, 필리핀 한국전 참전용사협회 벨렌(Belen) 회장, 필리핀 육군 사령관인 알프레도 육군중장 등이 참석하였다.

필자는 이 행사에서 축사를 통해 필리핀 한국전참전용사들의 고귀한 희생정신을 대한민국은 잊지 않고 있으며 영원히 기억할 것이라고 하고 187명의 학생들에게 우리 정부의 장학금을 전달하였다. 한국정부는 2018년 6월 3일 두테르테 대통령의 방한을 계기로 2018년부터 추가로 150명의 학생들에게 장학금을 전달하기로 하였다.

제68회 율동전투 기념식 개최

68년 전 한국전에 참전한 필리핀 군인들이 한국전에서 승리한 율동전투를 기념하는 행사가 2019년 4월 23일 보니파시오에 위치한 필리핀 국립묘지 내 한국전 참전기념비 앞에서 필리핀 국방부(보훈처, 육군) 및 한국전 참전협회 주관으로 개최되었다.

이날 행사에는 말라본 시립대 총장인 마론닐라(Maron Maronilla), 카롤리나(Lt General Ernestro Carolina) 보훈처장, 막시모 영(Major Maximo Young) 한국전 참전협회(PEFTOK) 회장과 참전용사 및 가족들, 그리고 필리핀 국방관계자와 필자를 포함한 한인총연합회의 변재홍 회장, 한국여성연합회 이현주 회장, 필리핀 재향군인회 이종섭 회장, 민주평통 동남아북부협의회 김준영 간사 등 300여명이 참석하였다.

따갈로그어로 인사말을 시작한 필자는 "율동 전투는 한국전쟁사에서 큰 승리를 거둔 전투이며 오늘날 대한민국의 민주주의와 경제발전은 한국전 참전용사들의 위대한 희생과 헌신 덕택"이라고 감사를 표했다. 율동전투기념식에 참석한 참석자들은 참전 기념비에 헌화하면서 참전용사들의 희생에 감사하는 시간을 가졌다. 이날 기념식에는 참전용사회 회원들의 3세대 자녀들과 한국의 청소년들이 함께 자리해 눈길을 끌었다.

6.25 전쟁 69주년 기념행사

주필리핀 대한민국대사관, 필리핀 한인총연합회(회장 변재홍), 민주평통 동남아북부협의회(회장 김영기), 재향군인회 필리핀 지회(회장 이종섭), 재필리핀 대한체육회(회장 윤만영), 팔각회(총재 박수용), 한국전 참전기념재단(이사장 김태영 전 국방부 장관), 보훈처 김주영 국장과 카롤리나 필리핀 보훈처장, 필리핀 한국전 참전용사 회원 및 가족 등 약 300여명이 참석한 가운데 〈6.25 한국전 발발 69주년 기념행사〉가 2019년 6월 24일 오전 10시 필리핀 국립묘지 한국전 참전기념탑에서 엄숙하게 진행되었다.

국가보훈처 김주용 국장은 2019년 4월 '이달의 6.25 전쟁 영웅'으로 선정된 고 콘라드 디 얍 필리핀 육군대위의 딸인 이사벨리타 얍 씨에게 기념패를 전달하였다. 이날 기념식에는 부산과 경남에서 활동 중인 팔각회 회원 32명이 참석하여 금년부터 10년 간 매년 필리핀 한국전 참전용사회에 10만 페소(약 2백만 원)의 장학금을 전달하겠다는 양해각서를 체결하였다.

3. 한국-필리핀 간 정상외교의 성과

1) 양국 정상 간 상호방문

양국 정상 간 상호방문 현황을 보면 1966년 10월 21일 박정희 대통령이 처음 마닐라를 방문하였다. 당초 2월에 방문하고자 했으나 마르코스 대통령이 바쁘다는 이유로 불발되다가 월남참전 7개국 정상회의에 참석하기 위해 10월에야 마닐라를 방문하게 되었다.

그 후, 1981년 전두환 대통령이, 1994년에는 김영삼 대통령이, 1999년에는 김대중 대통령이 그리고 2005년 12월에는 노무현 대통령이 마닐라를 방문한데 이어 2007년 1월에는 아세안+3(한·중·일) 정상회의 참석차 세부를 방문하였다. 2011년 11월 이명박 대통령이 필리핀을 방문하여 필리핀에 대한 차관한도를 3억 달러에서 5억 달러로 증액하는 한국-필리핀 경제개발 지원약정을 체결하였다. 2015년 11월에는 APEC 정상회의 참석차 박근혜 대통령이 방문하였다.

역대 필리핀 대통령도 모두 한국을 방문하였다. 1993년 라모스 대통령, 1999년 에스트라다 대통령, 2003년 아로요 대통령이 방한하였고 아로요 대통령은 2005년 11월 부산에서 개최된 APEC정상회의에 이어 2009년 5월 제주도에서 개최된 한국-아세안 20주년 특별정상회의 참석차 한국을 재차 방문하였다. 2013년 10월에는 아퀴노 대통령이 방한하고, 2014년 12월에는 부산에서 개최된 한국-아세안 25주년 특별정상회의 참석차 한국을 다시 방문하였으며, 2018년 6월에 두테르테 대통령이 한국을 방문하였다.

2) 한국-필리핀 정상회담

2017년 한국-필리핀 정상회담 개최 결과

문재인 대통령과 두테르테 필리핀 대통령은 2017년 11월 13일 필리핀 컨벤션센터에서 정상회담을 갖고 방산, 인프라 등 실질협력 분야에서 더욱 긴밀히 협력해 나가기로 하였다. 두 정상은 양국이 교역과 투자, 인프라, 개발협력, 방산 등 실질협력 분야에서 선순환 파트너를 구축해 왔음을 평가하고 양국 정부 모두 포용적이고 지속가능한 성장을 추구한다는 공통점에 기초해 양국협력관계를 더욱 발전시켜 나가기로 하였다.

특히, 문대통령은 두테르테 대통령이 추진 중인 필리핀 내 인프라 확충, 군 현대화 등의 사업에 우리 측이 지속해서 기여할 수 있도록 관심과 지원을 요청했다. 필리핀은 한국으로부터 FA-50, 호위함 등을 도입하는 등 양국 간 방산협력이 활발하게 진행 중이다. 이에 두테르테 대통령은 한국 기업들이 자국 경제발전과 인프라 구축에 기여해 왔다면서 앞으로도 한국 측과 긴밀한 협력을 기대한다고 밝혔다.

이어 문대통령은 필리핀 내 한국민의 안전 확보에 각별한 관심을 요청하였다. 두테르테 대통령은 한국민 보호를 더욱 강화할 수 있도록 노력하겠다고 말하였다. 양 정상은 한국 내 필리핀인 결혼이주자, 근로자가 양국 간 가교역할을 수행하고 있다고 공감대를 형성하면서 이들의 권익보호를 위해 계속 협력해 나가기로 하였다. 아울러 문 대통령은 필리핀이 그간 북한문제에 대한 한국입장을 적극 지지한 것을 평가하면서 앞으로도 긴밀하게 협력해 달라고 요청하였다. 두테르테 대통령은 지금까지 지지해 온 것처럼 한국의 대북정책을 100% 지지한다는 입장은 변함이 없을 것이라고 말했다.

2018년 한국–필리핀 정상회담 개최 결과

2018년 6월 3일부터 5일까지 로드리고 두테르테 대통령은 문재인 대통령의 초청으로 한국을 공식 방문하였다. 다바오 시장시절에는 5번이나 방문한 적이 있지만 대통령이 되고서는 첫 번째 방문이었다. 문재인 대통령 취임 이후 아세안 정상으로서는 최초의 방문이기도 하였다.

두테르테 대통령 한국 방문시 문재인 대통령 주최 공식만찬

두 정상은 정상회담에서 정치, 사회, 문화, 경제통상 분야와 한반도정세에 대해 협의하고 양국관계 발전방안에 대해 협의하였다. 한국과 필리핀이 1949년 수교한지 2019년이면 70주년이 되기 때문에 2019년을 양국 간 '상호교류의 해'로 정하기로 하였다.

지난 69년 간 한국과 필리핀은 교류협력을 확대하여 한국은 필리핀의 4대 교역국이고, 상호방문객 또한 200만 명을 넘어섰다. 문재인 대통령은 "한국과 필리핀은 한국전쟁을 통해 다진 군건한 우호관계를 토대로 지난 69년 간 정치, 경제, 문화, 인적 교류 등 모든 분야에서 눈부신 성과를 이루고 있다"고 하고 앞으로도 양국 간의 교역과 투자, 인적교류가 더 크게 발전할 여지가 많다고 하였다.

문 대통령은 우리 정부의 '사람중심의 더불어 잘사는 평화공동체' 구현을 위한 신남방정책이 필리핀이 추진 중인 '국가비전 2040'의 실현에도 기여하기를 희망한다고 밝혔다.[5]

두테르테 대통령은 양국 치안당국 간 협력이 활발히 이루어지고 있다는 데 대해 사의를 표하고, 필리핀에 거주하고 있는 93,000명의 우리 국민을 보호하기 위한 필리핀 정부의 지속적인 관심을 약속했다. 문재인 대통령은 이러한 필리핀 정부의 노력을 평가하고, 한국 내 필리핀 노동자와 다문화 가정을 보호하고 지원하기 위한 노력을 계속 확대해 나가겠다고 화답하였다.

더불어 양국 정상은 인프라, 에너지, 농업 등 분야에서 양국 간 협력이 모범적으로 이루어진 그간의 성과를 평가하고, 앞으로도 상생번영을 위한 실질협력을 확대해 나가기로 하였다. 특히, 문재인 대통령은 필리핀의 발전소, LNG 터미널, 공항 등 인프라 분야 발전에 우리 기업이 계속 기여할 수 있도록 협조를 요청하였다. 또한 필리핀에 대한 기술공유를 통해 자동차, 금형기술 등 제조업 분야의 발전을 적극 지원해 나가기로 하였다.

양국 정상은 우리나라가 필리핀에 대한 대외협력기금(EDCF)을 10억 달러로 확대하기로 한 것을 환영하고 아세안 연계성 증진을 위한 4대 협력 분야인 교통인프라, 에너지, 수자원관리, 스마트 분야에서 양국 간 협력을 더욱 발전시켜 나가기로 하였다. 두 정상은 4차 산업혁명 시대에 부합하는 미래 성장동력 창출을 위해 과학기술, 전자정부, 이동통신 등 다양한 분야에서의 협력도 강화해 나가기로 하였다.

문재인 대통령은 두테르테 대통령이 북핵문제의 평화적 해결과 한반도의 항구적 평화정착을 위한 우리 정부의 노력을 적극적으로 지지해주고 있는데 대해 사의를 표했다. 두테르테 대통령은 한반도의 평화적인 상황전개에는 문 대통령과 한국정부의 노력이 큰 기여를 했다고 평가하며, 필리핀은 계속해서 한국정부의 노력을 지원할 것이라고 말했다. 양국 정상은 아세안과 유엔 등 지역과 국제무대에서 양국 간 소통을 더욱 활발히 하기로 하고, 인류공통의 과제인 기후변화, 환경, 해양안보, 사이버 안보 등 지역 및 글로벌 이슈들에 대응하는데 있어서도 긴밀히 협력해 나가기로 하였다.

"두테르테 필리핀 대통령 방한, '신 남방정책 이정표' 되길"

한동만 주필리핀 대한민국 대사

필리핀의 보라카이, 세부 등 아름다운 해변은 우리 관광객이 즐겨 찾는 곳이다. 우리가 먹는 바나나는 대부분 필리핀에서 수입한다. 우리에게 친숙한 필리핀은 아세안 회원국 중 최초로 우리나라와 외교관계를 맺었고, 한국전에 파병한 혈맹이다. 1970년대 우리나라에 기술자를 보내 체육관 건설 등을 지원한 필리핀은 이후 오랜 경제침체를 겪었다. 그러나 지난해 6.7%의 경제성장률을 보이며 아시아의 '도약하는 호랑이'로 변모하고 있다.

2017년 11월 문재인 대통령이 마닐라에서 아세안과의 관계를 4강 수준으로 격상시키겠다고 발표했다. 이는 우리의 우방국이자, 고성장하는 필리핀의 중요성을 고려했기 때문이다. 2018년 6월 두테르테 대통령의 방한은 양국관계뿐 아니라 △상생번영(Prosperity) △사람(People) △평화(Peace) 증진을 목표로 하는 우리의 '신 남방정책' 추진에 중요한 의미를 갖는다.

우선 이번 방한은 교역·투자·인프라 등 경제분야 협력을 통한 상생번영을 촉진할 중요한 계기가 될 것이다. 두테르테 대통령은 집권 초기부터 '짓고, 짓고, 짓자

(Build-Build-Build)'를 표어로 필리핀의 낙후된 인프라 확충에 총력을 기울이고 있다. '인프라의 황금기'로 표현될 정도로 2022년까지 1800억 달러라는 대규모 금액이 인프라에 투자될 계획이며, 우리나라와의 협력을 절실하게 희망하고 있다.

우리 기업은 발전·조선·도로·공항 등 다양한 필리핀 인프라 건설에 참여, 높은 평가를 받고 있다. 우리 정부도 △팡일만 교량 사업(1억 달러) △세부 신항만 사업(1억 7천만 달러) 등 유상원조를 통해 우리 기업의 대규모 인프라 사업 수주를 지원하고 있다. 또 지난 4일 카예타노 필리핀 외교장관과 10억 달러의 유상원조를 지원하는 약정을 체결했다. 이를 통해 인프라 분야에서 양국 간 협력이 더욱 확대될 것으로 예상된다.

아세안 시장의 관문으로서 필리핀 시장의 매력은 점점 커지고 있다. 중국·일본 등 주요 국가들은 인구 1억 명, 평균연령 23세의 유망 시장인 필리핀에 교역 및 투자를 확대하고 있다. 빼어난 자연환경과 풍부한 천연자원, 영어를 구사하는 두꺼운 청년층 등이 필리핀의 장점이다. 지난 3월 미국 교육 전문 매체 '유에스 뉴스 앤드 월드 리포트(US News and World Report)'지가 필리핀을 가장 유망한 투자대상국으로 선정한 것은 우연이 아니다.

우리나라도 필리핀과 교역·투자를 확대하고 있다. 작년 양국 교역은 30% 이상 증가, 143억 달러를 기록했다. 전자·에너지·방산·레저 분야를 중심으로 투자도 활발하다. 향후 신남방정책의 중점 협력분야인 친환경산업, 스마트시티 등으로 협력이 확대될 전망이다. 특히, 양국 간 인적 교류도 확대될 전망이다. 지난 4월 마닐라에서 열린 아이돌그룹 엑소의 공연은 1만석 전석이 매진됐고, 지난해 방영된 드라마 '도깨비'의 시청률은 17%를 기록하는 등 한국 드라마의 인기도 높아지고 있다.

또 많은 필리핀 국민이 한국을 가장 방문하고 싶은 나라로 꼽는다. 실제 2017년 45만 명의 필리핀 국민이 한국을 방문했다. 우리 관광객도 2017년 161만 명이 필리핀을 방문, 외국관광객 규모에서 수년간 1위를 차지하고 있다. 이번 정상회담에서는 이런 인적 교류를 확대하기 위해 우리 국민의 안전을 강화하고, 양국의 청년 교류 및 취업 증진 방안을 논의한다.

이번 두테르테 대통령의 방한은 특히 한반도 평화정착을 위한 협력을 강화하는 중요한 계기가 될 것이다. 아세안 의장국인 필리핀은 북한문제와 관련, 지난해 아세안 국가들이 우리 정부의 입장을 지지토록 하는 데 앞장서 왔다. 필리핀은 역사적인 4·27 남북 정상회담이 한반도, 나아가 동북아 지역의 평화와 안정에 큰 기여를 할 것이라는 입장을 밝힌 바 있다.어려운 시기에 필리핀으로부터 많은 도움을 받은 만큼, 이제는 우리가 필리핀을 도와 양국관계를 한층 발전시킬 때다.

두테르테 대통령 취임 후 첫 방한을 통해 우리나라와 필리핀, 나아가 아세안과의 관계를 획기적으로 진전시키는 새로운 이정표가 되길 기대한다.

(2018년 5월 30일, 아주경제)

4. 필리핀 의회, 한반도 평화정착을 위한 우리 정부의 노력환영

1) 필리핀 상원, 한반도 평화정착을 위한 문재인 대통령의 공로를 인정하는 결의안 통과

필자는 2018년 9월 20일 리챠드 고든 상원의원 겸 필리핀 적십자사 총재를 만나서 태풍 옴뿡으로 인한 피해를 지원하기 위해 한국정부가 제공하는 30만 달러를 전달하는 계기에 한반도정세와 남북한의 화해와 협력을 이끄는 문재인 대통령의 노력에 대해 설명하고 상원에서 결의안이 채택되도록 고든 의원이 주도적인 노력을 해주기를 당부하였다.

고든 상원의원의 적극적인 노력으로 필리핀 상원은 2018년 9월 25일 상원회의를 통해 한반도 평화정책과 필리핀 발전을 위한 문재인 대통령의 공로를 필리핀 상원에서 인정하는 결의안을 만장일치로 채택하고 2018년 10월 2일 마닐라 마카티 샹그릴라 호텔에서 개최된 국경일 리셉션에서 고든 상원의원이 필자에게 상원결의를 전달하였다.

고든 필리핀 적십자사 총재에게 30만 달러 지급약정서 전달

상원 결의 제128호의 제목은 "한반도에 평화, 화해, 발전을 불러온 문재인 한국 대통령의 노력을 인정하고, 전폭적으로 지지하며, 한국-필리핀 양국관계를 더욱 발전시키는 한국정부의 필리핀에 대한 지원에 대해 상원차원에서의 진심어린 감사를 표명하는 결의"이다. 상원결의는 2018년 평양 남북정상회담의 결과와 한국과 필리핀 우호관계의 역사와 현재 양국 경제관계, 한국의 필리핀에 대한 개발원조 현황 등을 언급하면서, 문재인 대통령의 노력이 한반도에 평화와 발전, 화해를 가져왔고 이에 대해 상원에서 전폭적으로 지지한다는 것과, 한국정부가 그간 필리핀에 대한 다양한 원조와 지원을 제공해 온 점에 대해 상원 차원에서 감사한다는 내용을 담고 있다.

주필리핀 대사관은 이번 상원 결의를 통해 필리핀 국민과 필리핀 지도자들 사이에 한국-필리핀 관계와 남북정상회담에 대한 인식을 제고하는 좋은 기회가 된 것으로 평가하며 환영한다고 밝혔다.

한편, 필리핀 상원외교위원회는 피멘텔 3세 외교위원장(전 상원의장)의 주도로 상원 외교위원회에서 2019년 10월 8일 한국-필리핀 수교 70주년과 한국이 아세안의 대화상대국이 된지 30주년을 맞아 두테르테 대통령의 방한을 지지하는 결의안을 채택하였다.

2) 필리핀 하원, 한반도 평화정착 및 한-필 수교 70주년 결의안 통과

필리핀 하원 전체회의는 2019년 2월 8일, 아래 제목의 결의 2개를 채택하였다.

1. 한반도에 평화, 화해, 번영과 안정을 불러온 문재인 한국 대통령의 노력을 인정하며 전폭적으로 지지하는 결의(결의 2491호)

필리핀 헌법 제2조 2항은 '필리핀은 국가 정책 수단으로서의 전쟁을 포기하고, 국제법의 일반 원칙을 국법의 일부로 채택하며, 평화, 평등, 정의 자유, 협력 및 국가 간 우호의 정책을 고수 한다'고 규정하고 있으며, 평화와 안정은 필리핀과 전체 지역의 매우 중대한 관심사이다.

필리핀 하원은 한반도 정세에 대해 큰 관심을 가지고 주목하고 있으며, 최근 대한민국과 조선민주주의인민공화국 양국 정상은 한반도의 항구적 평화를 달성하기 위해 일련의 외교적 노력에 참여하였으며, 대한민국 문재인 대통령은 작년 4월 27일 및 5월 26일 남북한 비무장지대에 위치한 판문점과 동년 9월 18일 평양에서 진행된 회담 등 3차례의 고위급회담에 참석하여 북한 김정은 위원장을 만났으며, 문재인 대통령과 김정은 위원장은 판문점 선언을 채택하였다.

남북한은 △남북 관계의 전면적이며 획기적인 개선과 발전을 이룩함으로써 끊어진 민족의 혈맥을 잇고 공동번영과 자주통일의 미래를 앞당겨 나가고, △한반도에서 첨예한 군사적 긴장상태를 완화하고 전쟁 위험을 실질적으로 해소하기 위해 공동으로 노력해 나가며, △한반도의 항구적이며 공고한 평화체제 구축을 위하여 적극 협력해 나가기로 합의하였다.

문재인 대통령과 김정은 위원장은 판문점 선언에 서명하여, △남북관계의 포괄적이고 획기적인 진전을 촉진하기 위해, 대치 지역에서의 군사적 적대행위 중지를 확대하고, △한반도에서의 전쟁 위험을 실질적으로 종식하고, 첨예한 군사적 긴장을 완화하기 위해 공동으로 노력해나가고, △한반도의 항구적이며 공고한 평화체제 구축을 위하여 적극 협력해나가기로 동의하였으며, 문재인 대통령과 김정은 위원장은 평양 선언에 서명하여, △비무장지대를 비롯한 대치지역에서의 군사적 적대관계 종식을 한반도 전 지역에서의 실질적인 전쟁위험 제거와 근본적인 적대관계 해소로 이어나가고, △상호호혜와 공리공영의 바탕 위에서 교류와 협력을 더욱 증대시키고, 민족경제를 균형적으로 발전시키기 위한 실질적인 대책들을 강구해나가며, △이산가족 문제를 근본적으로 해결하기 위한 인도적 협력을 더욱 강화하고, △화해와 단합의 분위기를 고조시키고 한민족의 기개를 내외에 과시하기 위해 다양한 분야의 협력과 교류를 적극 추진하기로 하며, △ 한반도를 핵무기와 핵위협이 없는 평화의 터전으로 만들어 나가고 이를 위해 필요한 실질적인 진전을 조속히 이루어 나가야 한다는 데 인식을 같이 하였으며, △김정은 위원장은 문재인 대통령의 초청에 따라 가까운 시일 내로 서울을 방문할 것이라고 동의하였다.

문재인 대통령의 노력의 일환으로 남북은 한반도의 비핵화를 위한 실질적인 조치를 채택하기로 하였고, 북한은 동창리 미사일 엔진 시험장을 유관국 전문가들의 참관 하에 영구적으로 폐기하기로 하였으며, 2018년 6월 12일에 서명된 미북 공동 성명의 정신에 따라 미국이 상응 조치를 이행하면 북한은 영변 핵시설을 영구적으로 폐쇄하기 위한 과정을 시작하기로 하였다.

수십 년 동안 지속된 한반도의 적대관계를 영구적으로 해결하기 위한 남북 정상의 역사적인 노력은 양국만이 아니라 근방 모든 지역의 평화와 안정을 이루는데 중요한 걸음을 나타내는바, 하원은 한반도에 평화, 화해, 번영, 안정을 가져온 대한민국 문재인 대통령의 노력에 대해 깊은 사의와 전폭적인 지지를 표명한다는 것을 하원 차원에서 의결한다.

2. 필리핀과 대한민국의 외교관계 70주년을 기념하여 2019년을 필리핀과 대한민국 간의 상호교류의 해로 지정하는 결의(2492호)

필리핀과 대한민국은 2019년에 양국의 외교관계 수립 70주년을 기념할 것인바, 필리핀-한국 외교관계는 대한민국이 1948년 8월 15일 독립한 이후 1949년 3월 3일에 시작되었으며, 필리핀은 대한민국을 인정한 5번째 국가이자, 아세안 국가 중 대한민국과 관계를 수립한 첫 번째 국가이며, 양국의 외교관계가 수립된 1949년부터 필리핀과 대한민국은 정치, 경제, 사회문화, 전략적 파트너십 및 인적교류에서 협력해왔다.

필리핀은 1950년대 한국전 당시 대한국 필리핀 파병대(PEFTOK) 7,420명을 파병하여 한국을 북한의 침공으로부터 방어할 수 있도록 제일 먼저 도운 국가 중 하나이며, 대한민국은 필리핀의 4대 무역 파트너로, 2017년 총 교역액은 128억 달러에 달하고, 대한민국은 필리핀의 6대 원조국으로, 대한민국이 필리핀에 제공한 공적개발원조는 5억 7,050만 달러(유상원조 4억 8,074만 달러, 무상원조 8,986만 달러)이다.

대한민국은 필리핀 방문 관광객 수 분야 1위국으로, 2017년 한국인 관광객 수는 160만 명에 도달하였으며, 대한민국은 필리핀 두테르테 정부의 대규모 인프라 개발 프로그램을 지지하며 2018년 5월 4일 대외경제협력기금(EDCF)으로부터 10억불을 유상으로 지원하는 협약을 필리핀과 체결하였으며, 대한민국은 필리핀 정부의 대테러 활동을 지지하고 군수 및 재정 지원을 제공함으로써 필리핀의 군사력 강화를 지원해왔다.

대한민국은 2017년 기준으로 67,400명에 달하는 필리핀 이주 근로자들을 수용하고 있으며, 지난 70년간 필리핀의 가장 강력한 동맹국 중 하나였을 뿐 아니라, 필리핀의 발전 목표 달성에 있어 지속적인 파트너인바, 필리핀과 대한민국의 외교관계 수립 70주년을 기념하여 2019년을 필리핀과 대한민국 간의 상호교류의 해로 지정함을 하원 차원에서 의결한다.

한편, 필리핀 하원 외교위원회는 상원과 같이 앤 호퍼(Ann Hofer) 외교위원장의 주도로 2019년 10월 2일 한국-필리핀 수교 70주년과 한국이 아세안의 대화상대국이 된지 30주년을 맞아 두테르테 대통령의 방한을 지지하는 결의안을 채택하였다.

3) 필리핀 발렌수엘라 시, 한반도 평화 결의 채택

필리핀 발렌수엘라 시 의회는 2019년 7월 8일 "한반도 평화, 화해, 협력, 번영, 안정을 위한 문재인 대통령의 노력에 대한 감사와 더불어 전폭적인 지지를 표명하는 내용을 담은 결의"를 채택하였다.

렉스 가찰리안 발렌수엘라 시장(가찰리안 상원의원의 동생)은 2019년 7월 12일 마닐라 쇼핑몰 센터(SM Aura)에서 개최된 부천시 수출상품 전시회 개막식에서 필자에게 결의 원본을 전달하였다. 발렌수엘라 시는 2006년에 현 가찰리언 상원의원(상원 에너지위원회 위원장)이 시장 시절에 부천시를 방문하여 부천시와 자매도시 결연을 맺은 바 있으며 이번 상품 전시회에는 부천시에서 장덕천 시장과 부천시 상공회의소 소장, 문화공연단이 방문하였다.

5. 필리핀에서 한국인의 어제와 오늘: 필리핀 동포사회의 특징

1) 한국 동포사회의 역사

필리핀에 온 초기 유학생으로는 평민당 부총재와 총재권한 대행, 민주당 최고위원을 지낸 박영숙 씨, 그리고 이성근 전 한성대 총장이 초기에 필리핀 국립대학에서 수학하였다. 초대 한인회장이며 세계무역협회 초대 필리핀 회장이었던 한덕우 회장이 1965년 필리핀에 이주해 왔다. 1975년 영성무역을 설립한 한 회장은 한인회 설립과 조직적인 한인사회 발전에 기초를 마련하였다.

1969년 신동파 선수(전 대한농구협회 부회장)를 비롯한 대한민국 국가대표팀은 방콕 ABC 대회에서 아시아 최정상인 필리핀을 95 대 86으로 꺾고 우승을 차지하였다. 신동파 선수는 이날 게임에서 혼자 50점을 넣었고 필리핀 관중은 신동파 선수의 백발백중 슛에 충격과 함께 감동을 받았다고 한다. 필자를 만나는 대부분의 50대 이상 필리핀인들은 신동파 선수를 모르는 사람이 없을 정도이다.

1970년대 들어서 1973년 한진중공업, 1974년 남광토건이 설립되었는데 전 필리핀 한인회장과 노인회장을 역임한 김춘배 회장은 어려운 여건 속에서도 민다나오 섬 등에서 건설과 토목 업무를 성공적으로 수행하였다. 1975년에 대한항공 필리핀 지사가 개설되었으며 1975년에는 상공부 국장 출신으로 현 필리핀 한인회 고문이며 한인회장을 역임한 엄익호 회장이 코필이라는 회사를 설립하였다. 1975년에는 서정적인 시를 선보여 인기를 끌었던 이해인 수녀가 필리핀 성 루이스 대학교에서 영문학과 종교학을 공부하였다.

1976년에는 현대종합상사와 쌍용 등이 진출하였으며 한국문화교류단의 태권도 교관 자격으로 홍성천 전 한국학교 이사장이며 국기원 이사장이 필리핀에 도착하였다. 홍 이사장은 이후 1977년부터 1986년까지 라살대학교 체육학 교수로 근무하며 태권도 보급과 한인회 활동, 그리고 필리핀 한국국제학교 설립을 위해 활동하였다. 홍 이사장의 태권도 보급으로 그레이스 포 상원의원을 포함하여 정계에 제자들이 많다.

1983년에는 19대 한인회장을 역임한 이원주 회장이 필리핀에 이민을 오면서 기업들의 진출과 이민을 오는 사람들이 늘어났지만 1980년대 후반까지 필리핀의 한인 수는 1만 명이 넘지 않았다. 1988년 하계올림픽 후에 1989년 1월 1일자로 전 국민의 해외여행 자유화 조치가 시행되자 1990년대 들어서 대우와 삼성 등 지상사의 진출과 더불어 필리핀을 방문하는 사람들의 숫자가 급증하여 1992년 2만 6천명이던 방문자가 1997년에 이르러 13만 명, 2001년 20만 명, 2003년 30만 명으로 급격히 증가하였다. 2018년에는 필리핀을 방문하는 관광객의 숫자가 무려 160만 명으로 늘어나고 동포의 수도 약 93,000명으로 증가하였다.

2) 필리핀 동포사회의 특징: 소통과 화합의 표본

필리핀 동포사회는 지상사에 근무한 후 비즈니스를 하면서 정착하였던 원로들이 주축이 되어 단합과 결속을 통해 한국국제학교를 위해 모금하는 등 동포사회의 교육과 발전을 위해 헌신하여 존경을 받고 있다.

한인 원로 중에는 가장 연세가 많은 엄익호 회장을 비롯하여 1967년 한국인 최초로 세계보건기구(WHO) 서태평양지역 사무처에 부임하여 봉사한 후에 1989년부터 10년 간 사무처장을 역임한 한상태 박사, 가나안 농군학교를 통해 봉사와 새마을 운동을 전파하여 훈장을 받은 이관수 전 한인회장, 나환자 재활치료를 지원하는 소록유니재단을 운영하는 장재중 전 회장이 지역사회와 한인들을 위해 봉사하고 있다.

또한, 아시아개발은행 초창기 멤버로서 그 후 한인회장과 평통 회장을 역임하고 현재는 한국국제학교 이사장으로 봉사하는 이영백 회장, 필리핀 내 한국문화를 전수하기 위해 문화활동을 적극 지원하고 아울러 참전용사 일에 발 벗고 나서는 박현모 회장, 한인회장을 역임하고 노숙자들을 적극 도와 대통령 표창을 받은 박일경 회장, 태권도 보급뿐만 아니라 한국국제학교일을 적극 도운 홍성천 회장이 있다.

또한, 정토회 멤버로서 민다나오 오지에 초등학교 55개를 세워 한국정부로부터 국민훈장을 받은 이원주 회장, 한국수녀들이 불우한 필리핀 청소년을 가르치는 마리아 수녀원 학교를 지원하는 이동수 전 세계호남향우회장, 그리고 한인사회와 해외한인무역협회에서 많은 봉사를 해 온 강창익 전 한인회장과 한인회활동과 여러 가지 봉사활동으로 2019년 국민포장을 받은 현 한인회 이장일 이사장이 있다. 이분들은 공통적으로 봉사와 지역사회를 위해 헌신해 오신 분들이다.

93,000여명의 한인을 대표하는 필리핀 한인총연합회는 변재홍 회장이 맡고 있다. 지역한인회로는 중부루손한인회(회장 이창호), 마닐라 남부한인회(회장 정규진), 바기오 한인회(회장 이준성), 세부 한인회(회장 조봉환), 다바오 한인회(회장 김찬삼), 보라카이 한인회(회장 정영민), 일로일로 한인회(회장 문대진)가 있다.

직능단체로는 민주평통 동남아북부협의회(회장 심재신), 필리핀 한인무역인협회(회장 박완섭), 필리핀 한국상공회의소(회장 이호익), 필리핀 경제인총연합회(회장 박병대), 재필리핀 대한체육회(회장 윤만영), 카비테 투자협의회(회장 원송희), 자유총연맹 필리핀 지부(회장 이경수), 필리핀 한국여성연합회(회장 이현주), 대한노인회 필리핀 지부(회장 박재인), 재향군인회(회장 이종섭), 코윈 필리핀 지역담당관(회장 장공순), 필리핀 한글협의회(회장 박남수), 필리핀 한국국제학교(교장 나현균), 필리핀 한국학생협의회(회장 이제한), 필리핀 한인교회협의회(회장 신유호), 필리핀 한국선교협의회(회장 김낙근)가 있다.

동포언론사로는 일요신문(대표 남문희), 마닐라 서울(대표 최대용), 위클리 마닐라(대표 박해일), 뉴스게이트(대표 김대중), 마닐라 편(대표 김희주)이 있다.

필리핀의 강점과 중요성, 한국-필리핀 관계 요약

신남방정책의 관문, 70년 우정의 필리핀

필리핀은 아세안 국가 중 최초로 한국과 1949년 수교하였다. 2019년은 한국-필리핀 수교 70주년을 맞이했다. 필리핀은 한국전쟁 당시 7,420명의 필리핀 군인을 파병하였고. 피델 라모스(Fidel V. Ramos) 전 필리핀 대통령(1992년 6월~1998년 6월 재임)도 한국전쟁 참전군인 출신이다.

필리핀의 강점과 중요성

필리핀은 젊고 역동적인 인구를 가진 높은 성장 가능성의 나라이다. 인구 1억 630만 명, 중위연령 23.7세, 우수한 영어 사용 능력 등으로 노동 인력이 풍부하다. 전체 인구의 약 10%가 해외취업중이며, 2018년 기준 해외취업자의 국내 송금액이 전체 국가 GDP의 9%에 육박한다. 지난 10년간 연간 6%이상의 고성장(2018년 6.2%)을 기록하였다. 미국 시사 주간지 US News and World Report(2018년 3월)는 필리핀을 투자유망국 1위로 선정하였고 골드만삭스는 필리핀이 2050년까지 세계 14대 경제 대국이 될 것으로 전망하였다. 2019년 4월 신용평가회사 S&P가 필리핀에 역대 최고인 BBB+ 신용등급을 부여하였다.

거대한 인프라 시장

두테르테 정부의 적극적 인프라 투자 정책 "Build-Build-Build"에 힘입어 건설·인프라 분야가 유망하다. 두테르테 대통령은 2022년까지 약 1,800억 달러를(GDP 대비 7.3% 상당) 투자할 계획이다. 교통(메트로 마닐라 남부 통근 철도), 교량(다바오-사말 연결 교량), 공항(불라칸 신공항) 등 다양한 대규모 인프라 사업을 추진하고 있다.

세부, 보홀, 보라카이, 팔라완 등은 한국인이 사랑하는 휴양지로 손꼽힌다. 8.2 Km에 이르는 푸에르토 프린세사의 지하강 국립공원은 유네스코가 선정한 세계 자연 유산 중 하나이다. 다이빙, 서빙, 스노클링, 호핑 투어 등 다양한 해양 스포츠/레저 활동의 천국이다.

한국과 필리핀 우호 협력관계

관광과 한류로 이어지는 진정한 친구 필리핀. 한국은 2010년 이래 9년 연속 필리핀을 방문한 외국인수 분야에서 1위를 차지하였다. 2018년 기준 한국인 160만여 명이 필리핀을 방문하였다. 그리고 필리핀인 46만여 명이 한국을 방문하였다. 필리핀 사람들은 한국드라마(코리아노벨라), 한국영화, KPOP 등 한국 문화에 대한 높은 관심을 보인다. 2017년 세계 최대 음악 스트리밍 서비스 중 하나인 스포티파이 기준으로 필리핀은 한국 다음으로 세계에서 2번째로 KPOP을 많이 듣는 국가이다. 2017년 한국어가 필리핀 공립 중고등학교에서 제2외국어 선택과목으로 채택되었고, 필리핀 청소년들 사이에 한국어의 높은 인기가 입증되었다. 2019년 6월 기준 20개 필리핀의 중고등학교에서 1200여 명의 학생들이 한국어를 정규 과목으로 수강하고 있다.

동아시아 평화와 안전을 위해 함께 노력하는 동반자

필리핀은 한반도 정책에 대한 우리 정부의 입장을 적극 지지해 왔다. 필리핀 상원은 2018년 9월, 필리핀 하원은 2019년 2월 문재인 대통령의 한반도 정책을 지지하는 결의를 채택하였다. 또한, 한국과 필리핀은 방산 협력, 인도적 위기 대응, 테러리즘 대응을 위한 협력을 통해 더 안전한 동아시아 공동체를 위해 긴밀히 협력하였다. 2017년 5월 필리핀이 도입한 한국의 경공격기(FA-50)가 마라위 사태 해결에 크게 기여했다. 우리 정부는 2017년 마라위 사태(10만 달러), 2018년 마욘 화산 폭발(20만 달러) 및 태풍 망쿳 피해(30만 달러), 2019년 민다나오 지진(10만 달러)시 필리핀에 인도적 지원을 제공하였다. 마라위 재건을 위해 500만 달러를 추가 기여할 예정이다.

신남방정책의 관문이자 주요 개발협력 파트너

한국은 필리핀의 4위 교역국, 필리핀은 한국의 18위 교역국으로 2018년 양국의 교역량은 역대 최대인 156억 달러를 돌파하였다. 양국은 2019년 6월 상호 관심 품목에 대한 양자 FTA 협상 개시를 선언하였다. 2019년 11월 한-아세안 특별정상회의 전 타결을 추진하고 우리는 자동차, 필리핀은 바나나 등 열대과일의 관세인하에 각각 관심을 가지고 있다. 한국의 대 필리핀 투자액은 2018년 기준 누계 54억 달러를 돌파하였다. 삼성전자, 한전, 포스코 등 우리 주요 기업들의 필리핀 진출을 볼 수 있고 양국은 제조, 건설, 에너지 등 주요 인프라 산업분야뿐만 아니라, 전자 IT, 친환경 등 미래지향적 산업분야에서도 경제 협력을 강화하고 있다. 필리핀은 우리나라의 7대 ODA파트너이다. 2018년 누적 5.78억 달러를 지원하고 2018년 5월 10억 달러의 EDCF 기본약정(F/A) 체결 등 필리핀의 ODA 수요를 적극 지원하고 있다.

더 나은 미래 공동체 건설을 위한 동반자, 필리핀

2018년 6월 문재인 대통령은 취임 후 아세안 국가들 중에서는 처음으로 필리핀 두테르테 대통령을 한국으로 공식 초청하여 한-필리핀 양국 간의 우의를 다졌다. 2019년은 양국 수교 70주년을 맞이하여 '한-필 상호교류의 해'로 지정하였다.

한국과 필리핀 간 경제 통상 협력을 확대하라

1. 필리핀에 대한 한국의 투자: 2018년까지 누계액 54억 달러

1) 한국의 필리핀 투자

우리나라의 필리핀 투자는 에너지, 전기, 전자, 섬유, 조선뿐만 아니라 사회기반시설 건설에 이르기까지 분야를 확대해 나가는 추세이다. 1973년 한진중공업이 민다나오 섬의 다바오와 사랑가니를 연결하는 도로를 건설하였는데 오토바이를 즐겨 탔던 다바오 출신의 두테르테 대통령은 2018년 5월 28일 필자와의 면담에서 아직도 이 도로가 새 도로와 같아서 한국기업의 명성이 유지되고 있다고 한 바 있다.

필리핀에 대한 우리 기업의 투자가 계속되어 왔는데 2017년도 우리 기업의 필리핀에 대한 투자는 신규법인 수 48개사, 투자액 2.2억 달러이며 1973년 이후 2018년 까지 우리기업의 필리핀에 대한 총 투자는 4,485개사, 54억 달러에 달한다. 1968년부터 2019년 1분기까지 전체 누계 기준 한국 기업의 필리핀에 대한 투자금액은 총 56억 5,560만 달러(신고기준)로 집계 되었다.

2019년 상반기 투자액 기준으로 한국은 필리핀에 대한 7위 투자국이다. 1위는 싱가포르, 2위는 일본, 3위는 네덜란드, 4위는 태국, 5위는 미국, 6위는 대만, 8위는 중국, 9위는 호주, 10위는 인도이다. 2019년 8월 기준 한국 기업의 필리핀 누적 건설 수주는 총 473건 약 160억 달러로 주요 진출 분야는 플랜트(87억 달러), 토목(49억 달러), 건축(14억 달러)이다. 2018년에만 19건의 공사를 수주하여 7억 7,200만 달러를 수주하였다. 1980~2016년 동안 업종별 투자비중은 제조업이 54.2%로 가장 높으며, 관광요식(8.8%), 부동산(7.9%), 전기, 가스, 수도(7.3%), 건설(5.3%), 금융(3.4%) 순이다.

필리핀에는 한진중공업, 현대자동차, 삼성전기, LG전자, 한화 등 한국의 주요기업들이 대부분 진출해 있다. 코트라 마닐라 무역관에서 소개하고 있는 현지 진출기업 수만 242개사에 달한다. 여기에 중견, 중소기업, 개인 기업까지 포함하면 1,000개사가 넘는 것으로 알려졌다.

필리핀 경제일간지인 비즈니스 월드(Business World)는 2018년 1월 필리핀 기업 TOP 1,000개 회사를 발표하였다. 1위는 마닐라 전기회사(Meralco), 2위는 석유회사인 Petron Corp가 선정되었으며 한국기업 중에서는 한진중공업(45위), 삼성전자(판매법인, 47위), 롯데칠성이 투자한 펩시(59위), 삼성전기(80위), LG전자(판매법인, 217위), SFA 반도체(266위), 한국전력(316위), 대림필리핀(455위), CJ 사료(606위)가 포함되었다.

한진중공업이 2006년에 13억 달러를 투자하였고 그 후 추가 투자하여 총 약 20억 달러를 투자하여 운영해 온 수빅 조선소는 필리핀 연간 수출액의

2% 이상을 차지하였으며, 필리핀을 5위 조선강국으로 이끈 바 있다. 한진중공업은 수빅 조선소를 통해 25,000명 이상을 고용한 바 있으며, 10만 명 이상의 인력을 배출하는 등 지역경제 활성화와 고용에 크게 기여해 왔다.

2018년 2월에는 프랑스 최대 해운사인 CMA CGM이 발주한 2만 천 TEU 급 컨테이너선을 인도하였으며, 2018년 3월까지 모두 113척의 선박을 인도하였다. 그러나 2019년 안타깝게도 한진조선소는 파산을 하여 수빅 한진중공업 조선소도 외국기업에 넘어가게 되었다.

하지만 한진중공업 중 건설파트는 필리핀 교통당국이 팜팡가 저지대 지역에 추진하는 홍수조절 프로젝트에 참여하고 있다. 한진중공업은 2018년 6월 필리핀 공공사업도로부와 '필리핀 팜팡가 지역 통합재난위험 감축 및 기후변화 적응사업' 계약을 맺었다. 계약금액은 1,039억 원 규모로 이번 계약으로 한진중공업은 필리핀 루손섬과 팜팡가 주 일대에서 총 53km 하천 정비와 교량 및 수문작업을 진행한다.

대상은 2014년 현지기업인 RICOR와 함께 합작으로 카가얀 데오로(민다나오지역)에 옥수수를 주원료로 한 전분당(물엿) 제조공장을 설립했으며, 설비 및 기계장비에 총 200억 원을 투자했다. CJ도 기존 블라칸 지역에 추가하여 약 천만 달러를 투자하여 카가얀데오로 인근인 부키드논 지역에 사료공장을 준공하여 영업 중에 있다. 건화는 2017년 세부 간선서비스시스템 프로젝트를 단독으로 수주하여 32개월 동안 설계(8개월), 감리(24개월) 업무를 세계은행의 지원을 받아 수행하였다.

온라인 쇼핑이 점차 활성화되면서 CJ 쇼핑은 2013년 현지에 지점을 설립하고 홈쇼핑(오쇼핑) 프로그램으로 활발하게 활동하고 있다. 2014년 은행법개정으로 외국기업에 은행 시장이 개방되면서 신한, 기업, 산업, 외환하나은행은 2015년부터 마닐라에 지점을 설립하고 영업을 개시했으며 우리은행은 세부에 진출하였다. 코트라가 2016년 자체 조사한 결과 필리핀

진출업종 중 제조업은 49%, 서비스업 15%, 도·소매업 14%, 건설업 10% 순이었다.[6]

2) 우리 기업들의 구체적인 필리핀 투자실적 및 투자계획

한전, 1조 6천억 원 규모의 필리핀 석탄 화력발전소 건설계획

필리핀 정부는 2022년까지 전 국민의 기본적인 전기사용 보장을 목표로 신에너지 정책을 추진 중이다. 석탄과 지열, 수력, 원자력 등의 발전 비중을 70%로 하고 20%는 천연가스로, 10%는 태양광과 같은 재생에너지로 확충한다는 계획이다.

한국전력은 1995년 한전 최초의 해외발전사업인 말라야 발전소(중유화력, 650MW, 사업비 2.6억 달러, 매출액 9.8억 달러) 성능복구 개선사업을 계기로 필리핀 시장에 진출하였으며, 2018년 현재 일리한 가스복합화력발전소(1,200MW, 사업비 7.2억 달러, 매출액 18억 달러)와 세부 나가 석탄화력 발전소(200MW)를 운영하여 필리핀의 4대 발전사 중에 하나로 자리매김하였다. 일리한 사업은 한전의 최초 신규발전소 건설사업으로 필리핀 루손지역의 기저발전소로 발전량의 12%를 점유하고 있으며 필리핀 내 누적가동율 92.2%로 최고로 신뢰받는 발전소가 되었다.

필자는 2018년 1월 대사로 부임한 후 첫 방문지로 세부인근에 소재한 나가(Naga) 한전 발전소를 방문하였는데 나가 발전소는 준공식에 아키노 대통령이 직접 참석한 바 있고, 세부지역 전력의 30%이상을 공급하면서 수백 명의 현지 인력을 고용하여 지역경제 활성화에도 크게 기여하고 있다.

한전은 1995년 필리핀 말라야 발전소를 운영하며 처음 진출한 이후 민다나오 섬(100MW)과 루손 섬(600MW) 등에 발전사업을 진행하며 필리핀

제4위 민간 발전사업자로 도약했다. 한전은 필리핀 총 발전설비의 약 15%에 해당하는 2,050MW의 발전소를 운영 중이다.

한국전력은 필리핀 팡가시난 주의 수알 시에 2023년 준공을 목표로 500MW 2기, 총 1000MW 급 석탄화력발전소를 건설하는 약 15억 달러(1조 6천억 원) 규모의 사업에 투자할 예정이다. 한전 자회사인 한국전력기술은 2016년 수알 발전소의 타당성을 조사해 왔다. 환경단체의 거센 반발로 난항을 겪었지만 수알 지방의회가 발전소 건설을 승인하여 착공에 속도가 붙었다. 발전소가 완성되면 천개가 넘는 일자리가 창출되고 부동산세 징수에 따른 세수증대와 가정용 전기비용 절감에도 크게 기여할 것으로 보인다.

필자는 쿠씨(Cusi) 에너지부 장관은 물론, 수알 시가 위치한 팡가시난주 출신인 라모스 전 대통령, 바네시아 전 하원의장, 에스페론 현 국가안보보좌관에게 수알 석탄화력 발전소가 전력난 해결은 물론 지방경제 활성화에도 큰 도움을 줄 것임을 수시로 강조하였다.

포스코 건설, 2,200억 원 규모의 석유화학 플랜트 공사 수주

포스코 건설은 필리핀 석유화학회사인 JG 서밋 올레핀스와 나프타분해설비(NCC: Naphtha Cracking Center) 증설공사와 열분해 가솔린 수소첨가설비(Second stage Pygas Hydrogenation Unit) 신설공사에 대한 EPC 계약을 체결하였다고 밝혔다. EPC란 설계(Engineering), 기자재 조달(Procurement), 시공(Construction)을 한꺼번에 하는 것을 말한다.

총 공사규모는 2,200억 원 규모(약 2억 달러)이며 2020년 준공을 목표로 하고 있다. 이 프로젝트는 필리핀 수도 마닐라에서 남쪽으로 약 120km 떨어진 바탕가스 지역에 위치한 석유화학단지 내 나프타 분해설비를 기존

연산 32만 톤에서 47만 4천 톤으로 증설하고 열분해 가솔린 수소첨가설비를 신설하는 프로젝트이다.

포스코건설, 1조원 규모 필리핀 마신록 석탄화력발전소 건설

포스코건설이 2015년 12월 1일 필리핀의 수도 마닐라에서 미국 AES의 필리핀 현지 발전 자회사인 MPPCL(Masinloc Power Partners Co., Ltd.)와 발전용량 600MW 규모(9억 달러, 한화 약 1조 원)의 마신록(Masinloc) 석탄화력 발전 프로젝트에 관한 계약을 체결했다.

이에 따라 포스코 건설은 필리핀 마닐라에서 북서쪽으로 약 250km 떨어진 잠발레스(Zambales) 주(州) 마신록 지역에 600MW 규모의 초 임계압 석탄화력 발전소를 건설하여 2019년 말 준공을 앞두고 있다. 필자는 2018년 5월에 마닐라에서 자동차로 편도 6시간이 걸리는 마신록 발전소 현장을 찾았는데 성공적으로 발전소를 건설하기 위해 구슬땀을 흘리고 있음을 보았다. 이 발전소는 초 임계압(Super Critical) 석탄화력 발전소로서 보일러에서 발생하는 증기가 임계압 보다 높은 압력과 온도의 증기를 사용함으로써 기존 발전방식보다 효율이 높고 연료소비와 이산화탄소 발생량이 적은 것이 장점이다.

현대종합상사, 필리핀 세부에서 5억 달러 규모 석탄화력 발전소 건설

현대종합상사는 2014년 6월 30일, 현대엔지니어링과 함께 필리핀 민자발전회사 아보이티즈(Aboitiz)의 자회사인 서마 비사야스(Therma Visayas)가 발주한 5억 달러(약 5천 800억 원) 규모의 석탄화력 발전소 프로젝트를 수주했다.

세부 톨레도 지역의 현대 화력발전소 현장을 찾아 현대직원들과 함께

이 프로젝트는 필리핀 세부(Cebu)섬 톨레도(Toledo)시에서 서남쪽으로 6㎞(마닐라에서 동남쪽으로 580㎞) 가량 떨어진 해안가에 300MW급 석탄 화력 발전소를 건설하는 사업으로 2020년 초 준공될 예정이다. 필자가 2018년 11월 8일 현장을 방문하였을 때 현장소장은 지난 수년의 공사기간 동안 단 한 번의 사고도 없이 무재해로 공사를 하고 있다고 설명하였다.

이 발전소가 준공되면 세부 일대 주택가와 관광지에 안정적인 전력 공급이 가능해 전력난에 따른 정전 사태 등의 문제가 개선될 것으로 예상된다.

SK E&S, 필리핀에 1.8조 원 규모의 LNG 터미널 건설 제안

SK E&S의 유정준 사장과 알폰소 쿠시 필리핀 에너지장관 간에 2018년 6월 5일 필리핀 정부와 약 1조 8천억 원 규모의 필리핀 LNG 인프라 구축사업을 제안하는 내용의 투자의향서(LOI)를 체결하였다. SK E&S는 필리핀 북부 루손 섬 일대에 연간 처리용량 최대 500만 톤 규모의 LNG터미널과 복수의 중대형(600MW 이상) LNG 발전소, 그리고 터미널과 발전소를 잇는 최장 150km 길이의 파이프라인을 건설하겠다는 청사진을 필리핀 정부에 제안했다.

필리핀은 유일한 자국 가스전인 말라팜야 해상 가스전에 천연가스 공급을 전적으로 의존해왔다. 그러나 말라팜야 가스전의 매장량이 2024년 이후 바닥을 드러낼 것으로 예상되는데다가 경제성장에 따른 전력수요 증가 등의 영향으로 LNG 수입의 필요성이 급증하고 있다.

필리핀 에너지부는 경제성장에 따라 필리핀의 전력수요가 2040년까지 연평균 5.6%씩 성장할 것으로 예상하고 있다. 필리핀의 LNG 수요는 가스 발전을 중심으로 매년 1.7%씩 증가할 것으로 기대된다. 이에 필리핀 정부는 2023년 말까지 LNG 인프라를 모두 갖추고 LNG 수입에 본격 나서는 방안을 검토하고 있다. SK E&S는 LNG 인프라 건설 사업이 시작되면 건설기간 중 하루 평균 2,200명, 연간 80만 명 수준의 일자리를 창출할 것으로 보고 있다.

대림산업, 7천억 원 규모의 필리핀 화력발전소 준공

대림산업은 필리핀 산 부에나벤투라 석탄화력 발전소 건설을 착공 후 4년 만에 성공적으로 마무리 하였다. 이 발전소의 총 사업비는 약 6억 8천만 달러(약 7천억 원)로 대림이 설계, 구매, 시공과 시운전까지 책임지는 일괄 도급방식으로 수주하여 2015년 12월 착공했다. 산 부에나벤투라 발전소는 필리핀 수도 마닐라에서 동남쪽으로 약 93km 떨어진 마우반 지역에 위치하고 있다.

이 발전소는 500MW 급 규모로 필리핀 최초의 초 임계압 발전소이다. 초 임계압 발전은 보일러에서 발생하는 증기의 압력과 온도를 일반 발전소보다 높여 발전효율을 크게 높이고 연료소비와 이산화탄소 발생을 줄일 수 있다는 것이 장점이다. 동일 규모 석탄화력발전소보다 연간 석탄연료 약 4만 톤을 절감할 수 있다.

이 발전소는 2019년 9월 15일 상업가동을 시작하였으며, 발전소에서 생산되는 전력은 20년 동안 필리핀 최대 전력업체인 메랄코에 매각된다. 2019년 10월 16일 마닐라 하이야트 호텔에서 기공식 행사가 두테르테 대통령, 쿠시 에너지 장관 등이 참석한 가운데 성대하게 개최되었고 필자도 참석하였다.

SK 건설, 2조 2천억 원 규모 필리핀 화력발전소 투자의향서 체결

SK 건설은 2018년 6월 15일 필리핀 정부와 총 사업비 약 2조 2천억 원 규모의 석탄화력발전소 건설을 위한 투자의향서(LOI)를 체결하였다. SK 건설은 2018년 6월 5일 서울에서 개최된 필리핀 두테르테 대통령 초청 비즈니스 포럼에서 필리핀 북부 루손 섬 케손 주에 600메가와트 초대형 화력발전소 2기를 건설하고 운영하는 민자발전사업(IPP) 계획을 필리핀 정부에 제안했다.

SK 건설이 제안한 발전사업은 초 초임계압(Ultra Super Critical) 방식의 최신 기술을 적용해 최종 발전효율을 기존 발전소 대비 약 15%를 끌어올리고 황산화물, 질소산화물 및 먼지배출도 환경영향평가 기준 대비 절반 이하로 줄이는 등 온실가스 배출량을 최소화한 친환경 발전소를 건설하는 내용이다. 필리핀에 외국사업자 최초로 초 초임계압 방식의 기술이 적용되면 필리핀 투자청으로부터 별도의 선도사업으로 인정되어 최대 6년까지 법인세 면제혜택을 받게 된다는 것이 SK건설 측의 설명이다.

SK 건설은 이번 사업을 서희 건설과 조인트벤처 형태로 추진한다. 산업은행과 KDB 인프라 펀드 등이 투자를 검토하고 있는 것으로 알려졌다. 이번 사업이 성공적으로 진행되면 가격이 저렴하고 안정적인 전력공급이 가능해져 필리핀 전력난에 기여할뿐만 아니라 발전소 건설기간 내 3천여 명 이상의 신규고용 창출효과를 낼 것으로 SK 건설은 기대하고 있다.

현대차, 필리핀 조립공장 설립추진

현대자동차가 필리핀 현지 조립공장 건설에 대한 투자의향서(LOI)를 필리핀 정부에 제출했다. 현대자동차가 필리핀에 조립공장 설립을 추진한다. 필리핀 정부가 추진 중인 대중교통현대화사업에도 참여할 계획이다. 2018년 6월 7일 관련업계에 따르면 현대차는 완제품을 수출하는 기존 방안에서 수출관세를 피하고 현지의 값싼 노동력을 활용하겠다는 전략이다.

현지조립공장이 완공되면 필리핀 정부에서 추진하는 자동차 산업발전 프로그램의 혜택도 받을 수 있다. 이 제도를 활용하면 해외업체가 필리핀 내 생산시설을 구축하면 세제감면과 차량보조금을 받을 수 있다. 이미 현대차는 2017년 현재 독점판매사인 하리(HARI)와 손잡고 소형세단 '이온'과 미니버스 'H350(국내명 쏠라티)'을 만드는 조립공장 착공에 돌입했다. 현대차는 필리핀 대표적인 대중교통 지프니 현대화사업에도 참여한다. 지프니는 지프차량을 개조해 만든 소형버스이다.

이 사업은 필리핀 정부의 중점정책으로 오는 2023년까지 현대식 지프니 20만 대 가량을 교체하는 것이 주요 내용이다. 일부 지프니를 전기버스로 대체하는 방안도 검토하고 있는 것으로 알려졌다.

필립스 그룹, 지프니 현대화 사업 진출 계획

필립스 그룹(회장 방승호)은 2018년 9월 21일 필리핀 정부가 추진 중인 총 6조 5천억 원대 규모의 지프니 45만대 현대화 사업에 적극 진출한다고 밝혔다.

필리핀 전통 지프니 차량

필립스 그룹은 2018년 6월 3일 방한한 두테르테 필리핀 대통령이 참석한 가운데 기업인 초청 간담회 계기에 필리핀 정부와 그린비즈니스 업무협력(LOI)을 체결한 바 있다. 김용길 필립스 전기자동차 대표는 "이번 업무협약 체결로 필립스 브랜드를 단 국산 전기자동차의 첫 번째 해외수출이 성사되었다"면서 "필립스 전기자동차 제품을 선택하는 고객에게 더욱 안전하고 스마트한 고품질 서비스를 제공해 나갈 것"이라고 밝혔다.

한편, 2019년 6월 4일 필립스 그룹(회장 방승호)은 서울 강남 임페리얼 팰리스 호텔에서 한국을 방문한 라몬 로페즈 필리핀 통상산업부장관과 2018년 필리핀 정부와 체결한 1조 5천억 원 규모의 트라이시클, 지프니 설비 공급 등 구체적인 실천 계획을 협의하였다. 필리핀 경제통상협력 대표인 엘런 젭티 차관보는 필립스 전기자동차(대표 김용길)와 경제협력 과제를 논의하고 외국인 투자환경과 교통문화 환경개선을 위해 노력하기로 하였다.

필리핀 정부, 한국기업에 필리핀 전기자동차 인프라 투자 요청

2019년 6월 3일 한국과 필리핀 간 자유무역협정(FTA) 협상 차 한국을 방문한 라몬 로페즈 산업통상부 장관은 현대자동차와 포스코 건설, 롯데건설, 서희건설, 한국서부발전 등 16개 한국기업 관계자들과 만나서 전기자동차 인프라 투자와 관련하여 논의하였다.

특히, 로페즈 장관은 전기차 충전소 건립 등 인프라 확대 필요성을 언급하며 필리핀 정부가 추진하고 있는 'CARS(Comprehensive Automotive Resurgence Strategy)'와 유사한 프로그램을 도입하는 방안에 대해 언급하였다. 필리핀은 자동차 산업 진흥전략인 'CARS'를 통해 필리핀 내 전기차 관련 생산시설을 짓는 기업을 대상으로 세금 인센티브와 차량판매 보조금 지원혜택을 제공하고 있다.

아스트로마, 2천억 원 규모의 플랜트 수출 계약

세계 최초로 분리막을 이용해 이산화탄소를 포집하는 기술개발 및 상용화에 성공한 아스트로마(대표 신기영)는 2018년 9월 3일 필리핀 쾌손 주의 마우반 시와 1억 8천만 달러(약 2천억 원)의 수출계약을 체결하였다. 필리핀 마우반 시에서는 에너지 특화도시의 위상과 전 세계적 이슈인 기후변화 대응의 조치로써 마우반 시의 모든 발전소에 친환경적인 '멤브레인을 이용한 이산화탄소 포집장치 설치 의무화'를 조례로 통과시켰다.

아스트로마는 2012년 회사 설립이전부터 이산화탄소 포집을 위한 연구에 투자하여 한전과 기술의 실증 및 사업화를 위한 180억 원 규모의 공동 프로젝트를 수행해 왔다. 마우반 시는 필리핀 마닐라로부터 150km 떨어진 곳에 있는 도시로서 필리핀 수도에 전력을 공급하고 있는 에너지 발전 특화된 지역이다.[7]

인천공항공사, 17조 5천억 원 규모의 필리핀 신공항 개발 참여 추진

인천국제공항공사의 정일영 사장은 2018년 11월 28일 필리핀 산미구엘 회사의 라몬 앙 회장과 필리핀 마닐라 신공항 개발사업 추진을 위한 양해각서를 체결하였다. 필리핀 재계 1위 기업인 산 미구엘은 마닐라 신공항 개발사업 우선제안자 지위를 보유하고 있다.

마닐라 신공항 개발 사업은 마닐라에서 북서쪽으로 40km 떨어진 불라칸에 공항을 신설하는 것을 목표로 하고 있으며 산 미구엘 그룹이 이 사업을 먼저 정부에 제안하였다. 필리핀은 대규모 인프라를 개발할 때 민간 기업이 정부에 사업을 제안하고 우선제안자 지위를 부여하는 민간사업제도를 운영하고 있다. 산미구엘은 2016년 9월 필리핀 정부에 마닐라 신공항사업을 제안했고, 필리핀 경제개발청의 사업타당성조사를 거쳐 2018년 4월 사업승인을 받았다.

현재 필리핀 수도공항인 니노이 아퀴노 공항의 연간 이용객은 2017년 기준으로 4,200만 명으로 연간 이용객 처리기준인 3,100만 명을 초과하여 포화상태에 이르고 있다. 마닐라 신공항의 연간 여객처리 용량은 1억 명 내지 2억 명으로, 총 사업비는 17조 5천억 원으로 추산된다. 최종사업자로 선정된 민간사업자는 50년간 신공항을 독점 운영한다. 인천공항공사는 마닐라 신공항 건설이 바다를 매립하여 건설하는 수도권 신공항 사업이라는 점에서 인천공항의 건설과 개항과정과 유사점이 많다고 보고 있다.

필자는 2018년 3월과 2019년 8월 라몬 앙(Ramond Ang) 산 미구엘 회장을 만났을 때 한국기업들이 이미 필리핀에서 유무상 원조로 필리핀 내 다바오 공항, 푸에르토 프린세사 공항, 코론 공항을 건설하였으며 두마게테에 1억 달러의 유상원조자금을 이용하여 신공항을 건설할 계획임을 감안하여 앞으로 신공항 건설시 한국기업과의 긴밀한 협조를 당부하였으며, 라몬 앙 회장은 그동안 한국기업과의 성과에 매우 만족한다고 한 바 있다.

2. 한국은 필리핀의 4번째 큰 무역국

한국은 필리핀의 4위 교역국이다. 양국 간 교역규모는 2014년 133억 달러, 2017년에는 2016년 대비하여 36.2%나 증가한 143억 달러를 기록하였다. 수출은 105.9억 달러(45.6% 증가), 수입은 37억 달러(14.9%)를 기록하여 우리나라가 무역흑자를 보이고 있다. 이렇게 크게 양국 간 교역이 증가한 이유는 하락하던 국제유가가 회복되고 반도체 등 주요 수출품의 수출 호조와 우리 내수회복 등에 따른 수입증가가 주요 요인이다.

2018년에는 2017년 대비하여 양국 간 교역액이 9.3% 증가한 156억 달러를 기록하였다. 한국은 일본, 미국, 중국에 이어 필리핀의 4대 교역국이다. 한편 필리핀은 한국의 18대 교역국이다. 반도체, 석유화학제품, 자동차, 기계류 등이 주력수출품목이며 필리핀에 대한 인프라 투자확대로 인해 건설기자재의 수입도 증가하고 있다. 또한 필리핀 경기호황에 따른 중산층 증가로 인해 소비재 수입수요가 매년 증가추세에 있다.

필리핀은 수년 동안 평균 6.5%의 빠른 경제성장률을 보이고 있고 평균 인구 연령도 24세에 불과한 젊은 노동력이 풍부한데다가 영어구사능력이 있고 중산층이 급속히 증가하여 앞으로 시장 전망이 매우 밝다.

필리핀 주요 교역상대국 및 규모(코트라 마닐라)

〈필리핀 연도별 무역통계(단위: USD백만, %)〉

순번	년도	수출		수입		수지
		수출액	수출증감률	수입액	수입증감률	
1	2018년	67,598	6.8	115,119	16.9	-47,521
2	2017년	63,301	12.4	98,484	14.6	-35,183
3	2016년	56,339	-3.9	85,935	22.4	-29,596
4	2015년	58,649	-5.1	70,186	3.6	-11,538
5	2014년	61,810	26.3	67,757	14.6	-5,947
6	2013년	48,926	-5.9	59,136	-9.6	-10,210
7	2012년	51,997	7.6	65,386	2.0	-13,390
8	2011년	48,305	-6.2	64,097	9.6	-15,792
9	2010년	51,498	0.0	58,468	0.0	-6,970

〈필리핀 주요 수출국 및 수출액(단위: USD백만, %)〉

순위	국가명	2016년		2017년		2018년	
		수출금액	수출비중	수출금액	수출비중	수출금액	수출비중
	총계	56,339	100.00	63,301	100.00	67,598	100.00
1	미국	8,664	15.38	9,207	14.54	10,568	15.63
2	홍콩	6,592	11.70	8,650	13.66	9,559	14.14
3	일본	11,678	20.73	10,240	16.18	9,484	14.03
4	중국	6,197	11.00	7,019	11.09	8,723	12.90
5	싱가포르	3,701	6.57	3,869	6.11	4,237	6.27
6	독일	2,293	4.07	2,621	4.14	2,810	4.16
7	태국	2,133	3.79	2,656	4.20	2,730	4.04
8	한국	2,095	3.72	2,541	4.01	2,543	3.76
9	대만	2,056	3.65	2,279	3.90	2,481	3.67
10	네덜란드	1,716	3.05	2,467	3.60	2,473	3.66
11	말레이시아	1,188	2.11	1,595	2.52	1,931	2.86
12	프랑스	727	1.29	791	1.25	1,118	1.65
13	베트남	749	1.33	874	1.38	954	1.41

| 14 | 인도네시아 | 592 | 1.05 | 702 | 1.11 | 866 | 1.28 |
| 15 | 멕시코 | 543 | 0.96 | 600 | 0.95 | 607 | 0.90 |

자료원 : 한국무역협회(2018년 수출금액 정렬순)

〈필리핀 주요 수입국 및 수입액(단위: USD백만, %)〉

순위	국가명	2016년		2017년		2018년	
		수입금액	수입비중	수입금액	수입비중	수입금액	수입비중
	총계	85,935	100.00	98,484	100.00	115,119	100.00
1	중국	15,916	18.52	17,819	18.09	22,579	19.61
2	한국	5,625	6.55	8,420	8.55	11,503	9.99
3	일본	10,196	11.86	11,411	11.59	11,397	9.90
4	미국	7,689	8.95	7,909	8.03	8,315	7.22
5	태국	6,726	7.83	6,903	7.01	7,948	6.90
6	인도네시아	4,708	5.48	6,711	6.81	6,789	5.90
7	싱가포르	5,597	6.51	5,751	5.84	6,311	5.48
8	대만	5,374	6.25	5,229	5.31	5,748	4.99
9	말레이시아	3,417	3.98	3,803	3.86	4,286	3.72
10	홍콩	2,540	2.96	2,778	2.70	3,225	2.80
11	베트남	1,982	2.31	2,661	2.82	3,198	2.78
12	독일	2,011	2.34	2,048	2.08	2,507	2.18
13	사우디아라비아	1,078	1.25	1,282	1.30	1,892	1.64
14	인도	1,523	1.77	1,644	1.67	1,784	1.55
15	아랍에미리트 연합	613	0.71	762	0.77	1,619	1.41

필리핀의 주요 무역상대국은 중국, 일본, 미국, 한국이다. 한, 중, 일과의 무역에서 필리핀은 무역수지 적자를 보이고 있다. 중국은 필리핀을 상대로 무려 138억 달러, 한국은 약 90억 달러의 무역흑자를 보이고 있는 반면, 일본의 무역흑자는 약 19억 달러에 불과하며 미국은 오히려 필리핀을 상대로 약 22억 달러의 무역적자를 보이고 있다.

필리핀 정부는 이러한 무역구조를 개선하기 위해 필자를 만날 때 마다 한국정부가 필리핀 농산물에 대한 관세를 인하해 줄 것과 한국수입업협회가 방문하여 필리핀 농산물과 공산품 수입을 확대해 줄 것을 당부하였다.

2019년 7월 11일 한국수입협회 홍광희 회장을 비롯한 106명의 사절단이 필리핀을 방문하여 필자와 라몬 로페즈 필리핀 산업부장관과 면담을 가졌으며 필리핀 기업과 일대일 비즈니스 상담을 통해 800만 달러의 필리핀 상품을 수입하기로 하였다.

〈필리핀 무역수지(trade balance)(단위 : USD백만)〉

순위	국가명	2016년	2017년	2018년
	총계	-29,596	-35,183	-47.521
1	중국	-9,719	-10,799	-13,856
2	한국	-3,530	-5,880	-8,960
3	인도네시아	-4,115	-6,009	-5,923
4	태국	-4,593	-4,247	-5,218
5	대만	-3,318	-2,950	-3,275
6	말레이시아	-2,229	-2,208	-2,355
7	베트남	-1,233	-1,787	-2,271
8	싱가포르	-1,895	-1,881	-2,074
9	일본	1,481	-1,170	-1,912
10	사우디아라비아	-996	-1,217	-1,818
11	쿠웨이트	-968	-1,043	-1,362
12	아랍에미리트 연합	-309	-176	-1,223
13	러시아	-142	-442	-1,218
14	인도(인디아)	-1,208	-1,135	-1,194
15	호주	-481	-1,402	-1,100
...				
227	네덜란드	1,179	1,814	1,819
226	미국	975	1,299	2,252
228	홍콩	4,052	5,872	6,361

자료원 : 한국무역협회(2018년 무역수지 오름차순 순)

2) 우수상품 전시회 개최

2018년 7월 13일부터 7월 15일까지 마닐라 파사이에 위치한 SM Mall에서 '2018 한국-필리핀 우수상품전시회'가 개최되었다. 이 전시회는 경상북도가 주최하고 필리핀 한인무역협회, 세계한인벤처네트워크가 주관하고 세계한인무역협회와 코트라, 필리핀 한인상공회의소, 대사관이 후원하는 행사였다.

필자는 필리핀 한인무역협회 김영기 이사장과 김종팔 회장, 필리핀 한인총연합회 이원주 이사장과 강창익 회장, 필리핀 상공회의소 이호익 회장, 세계 호남향우회 이동수 회장, 코트라 필리핀 고상훈 관장, 파라나케 시의 올리바레즈(Olivarez) 시장, 파사이 시의 칼리스토(Calixto) 시장 등이 참석하여 개막식을 축하하였다.

2011년부터 계속되어 온 '한국-필리핀 우수상품전시회'는 한국기업의 필리핀 시장진출지원과 필리핀 한인업체홍보를 목적으로 일대일 비즈니스 거래상담과 필리핀 내 판매와 판촉을 통해 필리핀에서 한국상품의 우수성을 홍보하는 행사이다. 이번 행사계기에 주성 인더스트리는 필리핀 업체인 부바네쉬 비즈니스 벤처사와 백만 달러의 수출 협약식을 맺고 본격적으로 필리핀 시장에 진출하였다.

2019년 경북 우수상품 전시회

2019년 6월 28일부터 30일까지 경북 우수상품전시회가 마닐라 SMX Convention Center에서 성공적으로 개최되었다. 2012년 이래 매년 마닐라에서 개최되는 경북 우수상품전시회는 경상북도가 주최하고 경상북도 경제 진흥원과 필리핀 한인무역협회가 주관하며 코트라 마닐라와 주필리핀 대사관이 후원하였다.

금번 전시회는 한국과 필리핀 수교 70주년을 맞아 예년행사보다 2배 크게 개최되었다. 전체 40개 업체가 참가하여 한국의 우수한 농수산상품, 기능성 화장품, 헤어 용품, 건강음료, 미용기기 등 다양한 제품들이 소개되었고 판촉활동을 통해 현장에서 농업회사법인 주식회사 형제는 300만 달러 규모의 아로니아 파우더 식초를, 독도무역사는 현지 한인마트에 명이나물 80만 달러를 수출하는 등 총 550만 달러규모의 221건 상담실적을 거두었다.

이날 행사에는 필자를 포함하여 박완섭 한인무역협회 회장, 이원주 전 한인회 이사장, 변재홍 한인회장, 강창익 전 한인회장, 이동수 전 세계호남향우회 회장, 고상훈 코트라 관장, 필리핀 한국경제인 협회 니나 만지오 전회장 등 80여명이 참석하였다.

2019 부천시 우수상품 전시회

2019년 7월 11일부터 13일까지 마닐라 SMX Convention Center에서 부천시 우수상품 전시회가 성공적으로 개최되었다. 이번에 전시된 품목은 화장품, 미용재료, 건축자재, 차량용품, 의료기기, 산업용 기기, 골프용품, 주방용품이 전시되었고 1:1 기업 상담회가 이루어졌으며 부천시의 먹거리도 선을 보였다. 이 전시회에 필자는 가찰리안 상원의원과 부천시와 자매결연을 맺은 필리핀 발렌수엘라 시의 랙스 가찰리안 시장(가찰리안 상원의원의 동생), 박완섭 필리핀 한인무역협회 회장등과 같이 전시업체를 참관하였다.

3. 한국과 필리핀 자유무역협정(FTA) 체결로 무역증진 토대마련

1) 한국-필리핀 자유무역협정 체결 추진

필리핀 정부는 2017년 6.7%에 이어 2018년 경제성장율 6.2%, 2019년에는 6% 중반대로 예상하고 있으므로 필리핀 경제 활성화가 한국과 필리핀 양국 간 교역증대에도 긍정적인 영향을 미칠 것으로 예상된다.

2017년 11월 문재인 대통령의 필리핀 방문에 이어 2018년 6월 두테르테 대통령이 한국을 방문하여 양국 간 교역액을 증대시킬 기반을 구축하였다. 2017년 양국 교역액이 145억 달러, 2018년 156억 달러를 기록한 것을 감안하면 2020년까지 170~200억 달러를 달성할 것으로 보인다.

2018년 4월 23일 필자는 엠마누엘 피뇰(Emmanuel Pinol) 농업부장관을 만나서 필리핀 산 열대과일의 우리나라 수출 증진방안, 상호농산물 검역 절차 신속화, 필리핀 정부의 농업 분야 기계화 추진 동향, 우리나라의 필리핀에 대한 농업 분야 원조 등에 대해 논의를 하였다.

필자는 우리나라 딸기에 대한 필리핀 정부의 검역절차가 조속히 완료되기를 재차 요청하고 우리나라가 필리핀 농업 분야에 다양한 유, 무상원조를 제공하고 있음을 설명하였다. 피뇰 장관은 우리 딸기에 대한 검역절차를 완료하도록 노력하겠다고 하면서 필리핀 바나나에 대한 우리의 수입관세 30%를 인하해 줄 것을 요청하였다.

2019년 아세안에 한국이 대화상대국으로 된지 30주년이 되고 한국과 필리핀 간 수교한지 70주년이 되는 해임을 감안하여 한국과 필리핀은 2019년에 6월부터 협상을 시작하여 2019년 11월 서명을 목표로 협상해왔다. 한국은 자동차에 대한 5%의 과세를 인하하거나 철폐하고 대신 필리핀은 30%에 달하는 바나나에 대한 관세를 면제하거나 인하하는 데 주력하고 있다.

또한, 양국 간 교역을 증가시키기 위해 양국 농축산물 수입허가절차를 간소화함으로써 필리핀은 망고스틴, 두리안, 아보카도 등 열대과일과 오리육 등의 한국수출을, 우리나라는 수입허가를 위한 수입위험분석 절차를 진행하여 딸기 수출을 확대하려 하고 있다.

양국은 2019년 6월 마닐라에서 양국 통상장관 간 한국과 필리핀 자유무역협정 협상개시를 선언하면서, 자유무역협정(FTA) 협상이 6월, 7월, 8월 잇따라 세 차례 공식협상을 개최한데 이어 제 4차 공식협상이 2019년 9월 10일부터 13일까지 필리핀 세부에서 개최되었다.

이번 협상에는 산업부 장성길 통상질서정책관과 앨런 갭티 필리핀 통상산업부 차관보를 각각 수석대표로 한 양국 정부대표단이 참석하였다. 산업부는 "한국-필리핀 FTA 체결은 2019년 양국 수교 70주년을 맞이하는 양국 간 경제협력관계가 더욱 긴밀해지고 신남방정책의 주요 성과가 도출될 것"이라고 기대했다. 양국 협상대표는 2019년 10월3일부터 5일까지, 그리고 2019년 11월 7일부터 9일까지 마닐라에서 5차, 6차 협상을 하였다.

2) 필리핀 코트라 사무소에 해외 FTA 활용 지원센터 설치

2019년 6월 25일 마닐라에서 김형주 산업통상자원부 국내정책관, 필자, 라몬 로페즈 필리핀 통상산업부 장관등 100여 명이 참석한 가운데 "마닐라 FTA 활용 지원센터" 개소식이 개최되었다. 정부의 신남방정책의 일환으로 추진되는 이 센터는 한국과 아세안 FTA의 활용을 지원하기 위한 목적으로 설치되었다. 산업부는 필리핀 마닐라 센터 개소에 이어 수출기업들이 FTA를 활용하여 성장가능성이 큰 신남방지역에 진출할 수 있도록 적극 지원할 예정이다.

마닐라 FTA 활용지원센터의 설치는 한국과 필리핀 FTA 협상 타결에 따라 우리 수출기업들이 즉각적으로 활용할 수 있도록 도움을 주게 될 것이다. 필리핀은 우리의 제8위 수출대상국으로 동포수도 9만 3천 명이 되고 필리핀에 진출한 우리 기업수가 약 1,630개사에 이르는 등 기업진출 지원수요가 큰 시장으로 꼽히고 있다.

산업부는 마닐라 FTA 활용 지원센터 개소를 통해 우리 진출기업과 현지 바이어 등에 한국과 아세안 FTA 관련 원산지 증명이나 비관세 장벽 등의 분야에서 홍보와 상담, 컨설팅 등을 지원하고 진출기업의 통관애로 사항을 해소하는데 도움이 될 것으로 기대하고 있다.

FTA 활용지원센터 개소와 함께 비즈니스 활동에 대한 실질적인 지원을 강화하기 위해 이날 산업, 물류, 무역, 조세(관세) 분야 현지 전문가 5명을 자문위원으로 위촉하고 비즈니스 관련 애로사항 해소를 지원하고 있다.

〈자문위원 위촉현황〉

분야	산업, 제도	물류	무역	법률	조세
성명	이호익 (KCCP 회장)	김종팔 (OKTA 마닐라)	엄현종 대표이사 (삼도무역)	최일영 변호사 (SYCIP 법률센터)	Jules E. Riego (SGV 컨설팅)

4. 양국 간 다양한 분야에서 경제협력강화를 위한 양해각서 체결

1) 경제협력 양해 각서 주요 내용

2013년 1월 양국 간 체결된 "경제·통상 협력에 관한 양해각서"에서 양국 간 구축하기로 하였던 경제협력 채널(차관급) 정례화 의지 재확인을 통해 양국 간 통상 현안을 정기적으로 점검하기로 하였다. 이에 따라 2017년

2월 13일 마닐라에서 제1차 한국과 필리핀 간 경제협력 공동위를, 2018년 11월 6일에는 양국 외교부 차관이 참석한(우리 측에서는 이태호 2차관이 참) 가운데 마닐라에서 정책협의회를 개최하였다.

문재인 대통령과 두테르테 대통령은 2018년 6월 4일 청와대에서 개최된 소규모 및 확대 정상회담을 마치고 한국과 필리핀 간 협력증진을 위한 양해각서를 체결하는 서명식을 지켜보았다. 5건의 양해각서가 체결되었는데 우선 교통제반 분야에 대한 포괄적인 교류내용을 담은 "교통협력 양해각서" 서명식에는 김현미 국토교통부 장관과 투가데 필리핀 교통장관이 서명하였다.

무역, 투자, 산업기술 등 협력을 담은 "경제통상 협력에 관한 양해각서" 서명식에는 백운규 산업통상자원부 장관과 라몬 로페즈 필리핀 통상산업부 장관이 서명했다. 그 외에도 산업통상자원부와 필리핀 국방부 장관 간에 "재생에너지 보급과 확산에 관한 양해각서"를, 그리고 "과학기술 혁신정책, 바이오 및 나노 분야에 관한 과학기술 협력에 관한 양해각서가 과학기술정보통신부와 필리핀 과학기술부 장관 간에 서명하였고, 1억 7천만 달러에 달하는 "세부신항만 건설사업 차관공여 협정" 서명식이 한국 수출입은행장과 필리핀 재무장관간에 서명되었다.

한편, 농림축산식품부 김현수 차관(현 장관)은 2018년 6월 4일 서울롯데호텔에서 필리핀 농업부 엠마누엘 피뇰(Emmanuel Pinol) 장관과 양국 간 농업협력 확대를 위한 양해각서를 체결하였다. 양해각서에는 양국 농업부가 농업협력위원회를 설치하고 농업전문가 교류, 농업기술 개발협력, 민간공공부문의 교류 증진 등 다양한 농업 분야에서 상호 협력할 것을 주요 내용으로 담고 있다.

이번 양해각서를 바탕으로 양국은 농업 분야 교류협력사업을 본격 추진해 나갈 예정이다. 현재까지 추진해 온 필리핀 코피아 센터와 농식품부의 농업협력사업을 통해 앞으로도 한국이 우수한 농업기술을 전수하고 우리 농기계의 필리핀 시장진출을 적극 모색할 예정이다.

김동연 경제부총리는 2018년 6월 4일 두테르테 대통령의 방한을 수행해 온 카를로스 도밍게스 필리핀 재무장관과 만나서 양국 간 주요 경제현안에 대해 논의하였다. 김 부총리는 이 자리에서 필리핀 정부가 추진 중인 교통, 물류 시스템 등 인프라 정책을 높이 평가하면서 한국정부도 경제협력개발기금(EDCF) 등을 통해 필리핀 정부의 인프라 정책에 적극 협력하겠다고 밝혔다.

또한, 김 부총리는 카를로스 도밍게스 장관이 요청한 조세 분야 전자정부시스템(e-invoicing) 구축사업에 대한 경제협력개발기금(EDCF) 지원을 적극 검토할 예정이며, 실무차원의 논의가 조속한 시일 내 진행될 수 있기를 희망한다고 말했다.

김 부총리는 한국과 아시아개발은행 간 양해각서를 체결한 "한-아태지역 청년기술봉사단 사업에 필리핀 정부의 적극적인 관심과 협조를 요청하면서 정보통신 분야에 기술경쟁력을 가진 한국 청년들이 필리핀 민간기업 등에 파견되어 양국 간 기술 및 인적 교류가 확대되기를 희망한다고 말했다. 한-아태지역 청년기술봉사단 사업은 아시아개발은행과 협력하여 기술력을 갖춘 한국청년들을 아태지역회원국 기업 등에 파견하여 한국과 파견국 간에 기술 및 인적교류가 활성화되는 사업이다.

이어 김 부총리와 도밍게스 장관은 양국의 호혜적인 교역확대가 긴요하다는데 인식을 같이하고 현재 진행중인 역내 포괄적협력동반자관계 (RCEP: Regional Comprehensive Economic Partnership; 중국이 주도하고 있으며 역내 16개국이 참여하고 있고 인구 34억 명에 전 세계 GDP 28% 차지) 협상의 성공적인 타결을 통해 양국 간 주요 통상현안이 원만히 해결되도록 긴밀히 협의해 나가기로 하였다.

2) 중소기업 중앙회, 두테르테 대통령을 초청하여 비즈니스 포럼 개최

중소기업중앙회는 2018년 6월 5일 서울 중구 롯데호텔에서 두테르테 대통령을 초청하여 비즈니스 포럼을 개최하였다. 이날 포럼에는 필리핀 진출기업 및 진출을 모색하는 200여 명의 우리기업인들이 참석하여 필리핀 기업인들과 정부관계자들을 만나 교류하고 협력방안을 모색하였다.

이번 포럼을 주관한 박성택 중소기업 중앙회 회장은 인사말에서 "필리핀은 경제성장률이 7%에 가까울 정도로 빠른 경제성장을 이루고 있으며, 건설장비와 건설자재, 차량 등 분야에서 한국의 우수한 기업들이 많이 진출할 수 있을 것으로 기대된다"고 말했다.

이번 포럼에서는 재무부, 상공부, 농업부 등 필리핀 주요장관들이 최근 필리핀 정부의 경제방향과 투자환경에 관해 한국기업들에게 적극 소개하면서 필리핀 시장에 관심을 가져다 줄 것을 당부했고, 우리 기업인들로부터 호응을 얻었다.

3) 한국서부발전, 한국-필리핀 경제교류협력 비즈니스 포럼 개최

한국서부발전은 협력중소기업의 해외 판로 확대지원을 위해 '2019 필리핀 시장개척단'을 구성하여 2019년 6월 3일부터 필리핀 에너지 차관 등 정부 관계자와 발전소 구매 담당자, 서부발전 협력중소기업 대표와 관계자 등 100여명이 참석한 가운데 마닐라에서 구매상담회 등 한국과 필리핀 경제교류 협력 비즈니스 포럼을 개최하였다.

서부발전 김병숙 사장이 직접 단장으로 참여한 이번 시장 개척단은 필리핀 수출을 위해 자발적으로 설립한 한국발전기자재 협동조합 소속 20개 사와 협업하여 단순히 제품홍보가 아닌 양국의 전력산업 네트워킹 활성화를 모토로 진행되었다.

서부발전이 주축이 된 이번 시장개척단은 비즈니스 포럼개최가 중소기업의 해외 판로 확대를 위한 마중물 역할을 하는 것은 물론, 전력산업에 대한 폭넓은 이해와 협업을 바탕으로 향후 양국 전력산업 발전에 포석이 될 것으로 기대하고 있다.

5. 필리핀과 인프라 협력 확대

1) 건설지원 협의회 정기개최로 기업들에게 비즈니스 기회 창출

주필리핀 대사관은 2018년 2월 2일 대사관 4층 회의실에서 필리핀 교통부(Department of Transportation: DOTr)와 공동으로 2018년도 제1차 건설협의회를 개최하고, 마크 토렌티노(Mark Tolentino) 필리핀 교통차관 대행을 초청하여 민다나오 순환철도 등 철도사업에 대한 브리핑과 우리 기업과의 질의응답, 그리고 제2기 건설협의회 임원 선임문제 등을 협의하였다.

이번 건설협의회는 대사관이 발주처를 초청하여 공동으로 협의회를 연 최초의 사례이고 또한 필리핀 교통부로서도 타국 대사관에서 이러한 형식의 협의회를 가진 최초의 사례인 점에서 매우 이례적이고 의미가 깊다고 하겠다. 주필리핀 대사관의 박재순 국토관이 추진한 건설지원협의회는 우리 기업에게는 정보교환, 수주상담 등 실질적 도움이 되고 필리핀 정부기관으로서는 주요사업에 대한 설명의 기회가 되는 호혜(win-win)전략이라고 평가된다.

톨렌티노 차관대행은 브리핑을 통해 필리핀 기업의 철도사업 경험부족에 대한 한계를 토로하고, 한국기업의 우수한 기술력을 통한 도움을 요청하고,

특히 시공입찰이 예정된 민다나오 순환철도 제1단계(Tagum-Davao-Digins) 사업에 한국기업들이 적극 참여해주기를 기대하였다.

이날 협의회는 한국본사에서 특별히 출장을 온 KEC(한국엔지니어링)를 포함하여 대림, 대우, 삼성, 포스코, 한진 등 11개 필리핀 주재건설, 엔지니어링 사와 아시아개발은행 관계자, 한국수자원공사(K-Water), 코트라, 한국수출입은행 등 7개 유관기관과 교통부 실무국장과 과장 등 총 50여명이 참가하여 당초 예상된 시간을 한 시간이나 넘어 열띤 질의응답이 오고가고 했다.

필자는 2018년 1월 17일 신임장 제정시 두테르테 필리핀 대통령에게 필리핀 정부의 "Build, Build, Build" 정책을 적극 지지하고 이를 지원하기 위해 우리나라의 인프라 투자와 기업의 참여를 확대하겠다는 의지를 밝힌 바 있다고 언급하고 앞으로 필리핀 정부관계자를 초청하여 기업간담회를 개최하겠다고 하였다.

2018년 3월 27일에는 제2차 건설지원협의회를 개최하여 필리핀 국가경제개발청(NEDA: National Economic Development Authority)의 위(Uy) 차관보가 대사관에 와서 우리 기업 대표자들을 대상으로 필리핀 기간산업에 대해 설명을 하였다. 위 차관보는 두테르테 대통령의 "Build, Build, Build" 정책에 적극 부응하기 위한 마스터 플랜을 설명하고 한국기업의 적극적인 참여를 요청하였다.

2018년 7월 3일에는 투가데(Tugade) 필리핀 교통부장관, 바탄 철도차관, 타마요 항공차관, 게이노소 기획차관, 몬트리얼 마닐라 항공청장을 초청하여 필리핀 대사관에서 제4차 건설지원협의회를 개최하였다. 이번 간담회에서는 필리핀 교통부 소관 인프라 동향과 한국과 필리핀 간 교통 분야 협력과 상호 교류방안에 대해 협의하였다. 대우건설과 삼성물산, 수성엔지니어링 등 11개 건설회사와 수출입은행과 수자력공사 등 7개 유관기관

대표들이 참석한 가운데 많은 질의응답시간을 가졌고 저녁에는 대사관저에서 만찬을 하면서 추가적인 협의를 가졌다.

주필리핀 대한민국대사관은 2018년 7월 31일 수주지원단 대표로 필리핀을 방문한 김정렬 국토교통부 2차관과 함께 필리핀 발주처 차관급 고위공무원(교통부 Batan 차관, 공공사업도로부 Sadain 차관, 경제개발청 Tungpalan 차관)을 대거 초청하여 "제5차 건설지원협의회 겸 한국-필리핀 인프라 포럼"을 마카티 샹그릴라 호텔에서 개최하였다.

이번 포럼에서는 필리핀 차관들이 직접 한국 및 필리핀 기업 등 120여 명의 참석자들에게 주요 인프라 프로젝트를 소개하고 필리핀 기업과 아국 기업간에 1:1 상담회도 가지는 등 한국-필리핀 인프라 협력 강화를 위한 매우 특별한 기회를 제공하여 한국 및 필리핀 관계자, 한국 및 현지 기업 인들에게 커다란 호응을 얻었다.

이 포럼은 대사관이 정기적으로 추진하고 있는 건설지원협의회 행사를 확대한 것으로, 국토교통부의 수주지원단 방문을 연계하여 대사관, 국토부, 필리핀 발주처 등 수주 관련기관이 총망라되고, 한국기업뿐만 아니라 필리핀 기업도 참석하여 한국기업들과 1:1 상담회도 가지는 등 종합적이고 총체적인 수주지원 활동이 가능하도록 기획된 것으로 동 취지에 맞추어 성공리에 행사가 마무리되었다.

2018년 11월 5일에는 필리핀의 3대 재벌의 하나인 산 미구엘 그룹의 수잔 유(Susan Yu) 부회장과 라울 로물로(Raul Romulo) 재무책임자를 대사관에 초청하여 산 미구엘 그룹이 역점 추진하고 있는 약 150억 달러 규모의 불라칸 신공항 건설 계획에 대해 설명을 듣고 토론을 하였다. 이번 6차 협의회에는 근정건축, 대림산업, 대우건설, 동일기술공사, 두산중공업, LS산전, 삼성물산, 수성엔지니어링, 인천공항공사, 일성건설, 포스코 대우, 한국수자원공사, 한진중공업, 현대상사 관계자들이 참석하여 불라칸 공항의 향후 일정, 재정능력, 착공시기 등에 대해 질의를 하였다.

제 6차 건설지원협의회에서 필자는 이미 한국기업들이 필리핀 주요 도시인 다바오, 팔라완, 카가얀데오로 등에서 이미 공항을 건설하였고 많은 시공능력이 있으며, 특히 인천공항공사는 인천공항을 지난 12년간 연속적으로 세계 1위 공항으로 만든 놀라운 성과를 거둔 바 있음을 감안하여 산 미구엘 그룹이 한국기업과 협력을 지속적으로 확대해 나가주기를 당부하였다.

제7차 건설지원협의회는 루시 고메즈(Lucy Gomez) 하원의원과 올목 시(Ormoc city)의 리챠드 고메즈(Richard Gomez) 시장부부를 초청하여 2018년 12월 17일 대사관 2층 회의실에서 개최되었다. 올목 시는 4천만 달러 규모의 수자원 프로젝트를 설명하고 우리 기업의 참여를 요청하였다.

제8차 건설지원협의회는 아서 뚜가데(Arthur Tugade) 교통부장관과 차관 4명을 초청하여 2019년 5월 27일 대사관에서 20여개 한국기업 대표들을 초청하여 개최되었다. 뚜가데 장관실에서 작성한 필리핀 항만, 공항, 철도 사업계획을 청취한 후 참석기업인들과 뚜가데 장관 사이에 질문과 대답이 이루어졌다. 이 회의를 마치고 필자는 장관일행을 관저만찬에 초청하여 양국 간 건설 분야, 특히 블라칸 신공항사업에 한국기업 참여방안을 논의하였다.

제9차 건설지원협의회는 2019년 7월 30일 조나단 위(Jonathan Uy) 국가경제개발청(NEDA) 차관을 다시 초청하여 대사관에서 인프라 포럼을 개최하여 위 차관으로부터 필리핀 정부가 추진하고 있는 전반적인 인프라 사업에 대한 브리핑을 청취하고 한국, 일본, 중국정부와 아시아개발은행, 아시아인프라투자은행이 각각 추진하고 있는 필리핀 내 주요 인프라 사업 지원 현황 정보를 공유하고 참석 건설기업대표들과 네트워킹 시간을 가졌다.

인프라 황금기 여는 필리핀

한동만 주필리핀 대한민국 대사

필리핀은 전후 우리나라가 동경하던 국가였다. 마닐라는 당시 '동방의 진주'로 불린 아름답고 발전된 도시였다. 그러나 필리핀 경제는 토지개혁 실패, 심한 부의 편중 등으로 지난 1970년대부터 침체기에 빠졌다. 다행히 안정된 내수시장 등으로 인해 1990년대 글로벌 무역위기를 잘 극복하고 지난 10년간 연평균 6% 이상의 경제성장률을 연속으로 달성하는 등 고성장을 지속하고 있다.

필리핀 경제는 잠재력도 충분하다. 인구 1억 명의 내수시장은 물론 영어를 할 수 있는 풍부한 청년 노동력과 저렴한 임금은 외국 기업에 큰 매력이며 보라카이·세부·팔라완 등 천혜의 관광지는 관광객을 매혹한다. 골드만삭스는 필리핀이 오는 2050년 1인당 국내총생산(GDP) 기준 전 세계 14위의 경제 대국으로 성장할 것으로 예측하기도 했다. 필리핀 경제는 올해도 6% 이상의 성장률을 기록할 것으로 보인다.

그러나 필리핀은 고질적인 인프라 부족 때문에 잠재력을 충분히 실현하지 못하고 있다. 마닐라의 마카티나 보니파시오 등을 제외하면 인프라가 열악하다. 작은 섬의 주민들은 전기를 제대로 공급받지 못하고 있고 많은 사람이 오염된 식수를 마시고 있다. 심각한 교통 체증이 지속되고 있으며 불필요한 물류비용도 증가하고 있다. 10월 발표된 세계경제포럼(WEP)의 보고서에서 필리핀의 인프라 경쟁력을 전 세계 100위권으로 평가하고 있는 것이 현실이다.

이에 로드리고 두테르테 필리핀 대통령은 2016년 취임 직후 '빌드 빌드 빌드' 프로그램을 개시했다. 총 180조원을 투자해 2022년까지 75개의 핵심 인프라 사업을 기획하고 이 중 32개를 완성한다는 것이다. 필리핀 정부 스스로 명명했듯 '인프라의 황금기'를 열고 있는 것이다. 필리핀 정부는 이를 위해 외국 기업의 투자를 적극적으로 유치하고 있다.

나는 필리핀이 인프라 투자에 있어 기회의 땅이라고 생각한다. 우선 필리핀이 한국전쟁에 7,400명의 군인을 보내면서 시작된 양국의 관계가 우호적이기 때문이다. 양국관계는 6월 두테르테 대통령의 방한으로 더욱 발전했으며 특히 양국의 교역량은 지난해 역대 최대(143억달러)를 기록하는 등 경제관계도 어느 때보다 튼튼하다.

필리핀 내 우리 기업에 대한 평가도 좋다. 우리 기업의 뛰어난 기술을 경험했기 때문이다. 한진중공업은 1973년 최초의 해외진출 사업으로 다바오-사랑가니 지역에 도로를 건설했다. 다바오시장 출신인 두테르테 대통령은 이 도로가 새것 같다고 칭찬하기도 했다.

또 필리핀에서 우리나라의 경제 발전 경험을 배우려는 목소리도 지속되고 있다. 두테르테 대통령도 단기간에 기적적인 발전을 이룬 우리나라의 경제 발전 경험을 배우고 싶다는 의사를 밝혀왔다. 따라서 나는 지금이 우리 기업이 필리핀 인프라 개발에 적극적으로 참여할 적기라고 생각한다.

우리 정부도 필리핀의 인프라 정책을 적극적으로 지원하고 있다. 나는 11월28일 우리나라의 유상원조(EDCF)가 지원(1억 달러)되는 팡일만 교량 사업 착공식에 두테르테 대통령과 함께 참석했다. 라나오델노르테주와 미사미스 옥시덴탈주를 잇는 필리핀에서 가장 긴 다리가 건설된다. 완성되면 인적·물적 교류가 촉진돼 지역경제 활성화에 기여하게 될 것으로 전망된다.

또 우리 정부는 5월 양국 간에 체결된 EDCF 기본 약정으로 2022년까지 필리핀 인프라 사업에 EDCF 10억 달러를 지원하게 된다. 1억7,000만 달러가 지원되는 세부 신항만 사업은 새로운 화물 터미널을 건설해 기존 세부항의 혼잡을 해소할 것으로 보이고 2억 달러 규모의 할라우댐 사업은 3개의 댐을 건설해 식수 및 농공업 용수 공급, 홍수 예방으로 지역 주민의 생활 여건 개선에 기여할 것으로 기대된다. 또 1억 달러가 지원될 두마게테 공항 사업도 진행되고 있다. 이러한 대규모 사업은 양국의 경제협력 관계를 증진할 뿐 아니라 우리 기업의 수익 창출에도 기여할 것이다. '인프라의 황금기'를 열어가는 필리핀에 대한 우리 기업의 적극적인 투자를 기대한다.

(2018.12.14. 서울경제신문 기고)

2) 김현미 국토부장관, 필리핀 방문하여 한국-필리핀 인프라 포럼 주최

김현미 국토부장관은 2019년 9월 5일부터 6일까지 마닐라를 방문하여 한국-필리핀 인프라 포럼을 개최하였으며 인프라 주무장관인 뚜가데 교통부장관과 마크 빌라 공공부문 및 도로담당 장관을 만나서 양국 간 협력 방안을 논의하였다. 특히, 150억 달러에 달하는 블라칸 신공항건설과 운영에 한국기업이 참여해 줄 수 있도록 주관회사인 산 미구엘 그룹의 책임자를 만나서 요청하기도 하였다. 또한 마닐라 주변 철도사업(147km)에 우리기업의 참여를 희망하였다.

이에 대해 뚜가데 장관은 "필리핀은 3년 간 철도망 1,300km를 구축하는 등 대규모 인프라 건설정책을 추진하고 있다"며 "개발 경험이 풍부한 한국과의 협력을 강화 하겠다"고 밝혔다. 마크 빌라 공공부문 및 도로담당 장관도 한국이 고속도로 등 많은 필리핀 인프라에 적극 참여해줄 것을 기대하였다.

김 장관과 뚜가데 장관은 필리핀 정부, 인천공항공사, 철도시설공단 등 양국 인프라 기관 소속 60여명이 참석한 "한국-필리핀 인프라 협력포럼"에도 참석하여 정책을 공유하였다. 김 장관은 아시아개발은행(ADB)를 방문하여 나카오 타케히코 총재를 면담하고 아시아 역내 인프라 개발협력과 우리 기업 참여에 대한 ADB 차원의 지원을 당부하였다.

6. 필리핀에 대한 유상, 무상원조 확대

1) 수출입은행, 필리핀 인프라 프로젝트에 10억 달러 규모 자금지원

　필리핀 국가경제개발청(NEDA)에 따르면 일본정부는 필리핀에 총 59억 8천만 달러의 공적개발원조를 제공하여 필리핀 전체 공적 개발자금의 41.2%를 차지하고 있다. NEDA 관계자는 일본의 자금이 가장 큰 이유 중의 하나는 25.3km의 메트로 마닐라 지하철 프로젝트에 기인한다고 밝혔다.

　한편, 필리핀에 대한 세계은행의 대출과 보조금은 31억 3천만 달러로 20%이상을, 마닐라에 본부를 둔 아시아개발은행은 총 22억 4천만 달러의 대출과 보조금으로 15.4%를 각각 차지하고 있다. 상위 10개국의 ODA 원조는 미국(8억 676만 달러), 호주(4억 7,672만 달러), 유엔(3억 4,195만 달러), 중국에 기반을 둔 아시아 인프라 개발은행(2억 700만 달러), 프랑스(1억 9,196만 달러)순이다.

　한국수출입은행은 한국의 성공과 실패를 공유하는 경제협력 프로그램인 지식공유프로그램(KSP: Knowledge Sharing Program)을 통해 추가 지원을 제공하고 적용 가능한 정책 권고사항을 제안할 계획이며, 프로젝트 준비시설을 통해 프로젝트 기획, 준비 및 타당성 조사를 포함한 사전 투자활동에 지원할 계획이다.

　그동안 수출입은행은 필리핀 재무부(DOF), 교통부(DOTr), 에너지부(DOE), 농업부(DA), 공공토목 공사 및 고속도로(DPWH), 정보통신부(DICT), 관개당국(NIA) 및 전국 전기관리국(NEA) 등 인프라 사업전반에 관련된 정부부처와 교섭하여 왔다.[8]

　필자는 2018년 5월 4일 필리핀 외교부에서 카에타노 외교장관과 같이 10억 달러의 유상원조를 제공하는 한국과 필리핀 간 대외협력기금(EDCF:

Economic development Cooperation Fund) 기본약정에 서명하였다. 주요내용은 2017년부터 2022년까지 우리정부가 필리핀 정부에 10억 달러의 차관을 제공하며, 개별사업의 차관 금액과 세부내용은 한국수출입은행과 필리핀 정부 간 체결되는 차관계약에 규정된다.

필자는 서명식 후 연설에서 이번에 10억 달러의 유상원조가 필리핀의 근대화에 기여하기를 바란다고 하였다. 우리나라가 제공하는 유상원조는 이자율이 0.05%이며 상환기간은 거치기간 10년, 원금 상환기간 30년 총 40년이어서 중국 등 여타국의 유상원조보다 조건이 좋은 편이다.

카예타노 외교부장관(현 하원의장)과 면담 모습

팜팡가 저지대에 재난감축 및 기후변화 대응센터 설립

유상원조의 일환으로 2018년 10월 9일 팜팡가 주의 주도인 산 레안드로에서 필자와 아로요 전 대통령, 피녜다 팜팡가 주 주지사, 마크 빌라 공공사업도로부 장관, 한진 중공업관계자 등이 참석한 가운데 팜팡가 저지대 재난대응 통합센터 겸 기후변화 대응센터(Integrated disaster risk reduction and climate change facilities in low lying area of Pampanga) 착공식이 개최되었다.

이 사업에 우리정부는 약 8천만 달러를 지원하여 저지대 개발을 통한 홍수방지 시설을 지을 예정인데 시공업자로서는 한진중공업이 선정되었다. 필자는 축사에서 이번 프로젝트가 재난재해가 많은 필리핀지역에서 피해를 예방하거나 최소화할 수 있기를 기대한다고 하였다.

팡일만 교량건설사업

10억 달러의 유상원조 중 1억 달러를 제공하여 북부 민다나오 섬의 2개 도시(Tangub과 Tubod)를 연결하는 팡일만 교량공사(Panguil bay bridge) 착공식이 2018년 11월 28일 두테르테 대통령과 마크 빌라 공공사업 도로부 장관, 필자와 지역주민과 주지사, 시장, 하원의원 등 200여명이 참석한 가운데 개최되었다. 완성되면 이 교량은 필리핀에서 가장 긴 다리(3.7km)가 될 것이다.

착공식에서 두테르테 대통령은 필자에게 한국은 가장 가까운 우방국가로 한국전쟁 시 필리핀 군인이 참전한 계기로 특별한 관계를 유지해 왔다고 하고 한국이 필리핀과의 우호협력을 강화하는 차원에서 지원하는 이번 교량사업이 북북 민다나오 주민들의 삶의 질을 개선하는데 큰 도움이 될 것이라고 말했다.

이외에도 북부사마르 도로건설에 2천만 달러, 세부 신항만 건설사업에 1억 7천만 달러, 두마게테 신공항건설에 1억 달러의 유상원조가 제공될 예정인데 우리 정부로부터 2천만 달러의 유상원조로 시작된 북부 사마르 도로건설은 이미 착공식을 마치고 일성건설이 도로건설을 시작하였다. 동 도로 착공식에 필자는 마크 빌라 공공사업도로부 장관과 같이 참석하였다.

2018년 11월 28일 필리핀 팡일만 교량행사 착공식
(두테르테 대통령과 마크빌라 공공사업도로부 장관과 함께)

2) 필리핀에 대한 무상원조

필리핀에 대한 무상원조는 필리핀 국가개발계획의 성공적인 수행을 지원하고 필리핀의 경제사회 발전과 빈곤퇴치를 목표로 지원하고 있다. 중점 지원 분야는 기초보건의료 접근성 향상을 통한 보편적인 의료보장 달성을 지원하고, 소외지역 빈곤층 빈곤감소를 위한 지역개발과 농업생산성을 향상시키고 재난재해 예방과 대응능력 강화를 통한 재해위험 감축을 지원하는 데 있다.

1991년부터 2018년까지 코이카를 통한 순수 무상원조는 총 2억 6천만 달러이며, 2018년에만 2,648만 달러를 지원하였다. 유상과 무상을 합칠 경우 총 5억 7,800만 달러에 달해 우리나라는 일본, 미국, 호주에 이어 필리핀에 대한 원조 공여국 중 4위에 해당한다. 베트남에 이어 무상원조국가로서는 두 번째 국가에 해당된다. 이러한 무상원조를 위해 1994년부터 코이카

사무소를 운영하고 있고 사무소외에도 연평균 45명의 봉사단원을 필리핀 전역에 걸쳐 파견하고 있다.

2018년 주요사업 내역을 보면 필리핀 미곡종합처리장 건립사업에 총 1,530만 달러를 지원하여 연간 미곡생산량 6만 톤의 증산효과를 통해 식량안보강화에 기여하였으며, 친선병원을 건립하고 보건역량강화사업에 780만 달러를 지원하였으며, 필리핀 메트로 마닐라 타귁 시에 750만 달러를 지원하여 한국-필리핀 인력개발센터를 건립하여 필리핀 국가인증 3, 4급 고급과정 인재를 양성하고 있다.

또한, 다바오 인근에 직업훈련센터를 지원하는데 780만 달러를 투자하였다. 필자는 2018년 2월 이 직업훈련센터를 방문하였는데 이 센터는 개원 이래 약 22,000명의 기술 인력을 육성하였고 2013년에는 아태지역 직업훈련평가에서 은메달을 차지하기도 하였다.

필리핀 경찰청에 순찰차량 지원

코이카는 2018년 5월 29일 필리핀 마닐라 쾌존시티 경찰청에서 '찰차량 130대(스타렉스 81대, 엘라트라 49대) 전달식'을 개최하였다. 이 행사에는 필자와 이철성 경찰청장, 신명섭 코이카 필리핀 사무소장, 그리고 필리핀 측에서는 베르나르도 내무부 차관과 오스카르 필리핀 경찰청장 등이 참석하였다.

이번 순찰차량 전달식은 총 사업액 660만 달러(약 75억 원) 규모로 2016년부터 2020년까지 진행되고 있는 "필리핀 경찰역량 강화사업"의 일환으로 지원되었다. 코이카는 이번 순찰차량 130대 지원 외에 경찰 오토바이 142대, 현장감식시트 120세트를 제공하고 필리핀 고위경찰 20명, 실무급 180명을 초청하고 한국경찰전문가 17명을 총 6회 파견 하는 등 치안 분야

공적지원사업을 경찰청과 함께 성공적으로 추진해나갈 계획이다.

필자는 축사를 통해 필리핀에는 약 9만 3천명의 동포들이 거주하고 있고 2017년에는 161만 명의 한국관광객이 방문하여 그 어느 국가보다도 치안협력에 대한 필요성이 높은 국가이므로 이번 치안협력사업을 통해 한국 국민에 대한 보호가 더욱 강화되기를 기대한다고 밝혔다.

한편, 2019년 9월 26일 필리핀 경찰청에서 필자와 아뇨 내무부장관, 알바알데 필리핀 경찰청장, 민갑룡 경찰청장, 코이카 송민현 마닐라 소장 등이 참석한 가운데 한국에서 제공한 142대의 필리핀 경찰용 오토바이 전달식이 개최되었다. 이 행사에서 아뇨 내무부장관은 우리 정부의 지원에 사의를 표하고 앞으로 한국과 치안협력을 더욱 강화하여 우리 국민의 안전을 확보하는데 노력해 나가겠다고 하였다. 필자는 2019년이 한국과 필리핀 수교 70주년인 만큼 이러한 양국 간 경찰 분야 협력을 통해 우리 국민의 안전을 강화하는 좋은 협력관계가 되기를 기대한다고 하였다.

필리핀 비사야스 주립대학 톨로사 캠퍼스 본관동 및 기숙사 개원식 개최

한국 무상원조 대표기관인 코이카는 2018년 6월 1일 필리핀 중부 레이테 주에서 비사야스 주립대학 톨로사 캠퍼스의 본관동 및 기숙사 개원식을 개최하였다. 레이테 주는 2013년 11월 필리핀을 강타한 슈퍼태풍 '하이엔'의 최대 피해지역 중 하나이다. 당시 태풍으로 수많은 인명과 재산피해가 있었으며, 비사야스 주립대 톨로사 캠퍼스의 경우 학교건물의 70%가 파손되어 대학의 기능이 상실했었다.

코이카는 우리 정부의 하이엔 태풍피해 재건복구사업의 일환으로 해당 지역의 고등교육 기능을 회복하고 강화하고자 2014년 400만 달러규모로 대학재건사업에 착수하였다. 개원식을 통해 우리 정부는 강의동과 도서

관, 그리고 학생 240명을 수용할 수 있는 기숙사동을 필리핀 정부에 인계하였다. 이에 따라 2018년 8월부터 천 명 규모의 교직원과 학생들이 개선된 교육환경에서 새 학기를 시작하게 되었다.

이날 행사에는 필자와 신명섭 코이카 필리핀 사무소장, 레오폴드(Leopold Dominco Petilla) 레이테 주지사, 나폴레옹 임페리얼(Napoleon Imperial) 고등교육위원회 부위원장, 에드가르도 튤린(Edgardo Tulin) 비사야스 주립대 총장과 교직원, 학생 등 200여명이 참석했다. 감동적인 것은 톨로사 캠퍼스 학생들이 애국가를 한국어로 연습하여 부른 것이다.

튤린 총장은 기념축사에서 "이번 사업은 단순히 태풍피해 인프라를 복구하는 차원을 넘어 지역학생들에게 꿈과 희망을 지원하는 매우 의미있는 사업이다"며 우리정부의 지원에 깊은 사의를 표했다. 필자는 축사에서 "이번 지원 사업을 통해 지역학생들에게 양질의 고등교육을 제공하고 나아가 이 학교에서 배출된 우수한 인재들이 양국 간 협력관계를 강화하는 데 기여할 수 있기를 기대한다"고 말했다. 이 행사를 마치고 필자는 우리 공병부대인 아라우(희망의 뜻) 부대가 2014년 태풍피해 지역에서 재건사업에 힘썼던 부대를 방문하고 이어 인근에 소재한 한국전쟁 참전기념비에 헌화하였다.

한편, KT는 BC카드와 함께 2018년 5월 28일부터 일주일 간 타클로반 레이테 시 둘락 지역에서 화재로 소실된 초등학교의 정보통신 미디어 교실을 다시 짓고 학생들의 교육을 위한 정보통신 인프라 구축을 완료했다고 밝혔다.

이사벨라 주 농업용수 및 홍수피해 예방 댐 준공식 개최

코이카 필리핀 사무소는 2018년 7월 5일 루손섬 동북부 이사벨라 주에서 농업용수 확보 및 홍수피해 예방을 위한 댐 준공식을 가졌다. 이번 댐 건설로 코이카는 필리핀 동북부 지역 농민들을 위한 안정적인 농업용수를 확보하고 소득증대에 기여할 수 있게 됐다.

수도 마닐라에서 북쪽으로 280km 떨어진 이사벨라 주에 건설된 댐은 농업용수를 확보하는 동시에 홍수피해를 막고 기후변화에 따른 대응역량을 강화하고자 건설됐다. 현재 필리핀은 농업이 전체 국내총생산(GDP)의 15%를 차지하고, 전체 인구의 3분의 1에 달하는 3,550여만 명이 농민이다. 최근 기후변화에 따른 이상기후 현상으로 우기에는 홍수로, 건기에는 가뭄으로 농업 생산량이 급감해 농민들의 빈곤이 가중되고 있는 상태다.

댐 규모는 높이 36.7m, 길이 194m로 저수용량만 483만 톤에 달한다. 관개시설을 목적으로 한 수로는 간선 6.8km, 지선 12.35km다. 총 사업비는 2,176만 달러로 코이카가 필리핀을 대상으로 한 무상원조 사업 중에는 최대 규모다. 이날 준공식에는 필자와 신명섭 코이카 필리핀사무소장, 로돌프 T. 알바노 이사벨라 주출신의 하원의원, 파우스티노 디 3세(DY III) 이사벨라 주지사 등 양국 주요관계자 200여 명이 참석했다.

코이카는 이번 댐 건설이 안정적인 농업용수 확보를 가능하게 해 이곳 농지면적을 667ha에서 1,130ha로 확대시킬 수 있을 것으로 예상하고 있다. 직접 수혜대상자는 댐 인근 5개 마을 4,788명, 간접 수혜대상자는 130,385명으로 빈곤감소 및 일자리 창출 혜택을 볼 것으로 보인다.

한편, 코이카는 댐 건설 외에도 필리핀 무상원조 협력사업으로 퀴리노 주 농촌종합개발사업, 유니세프와 함께 하는 민다나오 지역 생애초기 영양개선사업 등 12개의 프로젝트를 추진하고 있다.

필리핀 기상청 홍수예보센터 개설

코이카 마닐라 사무소는 2018년 12월 7일 필리핀 수도 메트로 마닐라에서 "홍수 조기경보 및 모니터링 체계 구축사업"의 준공식을 개최하였다. 지난 3년간 520만 달러 규모로 추진해 온 이 사업 준공식에는 필자와 필리핀 과학기술부의 델라 페냐(Fortunato Dela Pena) 장관, 필리핀 기상청 (PAGASA)의 말라노(Vincente Malano) 청장 등 100여명이 참석하였다.

우리 정부는 2010년부터 필리핀 기상청과 2차례의 협력사업을 통해 마닐라 주요 강유역인 파시그-마르키나 강 유역과 툴라한 유역에 통합 홍수 예보와 경보시스템을 구축해왔다. 2009년 태풍 온도이로 인해 마닐라 지역의 80%가 침수된 이후의 일이다. 당시 주요 강 인근에 살고 있는 많은 빈민층이 적시에 대피하지 못해 큰 피해를 입었다. 이번에 완료된 사업을 통해 코이카는 주요 강 지류와 지저에 관측 장비와 CCTV를 설치하고 데이터를 실시간으로 전송하여 분석하고 경보를 신속히 발령할 수 있도록 시스템을 구축하였다.

들라 페냐 과학기술부 장관은 환영사를 통해 이번 사업은 단순히 홍보 시스템을 구축하는 차원을 넘어 홍수재난대응에 대한 거버넌스 측면의 기초를 확립하는 매우 의미 있는 사업임을 언급하며 우리 정부의 지원에 깊은 사의를 표했다.

코이카-유니세프 필리핀 영유아 영양개선 공동 사업 착수

코이카는 필리핀 영유아의 발육부진을 예방하기 위해 유니세프와 영양 공급 사업을 수행한다고 밝혔다. 코이카 필리핀 사무소는 2019년 1월 24일 마닐라의 마르코 폴로 호텔에서 열린 "필리핀-유니세프 생애초기 천일간 영양사업" 착수식을 열었다.

2021년까지 필리핀 동부 비사야제도 사말 주의 19개 시, 군과 민다나오 섬의 잠보앙가 주 4개 군에 600만 달러를 투입하여 진행할 이 사업은 이

지역에 거주하는 영유아, 예비맘, 모유수유 여성이 필요한 영양분을 안정적으로 섭취할 수 있도록 돕는다.

코이카는 이번 사업이 성공적으로 마무리 될 경우 사말 주와 잠보앙가 주의 영양과 보건인력 1,370명이 양성되고 임산부와 모유수유 여성 5만 7천명에게 필요한 영양서비스를 제공할 수 있을 것으로 예상하고 있다. 또한 생후 2년 미만 영유아 4만 8천 명도 성장에 필요한 서비스를 제공받게 된다.

필리핀 전자거래 시스템 구축에 729만 달러 지원

2019년 2월 11일 필리핀 인터넷 미디어 '마닐라 스탠더드'에 따르면 필리핀 정부는 자국의 조세개혁 강화법에 따라 시행되는 전자거래 시스템구축 사업에 타당성조사와 더불어 시범사업에 코이카로부터 729만 달러를 지원받아 사업을 시행한다고 밝혔다. 필리핀 국세청도 현재 한국과 함께 전자거래 시스템 1단계 프로젝트 수행협력을 위한 타당성조사를 시행중이다.

현행 필리핀 법에 따르면 필리핀 내 납세자와 수출업자는 향후 5년 이내에 상품거래 명세서, 영수증, 매출 자료를 전자방식으로 세무당국에 제출하도록 규정하고 있다. 도밍게즈 필리핀 재무장관은 2019년 2월 27일 마닐라를 방문한 이미경 코이카 이사장에게 전자거래사업을 조속 시행하고 지원해 준데 대해 깊은 사의를 표했다.

코이카-식량농업기구, 필리핀 민다나오 농촌비즈니스 강화사업 약정

정부무상원조기관인 코이카는 2019년 3월 27일 마닐라 소재 페닌슐라 호텔에서 필리핀 민다나오 지역 농촌비즈니스 강화를 위해 식량농업기구

(FAO)와 약정체결식을 가졌다. 코이카와 FAO는 이번 약정으로 민다나오 지역의 농수산물에 대한 시설 구축과 농자재 지원뿐만 아니라, 농수산물 생산성 증대와 부가가치 창출을 통해 지속가능한 비즈니스 역량강화에 협력할 계획이다.

이를 위해 2019년부터 3년간 580만 달러(약 65억 원)의 지원을 확정했으며, 민다나오의 코토바토 시, 방사모로 지역 5개 군, 북 코토바토주 지역 5개 군을 대상으로 사업을 전개한다. 이에 따라 코타바토 시 할랄 역량강화와 비즈니스센터 지원, 방사모로 지역 수확 후 관리시설과 고 소득작물 가공처리 시설지원, 북 코토바토주 옥수수 사일리지 시설지원 등 총 1만 740가구를 대상으로 농촌 비즈니스 역량강화에 초점을 둔 사업이 진행된다.

7. 필리핀 방산 분야 협력 증대: 군 현대화에 기여

1) 필리핀에 대한 방산수출 확대

6.25 전쟁에 대대 급 규모의 전투부대(연 5개 대대 7,420명)를 파병한 참전국인 필리핀과 전통적인 우방관계를 발전시키면서 다양한 군사협력을 유지해 오고 있다. 2013년 슈퍼 태풍 '하이엔'으로 필리핀이 큰 피해를 보았을 때 필리핀의 요청으로 아라우 부대(500명 규모)가 파병되어 1년 간 필리핀 재건과 파병용사에 대한 보은활동(의료지원과 가옥 건축 등)을 펼침으로써 최초로 6.25전쟁 파병국가에 대한 보은차원의 파병 역사를 기록하기도 하였다.

양국 간의 함정방문으로 시작된 군사협력은 한국과 필리핀 간 군수방산 협력 양해각서(1994), 한국-필리핀 특정 방산물자 조달에 관한 시행약정

(2009), 군사협력 양해각서(2013), 군사비밀 정보보호협정(2015) 등의 법적 토대가 마련되었다. 특히, 1990년대부터 해군함정(고속정)과 공군전투기 등 군사무기와 물자공여를 통해 양국 간의 신뢰관계를 쌓아왔다. 또한 방사청과 필리핀 국방부가 한국-필리핀 공동군수위원회를 매년 개최하여 실질적인 방산협력을 강화해나가고 있다.

이러한 노력의 결과로 2015년에 경전투기(FA-50) 12대와 2016년에 상륙돌격장갑차(AAV) 8대, 호위함 2척을 수출 계약했다. 특별히 필리핀 국방부는 한국군을 배우기 위해 매년 생도와 현역장교 5~8명을 각 군 사관학교와 합동참모대학, 국방대학교에 보내 관련 군사교육을 받게 하고 있다.

전 정권인 아키노 행정부에서 2013년부터 시작한 군 현대화 사업은 2027년까지 15년 간 3단계(각 단계별 5년)로 구분해 진행되고 있다. 1단계는 2013~2017년으로 종료되었고 2단계는 2018~2022년까지인데 두테르테 대통령의 임기가 2022년 끝나기 때문에 두테르테 정부는 3단계(2023~2027년) 군 현대화 사업을 앞당기기 위해 노력하고 있다.

2012~2016년 사이의 필리핀 방산물자 수입국 순위에서 한국은 미국, 인도네시아 다음으로 3위를 기록하였다. 한국군의 무기체계와 장비들은 가성비와 신뢰도가 높아 필리핀군과 경찰들에게 좋은 평가를 받고 있다. 필자는 필리핀 국방장관, 합참의장, 공군 참모총장, 해군 참모총장을 수시로 만나서 우리 방산제품의 우수성을 적극 홍보하고 있다.

2) 현대중공업, 필리핀 최신예 2천 6백톤 급 호위함 건조 착수

현대중공업은 2018년 5월 1일 울산 본사에서 강환구 사장과 델핀 로렌자나 필리핀 국방부 장관, 레이문도 엘레판테 국방부 차관, 로버트 임페드라 해군 참모총장 등이 참석한 가운데 2,600톤 급 호위함 착공식을 개최하였다. 착공한 함정은 현대중공업이 2016년 10월 필리핀 국방부로부터 수주한 2척의 동형 호위함 가운데 첫 번째이다.

길이 107m, 폭 12m 규모의 다목적 전투함으로 이 호위함은 최대 25노트(약 시간당 46km)로 4,500해리 이상의 항속거리를 보유해 원, 근해의 필리핀 영해를 방위할 수 있는 능력을 확보하였다. 특히, 태풍과 열대성 기후 등 필리핀의 거친 해상조건에서도 우수한 작전성능과 생존성을 갖도록 설계했다. 76mm함포와 함대공 미사일, 어뢰, 헬리콥터 등 다양한 무기 체계를 탑재하여 대공, 대잠 작전을 수행할 수 있다.

현대중공업은 2019년 5월 23일 울산본사에서 배수량 2만 6천톤 급의 필리핀 호위함 진수식을 열었다. 이 행사에는 한영석 현대중공업 사장과 레이문도 엘레판테 필리핀 국방부 차관, 벤자민 마드리갈 합참의장, 심승섭 해군참모총장 등 100여명이 참석하였다. 이 호위함은 19세기 스페인 치하 민족주의 사상가로 필리핀 독립운동에 앞장 선 호세 리잘을 기려 '호세 리잘함'으로 명명되었다.

현대중공업은 2019년 5월 호위함을 진수해 2020년 9월에 필리핀 국방부에 인도한다. 필자는 2019년 5월 30일 호위함(프리게이트 함) 진수식에 다녀 온 엠베드라드(Empedrad) 해군 참모총장을 만나서 앞으로 필리핀 해군이 추진 중인 해군현대화 사업, 특히 코르벳함과 잠수함 사업에 한국기업의 참여가 이루어 질 수 있도록 협조를 당부하였다.

2019년 8월 24일자 필리핀 신문인 인콰이어러(Inquirer) 지에 따르면 델핀 로렌자나 국방장관은 "현대중공업에 초계함(코르벳 함) 2척을 주문할 것이며 2척 가격은 300억 페소(6천 936억 원)으로 현대중공업과 아직 서명한 것은 아니지만 필리핀 해군은 무기체계의 호환성 등을 위해 호위함과 초계함이 같은 업체에서 건조되는 것을 원한다"라고 밝혔다.

한편, 필리핀 국방부는 한화시스템이 필리핀 호위함 3척의 성능개선 사업계약을 땄다고 밝혔다. 그레고리오 델 필라르 함 등의 전투관리시스템과 음파탐지능력 등을 개선하는 것으로 계약 금액은 13억 420만 페소(약 300억 원)인 것으로 알려졌다.

3) 필리핀 자주국방 1호 사업, 한국중소기업과 함께해

2019년 4월 5일 방위사업청(청장 왕정홍)은 필리핀 바탄에서 국내 군수기업과 필리핀 국영 조병창(국방부 산하)이 군수품 공동생산을 위한 현지 생산공장 착공식을 개최하였다. 공장을 설립하는 국내군수기업 삼양컴텍과 부흥정밀은 필리핀 조병창과 현지 공동생산방식으로 방호물자와 탄창 계약을 체결하였다. 이는 필리핀 자주국방 1호 사업으로 계약기간 종료 후에는 생산 공장을 조병창에 인계해 향후 필리핀이 사용할 수 있도록 할 예정이다.

삼양컴텍은 2017년 5월 1억 4,800만 달러(약 1,600억 원) 규모의 방탄복과 방탄헬멧 계약을 체결하고 조병창이 제공한 부지에 4,374 제곱미터 크기의 공장을 세운다. 부흥정밀은 2019년 1월 1,500만 달러(약 170억 원) 규모의 탄창계약을 체결하고 조병창이 제공한 부지에 1,500 제곱미터 크기의 공장을 짓는다.

이날 착공식에는 필자와 로렌자나 필리핀 국방장관, 방위사업청 김기택 기동화력사업부장(육군 준장)등이 참석하여 공동생산을 위한 첫걸음을 축하하였다. 이번 공동생산은 우리나라로서는 국가 간 방산협력을 통해 국내 군수중소기업의 수출활로를 마련하고, 필리핀은 이번 사업을 통해 자주국방 영역을 확대할 계획이라는 점에서 그 의미가 크다.

4) 필리핀, 한국 경공격기 FA-50 12대 구매

필리핀은 189억 페소(약 4천 426억 원)를 들여 2015년부터 2017년까지 FA-50 12대를 도입했고, 2017년 민다나오 섬에 있는 마라위 시를 점령한 극단주의 무장 세력인 이슬람국가(IS)를 추종하는 반군 마우테를 소탕하는데 투입했다. FA-50의 최대 속도는 마하 1.5로 공대공미사일과 일반 폭탄, 기관포 등 최대 4.5톤의 무장 탑재가 가능하다.

한편, 필리핀 정부는 2017년 말 캐나다 업체와 2억 3천만 달러(약 2천 525억 원) 규모의 벨 412 헬기 16대의 구매계약을 체결했다가 캐나다가 필리핀의 인권실태를 문제 삼자 2018년 초 계약을 파기했다. 이후 필리핀 정부는 한국 수리온 헬기 구입을 검토하였다가 막판에 폴란드에서 생산하는 미국 블랙호크 헬기를 구입하기로 하였다.

5) 제22차 한국과 필리핀 방산군수공동위 개최

방위 사업청은 2019년 6월 10일부터 11일까지 마닐라에서 방산군수 공동위를 개최하였다. 필리핀은 한국의 주요 방산협력 동반자이자 신남방정책의 주요 국가로 양국은 1994년 한국-필리핀 군수방산협력에 관한 양해각서를 체결한 이후 21차례에 걸쳐 방산군수위원회를 개최해 왔다.

한명진 방위 사업청 차장과 아빌라 군수차관보가 공동주관한 이번 공동위에서는 현재 진행 중인 주요사업과 향후 추진할 사업에 대해 다양한 협의를 진행하였다. 필리핀 측은 자국 군수장비 획득절차 소개 등 우리 기업들의 원활한 필리핀 수출을 위한 정보를 공유하고 우리 측은 한국방산기업이 참여하여 유도무기, 무인기, 경전차, 잠수함 등 우수한 국산무기체계를 소개하는 시간을 가졌다.

양국은 조속한 시일 내에 정부와 군과 방산 업체가 참여하는 '방산협력 세미나'를 필리핀에서 개최하기로 하고 방산군수협력에 관한 양해각서 개정을 위한 약정서에 서명하였다. 이번 개정안에는 협력대상에 방산물자의 교환을 추가하는 등 1994년 이후 양국 간 여건 변화를 반영하였으며, 이로써 양국 간 방산협력이 한 단계 도약하는 계기를 마련하였다.[9]

6) 한국-필리핀 방산협력 세미나 개최

왕정홍 방위사업청장과 로렌자나 필리핀 국방부 장관 등이 참석한
한국-필리핀 방위산업 협력세미나 개최

방위 사업청은 2019년 8월 28일 왕 정홍 방위사업청장, 델핀 로렌자나 국방부 장관, 필자와 양국 방산 분야 기업 대표 등 170여 명이 참석한 가운데 "한국-필리핀 방산협력 세미나"를 마닐라에서 개최하였다. 세미나에서 우리 측은 두 나라의 방산협력 우수사례를 소개한 뒤 협력 증진방안을 제안했고, 필리핀은 자국의 무기획득 절차를 발표하였다. 우리 방산 업체 13곳도 무기체계 등을 홍보하고 필리핀과의 협력방안을 제시하였다.

왕 청장은 로렌자나 장관에게 한국과 필리핀이 진행하고 있는 항공기와 함정 등 주요 협력사업의 원활한 추진을 위한 관심을 요청하였다. 왕 청장은 "이번 세미나는 양국이 지난 70년의 협력을 바탕으로 상호 호혜적인 방산협력을 더욱 굳건히 하는 뜻 깊은 자리"라고 하면서 "필리핀이 신남 방정책의 주요 협력국가로서 앞으로도 지속적이고 활발하게 방산협력을 이어가길 바란다"라고 하였다.

제3절

한국과 필리핀 간 문화, 인적교류
: 한류가 핵심적인 기여

1. 필리핀에서 인기 절정인 한류

2003년 필리핀의 대표적인 공중파 방송인 GMA7에서 '명랑소녀 성공기', '가을동화' 등 한국 드라마가 처음 방송된 이후 '도깨비', '힘쎈 여자 도봉순' 등 지금까지 필리핀 주요 방송을 통하여 약 300여 편이 넘는 한국 드라마가 방영되었다. 최근 4~5년 간 필리핀의 양대 방송사인 GMA7과 ABS-CBN에서 매일 한국드라마를 방영하고 있으며, 필리핀 국민들은 한국드라마를 코리아노벨라(Koreanovela)라 부르면서 즐겨 시청하고 있다.

우리나라 tvN이 제작한 '도깨비'는 재방영임에도 최고시청률 17.1%를 기록하며 인기를 끌었다. 특히 MBC가 제작한 2개 작품(왕은 사랑한다, 로봇이 아니야) 모두 평균시청률 13%를 넘기며 지속적인 한류열풍을 보여주고 있다.

2009년 이후부터는 한국음악(KPOP)이 유행하기 시작하여 지금은 한국 드라마의 인기를 능가하며, 자생적으로 Philippines K Pop Convention Inc 회사 비영리 법인설립 운영과 중대규모의 55개의 K-Pop 팬클럽들이 결성되어 활발한 활동을 벌이는 등 한국 음악의 인기가 지속되고 있다. 2019년 KPOP 공식사이트 접속 집계 40만 명 이상으로 추정된다.

2009년 9월 '쏘리 쏘리' 음반을 발매한 슈퍼 주니어는 앨범 판매량 10만 장을 돌파하여, 한국가수 최초로 필리핀에서 골드 판매를 기록하였다. 2010년 원더걸스의 '노바디'는 필리핀 대선 캠페인 송으로, 2013년 싸이의 '강남스타일'은 필리핀 총선 캠페인 송으로 사용하였다. 2015년에는 슈퍼 주니어, 소녀시대, 빅뱅 등이 필리핀을 방문하여 성황리에 공연되었다. 2016년에는 방탄소년단(BTS), GOT7, AOA 등이 2017년에는 싸이, 엑소, 샤이니, 방탄소년단 등이 필리핀을 방문하여 성황리에 공연을 마쳤다.

2018년에는 엑소가 공연하기 위해 필리핀을 방문하였는데 만 여석의 표가 20여 분 만에 마감되었다. 한류는 드라마와 음악으로부터 한식에 대한 관심으로 확산되고 있어 메트로 마닐라를 중심으로 한국음식점이 늘고 있으며, 한국화장품 및 한국패션에 대한 수요도 크게 증가하였다. 여성 아이돌인 모모랜드의 히트곡인 '뿜뿜'은 2018년 필리핀 인기차트에서 1위를 차지할 정도로 인기가 높다. 대세 걸그룹으로 떠오른 모모랜드는 '뿜뿜'으로 가요프로그램 7관왕, 4개월 간 음원차트 상위권, 뮤직비디오 1억 1,900만 뷰를 기록했다.

모모랜드는 2018년 8월 마닐라를 방문한데 이어 2019년 1월 25일 필리핀 공식 팬미팅 '2019 HELLO, MERRY Go The Philippines'에서 필리핀의 국민가요 살라맛(salamat: 감사하다는 뜻의 필리핀 현지어인 따갈로그어)을 깜짝 무대로 선보여 큰 화제를 모았다. 5천 명의 관객을 모은 모모랜드에 대해 필리핀 언론들은 대서특필하고 각종 SNS에서도 모모랜드의 살라 맛 무대 영상과 반응들이 폭발적으로 인기를 얻고 있다. 모모랜드는 2019 년 10월 5일에도 마닐라를 방문하여 공연을 가졌다.

한편, 필리핀 내 한류 특히 KPOP을 사랑하는 젊은 층을 위해 매년 KPOP 경연대회를 개최하여 우수학생은 창원에서 개최되는 세계 KPOP 페스티벌에 보내주는데 필리핀에서 열기가 매우 뜨겁다. 2018년과 2019년 마닐라 시내 마카티 SM Mal l안에 있는 삼성홀에서 개최된 KPOP 경연대회는 2천여 명이 참석한 가운데 뜨거운 호응을 얻었다.

2019년 7월 27일 개최된 '2019 피노이 케이팝 스타' 행사에는 총 104팀 (보컬 85팀, 퍼포먼스 19팀)이 지원한 가운 데 사전 온라인 심사를 거쳐 최종 선발된 보컬 10팀과 퍼포먼스 10팀이 출전하여 실 력을 겨루었고 부대행사로 농심의 한국식 품 시식코너가 마련되었다. 유엔평화기념 관에서는 한국전쟁 당시 평화를 수호해 준 필리핀 용사들의 희생을 기리는 의미로 종 이 베레모와 유엔용사훈장만들기 프로그 램을 선보였다.

주필리핀 한국문화원(원장 이진철)은 2018년 9월부터 12월까지 약 4개월 동안 한국어를 제2외국어 정규과목으로 채택한 7개 국공립학교 학생들을 대상으로 '찾아 가는 한국문화축제(Korean Culture Caravan)' 를 개최하였다. 찾아가는 한국문화축제는 필리핀 현지학교나 기관 등을 직접 찾아가

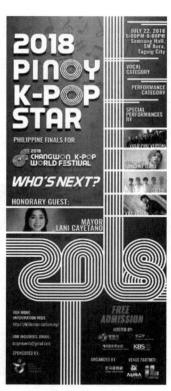

2018년 피노이 K-POP
경연대회 포스터

서 한국문화체험의 기회를 제공하기 위해 지난 2012년부터 시작된 한국문화원의 문화체험 프로젝트이며, 참가자들에게 한국영화 상영, 한국전통 민화와 사군자 체험 워크샵, KPOP 댄스 워크샵, 한국도서 전시와 한복체험, 그리고 한식시식회 등의 프로그램을 제공한다.

2018년 10월 27일 필리핀 문화예술위원회와 필리핀 한인총연합회가 주관하고 주필리핀 한국대사관, 주필리핀 한국문화원이 공동 주최한 '2018 한국-필리핀 문화교류 축제'는 약 2천여 명이 참석한 가운데 필리핀 문화센터 알리유(Aliw) 극장에서 성대하게 개최되었다. 오전에는 한인총연합회 주관으로 KPOP 경연대회를 개최하고 개막식에는 쇼비티(show BT)가 미디어 퍼포먼스를 선보였다.

필자의 축사에 이어서 국립국악원이 산조합주와 승무아리랑을 연주하였고 필리핀의 바야니한 댄스팀이 필리핀 전통무용을 하였다. 이어서 까인따 세종학당의 북춤공연과 한국-필리핀 팝페라 합동공연이 이어졌으며 아이돌 BNF의 공연 후에는 피날레로 전 축제 참가자가 다함께 'we go together' 합동공연을 함으로써 대단원의 막을 내리게 되었다.

한-필리핀 문화교류축제

2019년 9월 28일에도 '2019 한국-필리핀 문화교류축제'가 같은 장소에서 개최되었는데 무려 2,200명이 참석하여 자리를 꽉 메웠다. 2018년과 같이 한국과 필리핀의 전통공연, 그리고 KPOP 공연이 있었으며 2019년에는 2018년과 달리 한복 패션쇼와 더불어 필리핀 전통의상 패션쇼도 더해져 많은 박수갈채를 받았다.

2019년 10월 4일자 필리핀의 대표적인 일간지의 하나인 마닐라 블리튼지는 이번 한-필리핀 문화교류축제가 지난 28년 동안 개최해 온 문화축제 중 최대 인원이 참석하였으며, 금년이 한국-필리핀 수교 70주년이어서 더욱 의미있는 행사가 되었다고 보도하였다.

"사랑받는 필리핀 한류, 자랑스러워"

한동만 주필리핀 대한민국 대사

韓·필리핀, 가족애·공경 등 문화 비슷
황금 시간대 한드, 13% 이상 시청률
민간 영역 양국 경제 협력 강화 기대

한동만 주필리핀 한국대사는 2018년 8월 10일(현지시간) 필리핀 마닐라에서 열린 한-아세안센터 주관 '2018 한·아세안 청년 네트워크 워크숍'에서 서울신문 기자와 만나 "최근 필리핀에 소셜네트워크서비스(SNS)가 보급되면서 한국 문화가 빠르게 퍼지고 있다"며 이렇게 말했다. 그러면서 "마카티, 보니파오 등 신도시를 중심으로 빠른 인터넷망이 보급되는 등 디지털문화가 확산된 것이 원인"이라고 설명했다.

한 대사는 한국의 대중문화가 필리핀에서 인기를 끌고 있는 까닭을 정서적인 측면에서 교집합이 있기 때문이라고 진단했다. 그는 "가족에 대한 깊은 애정과 헌신, 어른에 대한 공경 등의 문화가 서로 비슷하다 보니 필리핀에서도 한국 콘텐츠가 많은 사랑을 받는 것 같다"면서 "특히 한국 드라마가 큰 인기를 끌고 있다"고 전했다.

필리핀의 양대 방송사인 GMA7과 ABS-CBN은 최근 황금 시간대에 전지현·김수현 주연의 '별에서 온 그대' 등 한국 드라마를 여럿 편성했다. 이 시간대에 방영되는 드라마는 평균 13% 이상의 높은 시청률을 기록하고 있다.

한 대사는 필리핀인에 대한 자랑도 아끼지 않았다. 그는 "한국에 '빨리빨리' 문화가 있다면 필리핀엔 '다한다한(천천히 천천히)'이 있다"면서 "수백년 간의 식민지 생활을 이겨낸 강인함과 다양한 종교와 인종에 대한 포용력이 필리핀의 최대 강점"이라고 소개했다. 이어 "필리핀은 지난 10년간 연 6~7%의 경제성장률을 이어 오고 있고, 로드리고 두테르테 대통령도 필리핀의 중·고소득국 진입과 중산층 사회를 실현하겠다는 목표로 발표한 '국가 목표 2040' 정책에 따라 경제 성장에 박차를 가하고 있다"고 강조했다.

한 대사는 또 "필리핀에서는 'BBB'(Build-Build-Build) 프로젝트에 따라 신항만 사업, 팡일만 교량 사업 등 대규모 인프라 사업이 진행 중"이라면서 "필리핀 정부는 각각 1억 달러 이상의 대외경제협력기금(EDCF)을 지원할 예정"이라고 전했다. 이어 "우리 정부도 필리핀에 26개 유·무상 원조 사업을 하고 있지만, 중국이나 일본 등에 비하면 금액 수준이 절대적으로 부족해 아쉽다"면서 " 그간 투자에 걸림돌이 돼 온 외국인 투자지분 제한 규제 완화에 대해 필리핀 정부가 고심하고 있기 때문에 앞으로 민간 영역의 경제 협력 또한 강화될 것으로 기대하고 있다"고 말했다.

(2018년 7월 23일 서울신문과 인터뷰기사)

2. 관광 통한 활발한 인적교류: 필리핀 방문 외국관광객 중 한국이 1위

필리핀에 입국하는 관광객들의 국가별 순위가 2009년까지만 해도 미국인이 1위(미국 시민권을 가진 필리핀인 포함)였는데 2010년부터는 한국인이 1위를 유지하고 있다. 2010년에 한국인 관광객 수는 74만 명이였는데 2017년에는 161만 명으로 크게 증가하였다.

필리핀 관광청의 통계에 따르면 필리핀을 방문하는 관광객이 가장 많은 나라로서 한국이 지난 8년 간 부동의 1위를 차지하고 있다. 2017년 161만 명에 이어 2018년에는 보라카이 해변이 환경정화를 위해 6개월 간 문을 닫은 관계로 한국관광객 수는 약간 줄어든 158만 명에 달하였다. 양국 상호 방문객 수는 2014년 160만 명에서 2018년 204만 명으로 증가하여 한국을 찾는 필리핀인의 숫자도 크게 증가하였다.

한국과 필리핀이 이미 국제사회에서 가장 전통적인 우방국가로서 좋은 국가관계를 유지하고 있는데다가, 한국인들과 필리핀인들이 상대국에 대해 좋은 이미지를 갖고 또 관광을 통해 양국민간의 교류가 활발하게 이루어지고 있다는 것이 국제사회에서 좋은 사례가 되고 있다. 이러한 양국민간의 좋은 관계는 양국 정부기관이나 민간 기업들이 정치, 경제협력 활동을 펼쳐나가는데 든든한 기반이 되기 때문이다. 특히 문재인 정부의 신남방정책으로 아세안의 핵심국가이며 전통적 우방국가인 필리핀과 우호적인 협력관계를 유지하는 것은 더욱 중요하다.

양국교류가 증가하면서 하늘 길도 넓어지고 있다. 한국과 필리핀 간 항공자유화협정에 따라 인천 마닐라뿐만 아니라 무안, 제주, 대구에서도 마닐라와 세부 간 직항편이 새로 늘어났다. 한국의 지자체에서도 발 빠르게 움직여 원주시가 필리핀 코르도바 시와 농업 분야 국제교류협력을 체결하고, 창원대학은 필리핀 팜팡가 주립대학과 학술교류협정을 체결하고 협력

사업을 펼쳐나가기로 하였다.

전통적으로 필리핀에 많은 공을 드린 국가는 일본이지만 최근 한류의 영향으로 필리핀의 젊은 층들에서 한국에 대한 이미지가 높아지고 있고 양국 간 국민의 활발한 교류가 양국관계 발전에도 도움이 되고 있다. 관광업계 전문가들은 관광을 통해 상대 국가를 직접 체험하는 것이 좋은 관계의 기반인 상호이해와 공감대를 가장 효과적으로 제고시킨다고 보고 있다.10)

한국방문 필리핀 관광객수도 꾸준히 증가

2018년 12월 11일 항공검색엔진인 스카이스캐너는 「2018 아시아태평양 여행트렌드 리포트」를 발표했는데 스카이스캐너에서 2017년 대비 한국행 항공권 검색양이 가장 큰 폭으로 늘어난 아태지역 여행지는 필리핀으로 확인되었다. 한국 여행에 대한 관심의 폭이 가장 크게 일어난 나라는 필리핀이었다.

2012년 이후 필리핀은 8년 연속 6% 이상 꾸준히 경제성장을 해오고 있고, 특히 최근 3년 간 필리핀 관광객의 해외관광 수요가 급격히 증가하는 추세에 있다. 필리핀 국적자 한국방문객은 2017년 448,702명에서 2018년 460,168명으로 증가하였는데 이 중 관광목적 입국자는 2016년 173,115명에서 2017년 220,771명, 2018년 261,721명으로 지난 3년간 전년 대비 각각 15.2%, 27.5%, 18.5%로 두 자리 수 이상 빠르게 증가하는 추세에 있다.

3. 2019년 한국-필리핀 수교 70주년 기념행사

2019 KPOP 우정콘서트가 성대하게 마닐라에서 개최(2019년 3월 7일)

한국 문화체육관광부와 필리핀 문화예술위원회가 공동주최한 "2019 한국-필리핀 케이 팝 우정 콘서트"가 2019년 3월 7일 마닐라에 소재한 SM Mall of Asia에서 3,100명이 참석한 가운데 성황리에 개최되었다. 이번 콘서트는 필리핀 관객들을 위해 무료로 진행되었던 만큼 1, 2차 표 배포분량 700장이 1분 만에 소진되고 접속자가 몰려 현지 티켓 사이트 서버가 멈추는 등 현지 관광객들에게 뜨거운 호응을 얻었다.

이번 콘서트에는 필자와 김용삼 문화체육관광부 1차관, 필리핀 문화예술위원회 박토리놀 마놀로 위원, 디오크노 필리핀 중앙은행 총재와 이태리, 태국, 이라크 대사부부 등이 참석하였다. 필자는 축사에서 "2019년은 한국과 필리핀 수교 70주년을 맞이하는 해로 한국 드라마, 한국음식, 한국화장품 등 필리핀 전역에 한류열풍이 불고 있다고 하고 이 자리에 있는 여러 한류 팬들이 한국과 필리핀의 군건한 우호관계를 지속적으로 지지해달라"고 필리핀 고유 언어인 따갈로그 어로 메시지를 전하였다.

김용삼 1차관은 "한국과 필리핀이 2019년을 상호교류의 해로 지정한 만큼 양국 간 우호협력관계를 강화하고 양국 간 문화 예술 교류를 더욱 확대할 수 있기를 기대한다"고 말했다. 마놀로 위원은 "이와 같은 콘서트, 문화교류행사를 통해 한국과의 관계강화에 대한 의지를 다시 한 번 새롭게 다지고 있으며, 앞으로도 지속적인 협력관계와 우호관계를 도모하기 위해 노력하겠다"고 인사말을 전했다.

양국 대표들의 축사 후에는 한국과 필리핀 양국의 어린이 10명씩 나와서 양국의 번영과 교류를 위한 메시지가 적힌 비행기를 날리며 관객들과 함께 한국-필리핀 수교 70주년을 기념하는 퍼포먼스를 선보였다. 이번 콘서트에는 국내 인기가수그룹인 "NCT Dream", "April", "Noir"와 필리핀 인기밴드인 "Silent Sanctuary"가 참여하여 함께 풍성한 무대를 꾸며 약 3,100명의 관객들의 마음을 사로잡았다.

2019 K-street Festival in Bonifacio Global City(2019년 5월31일~6월1일)

주필리핀 대사관의 한국문화원은 양국 간 수교 70주년과 한국-필리핀 상호교류의 해를 기념하며 '한국문화가 있는 날' 사업의 일환으로 2019년 5월 31일부터 6월 1일 양일 간 마닐라 하이스트리트에서 한인총연합회, 보니파시오 개발청과 공동개최하여 "2019 K-Street Festival in BGC"행사를 개최하였다.

이번 행사는 K-Pop 뿐만 아니라 K-Food, K-Drama, K-Beauty, K-Art, K-Tour, K-Fun등 7개 행사부스를 운영하였고 부대행사로 국기원의 태권도 시범단의 시범공연과 필리핀에서 자생한 아이돌 그룹인 SB 19의 공연이 있었다.

이 행사에는 총 34,013명이 참가하여 단일행사로는 한국문화원 개원이래 최고기록을 세웠다. 한국문화원 페이스북 사전홍보물방문은 106만 회를 기록하였고 마닐라 타임즈, 필리핀 뉴스 에이전시, 필리핀 데일리 인콰이러 등 필리핀의 주요 언론매체들이 보도하였다.

고양 시립소년소녀 합창단, 필리핀 합동공연(2019년 6월 1일)

고양시의 대표 문화사절단인 고양시립 소년소녀합창단이 한국-필리핀 수교 70주년을 기념해 필리핀 마닐라 퀘존 시티와 문띤루빠 시티에서 필리핀 어린이 합창단과 합동공연을 선보였다. 이번 공연은 2019년 5월 31일 필리핀 문띤루빠 시티 박물관 공연을 시작으로 6월 1일 필리핀 국립대학 공연, 6월 2일 아얄라 몰에서의 공연으로 이어졌다.

양국의 민요를 시작으로 'Joshua', 'What a Wonderful World'등을 아름다운 안무와 함께 공연하고 현지 어린이 합창단과 'It is a Small World'를 피날레 곡으로 장식해 양국 소년소녀들의 아름다운 목소리로 마닐라 전역을 가득 메웠다. 고양시 관계자는 "이번 고양 소년소녀합창단의 수준 높은 합창을 통해 평화의 시작, 미래의 중심도시로서의 고양시를 필리핀에 널리 알리게 되었다"며 "음악을 통한 한국-필리핀의 지속적인 문화교류의 계기를 마련해 나갈 것"이라고 말했다.

한국-필리핀 수교 70주년을 기념하는 우정의 퍼레이드 페스티벌
- Diplomatic relations Friendship Festival and Parade(2019년 6월 2일)

2019년 6월 2일 한국-필리핀 수교 70주년 기념 행사 준비위원장인 변재홍 한인 총연합회 회장과 윤만영 재필리핀 대한체육회 회장이 주최한 "한-필 수교 70주년 우정의 퍼레이드 페스티벌"이 한국과 필리핀 국민 약 5천여 명이 참석한 가운데 마닐라에 위치한 퀴리노 종합경기장에서 성대하게 개최되었다.

이날 행사는 오전 6시부터 10시까지 로하스 대로를 따라 퀴리노 경기장과 술레이반 공원을 잇는 왕복

3.8km 거리를 행진하고 이어 경기장 무대에서 마련된 국기원과 필리핀 어린이들의 태권도 시범 공연, 천주교 연합회의 풍물놀이, 필리핀 전통 무용 공연, 엠펙트 보이그룹과 핑크 판타지 걸그룹의 케이 팝공연이 이루어졌다.

이번 행사를 위해 필리핀 체육회, 마닐라 시, 주필리핀 대사관과 문화원,각 지역한인회와 단체등이 많은 수고를 하였으며, 한국과 필리핀 간에 우정을 나누는 좋은 행사가 되었다.

한국-필리핀 수교 70주년 평화음악회 개최(2019년 6월 25일)

2019년 6월 25일 오후 7시 반에 마닐라에 위치한 필리핀 문화센터에서 1,650명이 참석한 가운데 "한국전 참전용사와 함께하는 평화음악회(The Korean War Memorial Peace Concert)"가 성대하게 개최되었다. 이번 행사는 보훈처와 주필리핀 대사관, 사단법인 호국문화진흥 위원회와 공동으로 개최하였으며, 이날 공연은 그동안 평화음악회의 지휘를 맡아 온 배종훈 감독의 지휘아래 필리핀 필 하모니 오케스트라, 서초 교향악단, 국립국악단의 가야금 연주에 맞추어 바리톤 박병인, 스프라노 라첼 지오르다노의 멋진 공연이 관객들의 큰 갈채를 받았다.

한국전 참전용사와 함께하는 평화음악회 개최

이번 공연에 록신 필리핀 외교장관, 로렌자나 국방장관, 파닐로 대통령 대변인, 드릴온 상원의원과 성 김 미국대사 등 외교단, 동포지도자, 필리핀 문화계인사, 참전용사와 가족, 한국에서 온 팔각회 총재와 임원 등 1,650명이 참석하는 등 큰 성황을 이루었다.

필자는 행사전 인사말과 필리핀 방송국(GMA, ABS-CBN, PTV)등과 인터뷰에서 이번 평화음악회는 한국전 참전용사들의 숭고한 희생정신을 기리기 위해 기획되었으며 대한민국은 이들의 고귀한 정신을 기억하고 보답해 나갈 것이라고 하였다.

4. 세계적인 권투선수인 파퀴아오 상원의원을 명예공공외교 대사로 임명

필자는 2019년 4월 8일 세계적인 권투선수인 매니 파퀴아오 필리핀 상원의원을 한국공공외교 명예대사 겸 한국-필리핀 수교 70주년 기념위원회 위원장으로 임명하였다. 주필리핀 대사관저에서 진행된 임명식은 1949년 3월 3일 한국과 필리핀 양국 간 수교 70주년을 기념하여 이루어졌다.

파퀴아오 상원의원은 널리 알려진 바와 같이 프로권투선수로서 뿐만 아니라 필리핀 정계에서도 상원의원으로서 성공하기까지 많은 역경을 극복해왔으며, 특히 세계 최초로 8개 체급 챔피언의 명성을 가지고 있는 전설적인 운동선수이다.

파키아오 상원의원은 한국에서도 많은 사랑을 받고 있는데, 특히 2017년 12월 가족과 함께 한국을 방문했을 때 한국과 필리핀 양국 간의 관계를 증진시키는데 큰 역할을 함에 따라 서울시 글로벌 대사로도 임명된 바 있다.

세계적인 권투선수인 파퀴아오 상원의원을 공공외교 명예대사로 임명

또한 그는 한국과 필리핀 양국에서 인기가 높은 예능프로그램인 '무한도전'에 출연하였고 출연료 전액을 미혼모와 자녀, 10대 청소년들을 지원하는 비영리단체인 'Loving Hands'에 기부하기도 하였다. 스포츠계와 정치계에서 많은 업적을 일구어 온 매니 파키아오 상원의원이 이번 한국공공외교 명예대사 임명을 계기로 2019년 수교 70주년을 맞는 두 나라의 우호관계를 더욱 발전시킬 수 있는 중요한 역할을 수행해줄 것으로 기대된다.

1) Kyung Min Bae, A glimpse into contemporary Korea, Erik Capistrano and Raymund Arthur Abejo, Korean Embassy, Manila, 2019, pp. 1~2.

2) Cesar P. Pobre, Filipinos in the Korean war, Department of Defense, 2012, p.79.

3) Ibid, p.99.

4) 라모스 전 대통령은 2013년 7월 한국에서 열린 유엔군 참전 및 정전 60주년 행사에 참석하였고 경상북도 새마을 현장을 방문하고 또한 김관용 경상북도 도지사와 만나서 한국의 새마을 운동을 필리핀에도 전파해 달라는 요청사항을 전달하기도 하였다.

5) 「국가비전 2040」는 '필리핀이 2040년까지 중고소득국 진입, 국민의 건강한 삶, 빈곤 없는 중산층사회와 신뢰사회 건설'을 목표로 추진 중인 정책이다.

6) 2018년 3월 3일자 마닐라 서울 A 24면.

7) 2018년 9월 8일자 마닐라 서울 B 10면.

8) 2017년 6월 8일자 마닐라 타임즈, 코트라 마닐라 무역관.

9) 2019년 6월 16일자 마닐라 일요신문 12면.

10) 2018년 3월 3일자 마닐라 서울 B 8면(금강일보 보도인용).

맺는 글

Life is short, break the rules, forgive quickly, kiss slowly,

love truly, laugh uncontrollably, and never regret anything that

made you smile. twenty years from now you will be more disappointed

by the things you did not do than by the ones you did.

So throw off the bowlines. Sail away from the safe harbor.

Catch the trade winds in your sails.

Explore, Dream, Discover

- Mark Twain

The secret to living well and longer is:

eat half, walk double, laugh triple and love without measure.

- Tibetan Proverb

미래의 리더십

많은 사람들이 리더가 되고 싶어 한다. 리더십을 통해 조직을 발전시키고 소위 출세하려고 한다. 리더십에 대한 정의가 많이 있지만 리더십은 부하들에게 긍정적인 영향력을 통해 자발적인 추종을 불러일으켜 부서에서 원하는 목표를 달성하는 능력과 과정이다. 리더십이란 결국 두 가지 구성요소로 이루어져 있다.

첫 번째 구성요소는 긍정적 영향을 통한 자발적 추종이다. 요즘 유행하는 소통, 칭찬, 배려, 열정 등의 단어들로 궁극적으로는 리더가 타인에게 주는 긍정적인 영향이라는 테두리 안에서 이해할 수 있다. 리더가 부하에게 행사하는 영향력이 긍정적이고 진정성이 높을수록 부하는 리더를 자발적으로 따르려는 경향이 있다.

두 번째 구성요소는 전략적 사고를 통해 올바른 방향을 설정하고 이를 바탕으로 조직의 목표를 달성하는 것이다. 성과를 높이기 위해 인기주의에 빠지는 것은 위험한 일이다. 리더는 부하직원들에 대한 신뢰를 바탕으로 자발적 추종과 더불어 공동목표를 위해 다 같이 노력하는 분위기를 만들어야 한다.[1]

미래 사회의 리더에게는 수평적 리더십(horizontal leadership)이 필요하다. 수평적 리더십의 행동특성은 섬김과 봉사의 리더(servant leader)를 전제로 한다. 서번트 리더는 조직에 만연한 권위주의를 타파하고 수평적인 조직을 구축하며 겸손과 헌신의 기반위에서 '공동의 목표를 향해서 매진할 수 있도록 사람들에게 영향력을 발휘하는 기술인 동시에 사람들의 신뢰를 형성하는 리더의 인격'이다.2)

서번트 리더십 외에도 21세기에는 비전을 가진 리더십(visionary leadership)이 필요하다. 남들이 가지지 않은 비전을 가지기 위해서는 남들과 치열한 경쟁을 하는 레드오션(red ocean)이 아니라 남들보다 더 나은 비전을 가지고 새로운 영역을 개척하는 블루오션(blue ocean)을 찾아야 한다. 청년층이 비전을 가지기 위해서는 선배들이 경험한 경험을 소중히 여기고 특히 실패한 것으로부터 배우는 정신과 많은 책을 읽어서 간접적인 경험을 하는 노력이 필요하다. 누구든지 각 분야에서 매우 중요한 사람(Very Important Person: VIP)이 되고 싶어 한다. VIP가 되기 위해서는 비전(Vision)과 비전을 실천할 수 있는 성실한 자세(Integrity) 그리고 성공을 향한 열정(Passion)을 갖추는 것이 중요하다.

〈이기는 리더십〉의 저자인 이동연 씨는 "리더는 일할 의욕과 의미를 제공하며, 담대한 희망을 이야기하는 사람으로, 늘 자신이 전할 메시지를 간결하고 명쾌하게 해야 한다"고 강조한다. 능력이 조금 부족하더라도 조직을 춤추게 하는 리더가 조직의 성과를 창출해 낸다. 역량이 비슷한 조직인데도 리더들마다 다른 성과를 내는 것도 그 때문이다. 그렇다면 과연 어떤 조직이 신명이 날까? 가장 먼저 조직 앞에 선 리더가 조직이 어디로 가는지 알고 있을 때 조직의 행복도가 상승한다.

비전 리더십과 서번트 리더십에 이어 다음으로 중요한 것은 의사소통 리더십(communication leadership)이다. 조직의 리더가 행사하는 권력은 조직원들에게 그대로 영향을 미친다. 따라서 권력을 판단하는 정당한 기준은 '자유로운 의사소통'이 뒷받침되어야 한다. 리더에게 소통의 미학은 단지 합리적으로 설득하고 마는 것이 아니라 상대의 가슴을 여는 것이다.

필자는 샌프란시스코와 마닐라에서 공관장을 하면서 직원들과 동포들에게 '소통과 화합이 제일이다'의 준말인 '소화제'를 늘 강조하고 직원, 동포들과 소통하려고 많이 노력하였다. 직원들과는 수평적 리더십을 기반으로 지시나 명령이 아닌 집단지성을 도출하기 위해 노력하였고 동포들과는 정기적으로 타운홀 미팅을 통해 동포들의 생각과 의견을 읽고 이를 정책에 반영하려고 노력하였다.

마지막으로 중요한 리더십은 행동하는 실행 리더십이다. 대개 큰 조직의 리더들은 추상화의 위험에 빠져 뜬 구름 잡는 약속을 한다. 그건 공약이 반복적으로 지켜지지 않을 때 양치기 소년처럼 조직원들의 신뢰를 잃는다. 처칠은 공동체의 밝은 미래를 위해서는 지연과 학연을 초월했으며 자신의 실수를 순순히 인정하고 배우려 했다. 그러나 히틀러는 자신의 실수도 남에게 전가하며 자신의 카리스마를 지키려 했다. 히틀러는 개인적 카리스마로 추종자를 이끌었고, 처칠은 추종자들을 편안하게 해주며 유대감을 형성시켜 따르게 만들었다.

필자가 2000년부터 2001년까지 청와대 외교안보수석실에 근무하면서 지켜 본 김대중 전 대통령은 '행동하는 양심'을 기치로 실행하는 리더십을 보여주는 것과 더불어 실용주의를 중시하는 리더였다. 김 대통령은 능력위주로 인물을 발탁하려고 노력하였고 가급적 테크노클라트를 기용하였다. 이러한 포용적 리더쉽을 통해 IMF 경제위기를 무난히 극복하였다. 링컨 대통령도 포용의 리더십을 실천한 대표적인 지도자였다. 온화함 속에 냉철하고 치밀함을 간직했던 리더, 링컨은 공직을 위해 사사로운 감정을 접어들 줄 알았다.

---

1) 2018년 10월 30일자 인터비즈. 정동일 연세대 교수, 프리미엄 경영매거진 DBR 102호
2) 박찬홍 외 지음, 〈사람중심으로 만들어가야 할 4차 산업혁명〉, 책과나무, 2017년 10월, 119~128쪽

성공과 행복,
두 마리 토끼를 잡는 방법

　모두 행복해지고 싶지만 행복에 관해 배워 본 경험은 드물다. 그래서 현대인들은 너나 할 것 없이 질주하듯이 달려가는 삶에 익숙하다. 언젠가 행복해 질 것이라는 막연한 희망을 품으면서.

　그럼에도 우리네 일상은 버겁기만 하다. 일터에서든 가정에서든 온갖 책무와 할 일에 짓눌려 살면서 늘 더 빨리, 더 열심히 잘해내려고 애쓰지만 그럴수록 스트레스로 심신이 혹사당할 뿐이다. 우리는 왜 그렇게 노력하며 성공하려고 애쓰는 것일까, 결국은 행복해지기 위해서가 아니었던가, 그런데도 왜 우리는 행복하지 않을까, 과연 성공이 먼저일까, 행복이 먼저일까.

　미국 스탠퍼드 대학에서 행복심리학에 대한 강의를 최초로 개설한 교수이자 미국 경제지 포천이 선정한 500대 기업 최고경영자들에게 여러 자문을 제공하는 컨설턴트인 저자 에마 세팔라는 현대인들에게 늘 따라다니는 질문, '왜 성공을 좇으며 살아도 행복하지 않을까'에 대한 물음을 추적하는 연구를 시작한다. 그리고 그 속에서 성공과 행복의 놀라운 상관관계와 양립가능성에 대한 새로운 통찰을 발견한다. 그것은 바로 행복은 성공해야만 따라오는 결과물이 아니라 그보다 앞서 추구해야 하는 '선행물'이다.

　생각해보면 우리는 지금까지 성공을 위해 더 빨리, 더 열심히, 더 경쟁적으로 살아야 한다는 '성공에 관한 통념'을 전혀 의심하지 않고 그대로 믿으며 살아왔다. 우리보다 앞서 성공한 사람들이 그러한 방식으로 살아왔다고 보고 들어왔기 때문이다. 에마 세팔라 교수는 이러한 성공에 대한 관점을 완전히 바꿔야 비로소 진짜 성공적인 인생을 살 수 있다고 말한다.

그리고 '해피니스 트랙(Happiness Track)'으로 일컬어지는 6가지 행복 프레임에 삶의 초점을 맞출 것을 제안한다. 회복 탄력성, 자제력, 창의성, 마음 챙김, 연민, 이타심 등의 연구 결과를 토대로 진짜 성공과 행복을 끌어내는 결정적 요인과 방법들을 하나씩 추적해 간다.

필자는 2010~2012년 외교부 국제경제국 심의관 및 국장 시절에 매주 일요일에 3년간 사당역에서 노숙자 밥퍼봉사를 하였다. 가장 추울 때 영하 16도에서도 봉사를 한 적이 있는데 봉사하면서 보람과 즐거움이 두 배로 컸었던 것 같다. '놀부', '4월의 보리밥' 등 성공적인 식당 창업으로 큰 성공을 거두고 '맛있는 성공'이라는 책을 써서 많은 사람들에게 창업의 노하우를 전수해 주고 계신 오진권 회장께서 한 달에 천만 원 가량의 음식비를 제공하셨다. 오 회장도 과거에 어려운 시절이 있었다고 하면서 받는 기쁨보다 주는 기쁨이 더 크다고 이야기를 하곤 하였다. 이러한 이타심이 행복의 비결이 아닌가 싶다.

성공과 행복, 두 마리 토끼를 잡는 것은 쉽지 않아 보인다. 우선 권력과 돈을 갖지 않아 성공하지 않으면 행복하지 않다고 보는 것이 일반적인 생각이다. 행복이 절대적인 것이 아니라 많은 사람들은 상대적인 것으로 보기 때문에 늘 남과 비교하면서 어느 정도 권력과 돈을 갖고 있음에도 불구하고 무리하게 권력이나 돈을 쫓다가 결국 감옥에 가거나 설사 어느 정도 성공해도 남의 지탄을 받기 쉽다. 결국 자신이 행복해야 아니 정확히 말하면 행복감을 느껴야 일의 성취도도 높아지고 성공하게 되는 것일 수도 있다. 또한 남을 위해, 공공의 이익을 위해 봉사하고 일하는 가치를 진정으로 느껴야만 행복할 수 있다.

행복에 대한 인식에 있어서 동양과 서양 간에 차이가 있다. 동양인의 행복에 대한 관념이 '화목한 인간관계를 맺고 조화롭게 사는 것'이라면 서양은 관계에 집중하는 동양과 달리 개인에 집중하여 행복을 '자신의 재능을 자유롭게 발현하는 것'으로 보고 있다. 관계에 집중하는 동양인들은 3인칭 시점, 곧 아웃사이더의 시점에 익숙한 반면 사양사람들은 1인칭 시점, 곧 인사이더의 시점에 익숙하다. 동양인들은 나보다도 다른 사람이 어떻게 볼까, 다른 사람이 어떻게 생각할까 하는 부분에 더 신경을 쓰는 경향이 있다. 다른 사람의 생각을 자신에게 투사하는 것이다. 그래서 우리나라 사람들은 다른 사람이, 외국인이 우리에 대해 어떻게 평가할까 하는 부분에 유독 관심이 많다.

그러나 서양 사람들은 다른 사람이 어떻게 보는가 하는 것보다는 내가 어떻게 보는가 하는 부분을 더 중시한다. 그래서 다른 사람들의 눈은 신경 쓰지 않고 자신이 좋다고 생각하는 것을 적극적으로 추구하는 경향이 있다.[1] 2018년 말 어느 TV방송국에서 가수 윤복희 씨를 인터뷰하면서 그녀의 삶을 재조명하는 프로그램을 방영한 바 있다. 윤복희 씨는 오랜 미국생활동안 차가 생활의 필수품이여서 차를 소유하였으나 한국에 와서는 차가 필수품이라기보다는 자신의 지위를 상징하는 전유물로 여겨서 차를 팔고 대중교통을 이용하고 있다고 하였다. 또한 유명 연예인임에도 불구하고 무대 밖에서는 평상복을 입고 거리를 활보하면서 남의 시선에 너무 의식하지 않는 것이 진정한 자유를 느끼는 방법이라고 하였다.

요즈음 젊은 세대는 서양인처럼 나를 중시하는 풍조가 늘어나고 있지만 아직도 우리는 혼자 밥을 먹거나 혼자 여행하는 것이 익숙하지 않은 사회분위기 속에 살아가고 있다. 그것이 결혼과 출산, 가족의 개념 속으로 들어와 개인의 지유와 창의적인 생각, 행동보다는 '남들처럼(just like everybody)'

사고하고 행동하도록 강요당하고 있는지도 모른다.

그러나 동서양을 막론하고 늘 긍정적인 자세와 적극적이고 낙관적인 생각을 지니는 것이 본인은 물론 다른 사람에게도 행복을 전달하는 행복전도사가 될 수 있다. 물론 시련과 역경이 없는 사람이 없지만 어떻게 역경과 시련을 극복하는 가는 결국 자신의 생각이 긍정적이고 적극적일 때만이 가능하다. 오도 바비 맥페린(Bobby McFerrin)의 노래, '걱정하지 말고 행복해(Don't Worry, Be Happy)'대로 늘 행복할 수 있다, 행복은 거창한 것도 아니고 부유하거나 권력이 많은 사람들의 전유물로 아니다. 행복은 지극히 주관적인 것으로 소소한 행복에 만족감을 느낄 때 행복감이 충만할 것이다.

1) 이주헌 지음, 〈서양미술 특강〉, 아트북스, 2014년, 209~211쪽

언론기고와 인터뷰

한국 언론 기고

1. 평창 올림픽 성공 마닐라에서도 울려 퍼지다 (2018.2.5., 아주경제)
2. 한국 인지도 끌어올린 평창 올림픽 (2018.3.18., 파이낸셜 뉴스)
3. 두테르테 필리핀 대통령 방한, '신남방정책 이정표 되길' (2018.5.30., 아주경제)
4. 사랑받는 필리핀 한류, 자랑스러워 (2018.7.24., 서울신문)
5. 인프라 황금기 여는 필리핀 (2018.12.14., 서울경제)
6. 한류로 다져진 한국-필리핀, 수교 70주년을 맞다 (2019.3.8., 서울경제)

한국 언론 인터뷰

1. 인구 6억, 경제 7위 아세안-한, ICT, 인프라, 물류 진출 유망 (2018.2.19., 매일경제)
2. 신남방정책 추진 본격화-필리핀 성장 잠재력 주목 (2018.5.4., KTV 국영방송)
3. '위험한 수혜국'에서 'SNS 강국'으로... 필리핀은 지금 변화중 (2018.7.24., 서울신문)
4. Forging stronger ties in diverse sectors with the Philippines (2018.8.20., Korea Herald)
5. 아세안 재외공관장들, "신남방정책, 내년은 성과 낼 시점" (2018.12.11., 아시아 투데이)
6. "주변국 아세안 러브콜에도 한국 강점 있어... 한류와 IT활용해야" (2018.12.11., 뉴시스)
7. 신남방정책 중심 필리핀, 한국과 필리핀 FTA로 경제협력 선도가 되다 (2019.6.10., KTV 생방송 대한민국)

필리핀 언론 기고

1. Golden era of Korea-Philippines infrastructure cooperation (2018.2.26., Manila Times)
2. Spring is coming to the Korean Peninsula (2018.4.24., The Inquirer)
3. A giant leap for world peace (2018.5.2., The Philippine Star)
4. Two Koreas on a 'new journey toward peace' (2018.5.9., Business Mirror)
5. Korean War: A forgotten war, but we will never forget (2018.6.21., The Philippine Star)
6. Korean novela and K-pop...loved by the Philippines (2018.7.26., The Philippine Star)
7. South Korea big in agriculture and renewable energy in PH (2018.9.11., The Manila Bulletin)
8. Steady on,,, honoring a Filipino hero of the Korean War (2018.9.13., The Philippine Star)
9. A move toward peace on the Korean peninsula (2018.10.4., The Philippine Star)
10. Korea's contribution to co-prosperity through CSR (2018.11.14., The Philippine Star)
11. The Philippines is opening the golden age of infrastructure (2018.12.5., The Philippine Star)
12. 70 years of friendship and beyond (2019.3.3., The Philippine Star)
13. Recent milestones in Korea-Philippines defense cooperation (2019.9.5., The Philippine Star)
14. Enhanced Korea-Philippine development cooperation after 70 years of friendship (2019.9.18., The Philippine Star)

필리핀 언론 인터뷰

1. Korean Embassy donates P10 M for Mayon victims (2018.2.8., Manila Bulletin)
2. Duterte meets South Korean envoy ahead of Seoul visit (2018.5.29., ABS-CBN)
3. Bringing South Korea's 'can do' attitude to the Philippines (2018.6.17., Manila Times)
4. Duterte's Korea visit paying off (2018.7.16., The Bohol Chronicle)
5. South Korea to help modernize PH defense capability (2018.7.16., Philippine News Agency)
6. ROK Ambassador visits Puerto Princesa city (2018.7.17., Palawan Daily News)
7. Korean Ambassador Bullish on peace development in Korean peninsula (2018.8.25., Davao Today)
8. Korean ambassador visits Ateneo de Davao university (2018.8.26., Mindanao Times)
9. South Korean envoy asks Korean firms to 'invest, invest, invest' in PH (2018.10.9., Panay News)
10. Korean Ambassador to visit Bacolod (2018.11.14., Sunstar)
11. Panguil Bay bridge breaks ground (2018.12.2., Philippine Information Agency)
12. Korean ambassador vows to bring 2 million tourists to PH (2019.2.2., Panay news)
13. Healthier Philippines-South Korea ties assured (2019.2.14., Sunstar)
14. Korean stars coming to PH festivals (2019.3.8., ABS-CBN)
15. Korean Ambassador lauds Hyundai in promoting cultural ties(2019.5.10., Business Mirror)
16. Palace lauds South Korea move to relax visa requirements for Filipinos (2019.6.3., Philippine News Agency)
17. Ambassador Han Dong-man hosts Korean pianist recital (2019.8.19., The Manila Times)

참고문헌

강대창 외 지음, 〈아세안의 의사결정 구조와 방식〉, 대외경제정책연구원, 2011년 12월.

김난도 외 지음, 〈트렌드 코리아 2018〉, 미래의창, 2017년 11월.

김우창 외 지음, 〈지속가능한 미래〉, 21세기북스, 2017년 9월.

김연규·권세중 엮음, 〈한국의 미래에너지 전략 2030〉, 한울, 2019년 2월.

김영수 외 지음, 〈동남아의 종교와 사회〉, 오름, 2001년 2월.

김영익 지음, 〈위험한 미래〉, 한스미디어, 2018년 8월.

김택환 지음, 〈세계 경제패권전쟁과 한반도의 미래〉, 김영사, 2019년 2월.

문종구 지음, 〈필리핀 바로알기〉, 좋은땅, 2015년 11월.

밀턴 오스본 지음, 조흥국 번역, 〈한 권에 담은 동남아시아 역사〉, 오름, 2003년 3월.

박영숙·숀 함슨 지음, 〈주거혁명 2030〉, 교보문고, 2017년 11월.

박영숙·제롬 글렌 지음, 〈세계미래보고서 2018〉, 비즈니스북스, 2017년 11월.

박찬홍·배종민·우광식·정연돈 지음, 〈사람중심으로 만들어가야 할 제4차 산업혁명〉, 책과 나무, 2017년 10월.

배희연 외 지음, 〈필리핀의 주요산업〉, KIEP·KOTRA, 2008년 12월.

신기욱 지음, 〈슈퍼피셜 코리아〉, 문학 동네, 2017년 9월.

스티브 존슨 지음, 홍지수 옮김, 〈원더랜드〉, 프런티어, 2017년 2월.

유기윤·김정옥·김지영 지음, 〈2050 미래사회 보고서〉, 라온북, 2017년 10월.

알프레도 로체스·그리에스 로체스 지음, 이은주 옮김, 〈Culture shock, 필리핀〉, 도서출판 휘슬러, 2005년 7월.

양승윤 외 지음, 〈세계 최대의 로마 카톨릭 국가 필리핀〉, 한국외국어대학교 출판부, 1998년 10월.

〈동남아의 경제성장과 발전전략〉, 윤진표 편, 오름, 2004년 3월.

외교부 발간, 〈동남아 10개국 이해하기〉, 2009년 5월.

외교부 발간, 〈필리핀 개황〉, 2018년 6월.

이민주 지음, 〈지금까지 없던 세상〉, 쌤앤파커스, 2015년 9월.

장익진 지음, 〈이것이 필리핀이다〉, 청조사, 1999년 8월.

정영국 지음, 〈필리핀의 정치변동과 정치과정〉, 백산서당, 2004년 11월.

조흥국·윤진표·이한우·최경희·김동엽 지음, 〈동남아시아의 최근 정치, 외교에 대한 전략적 평가: 태국, 베트남, 인도네시아, 필리핀을 중심으로〉, 대외경제정책연구원, 2011년 12월

최윤식 지음, 〈2030 대담한 미래〉, 지식노마드, 2014년 8월.

한동만 지음, 〈영국 그 나라를 알고 싶다〉, 서문당, 1996년 7월.

한동만 외 지음, 〈다자안보정책의 이론과 실제〉, 서문당, 2003년 2월.

한동만 지음, 〈영어연설의 이론과 실제〉, 백산출판사, 2005년 5월.

한동만 지음, 〈한국의 10년 후를 말한다: 글로벌 메가트렌드 변화와 우리의 미래전략〉, 한스미디어, 2011년 11월.

한동만 지음, 〈혁신의 실리콘밸리, 창조경제의 꽃을 피우다〉, GNP Books, 2015년 4월.

홍성국 지음, 〈수축사회〉, 메디치, 2018년 12월.

현오석 지음, 〈경제는 균형과 혁신이다〉, 한국경제신문, 2015년 3월.

ASEAN-Korea Journal, Vol.1, Inaugural Issue, May 2019.

〈Filipinos in the Korean War〉 by Cesar P Pobre, Department of National Defense Philippines Veterans Affairs Office, 2012.

Investment and Market Research Mission to the Philippines: Focusing on Infrastructure and Energy by ASEAN-Korea Center, Department of Trade and Industry.
Kyung Min Bae, A glimpse into contemporary Korea, Erik Capistrano and Raymund Arthur Abejo, Korean Embassy, Manila, 2019.